中国社会科学院创新工程学术出版资助项目

国际多边机制下的
中美互动

袁征 ◎ 主编

The Interaction
of China and the United States under
the International Multilateral Mechanism

中国社会科学出版社

图书在版编目(CIP)数据

国际多边机制下的中美互动 / 袁征主编 . —北京：中国社会科学出版社，2015. 10

ISBN 978 - 7 - 5161 - 7115 - 8

Ⅰ. ①国… Ⅱ. ①袁… Ⅲ. ①中美关系 - 研究 Ⅳ. ①D822. 371. 2

中国版本图书馆 CIP 数据核字(2015)第 283310 号

出 版 人 赵剑英
责任编辑 任 明
特约编辑 芮 信
责任校对 郝阳洋
责任印制 何 艳

出 版 中国社会科学出版社
社 址 北京鼓楼西大街甲 158 号
邮 编 100720
网 址 http：//www. csspw. cn
发 行 部 010 - 84083685
门 市 部 010 - 84029450
经 销 新华书店及其他书店

印刷装订 北京市兴怀印刷厂
版 次 2015 年 10 月第 1 版
印 次 2015 年 10 月第 1 次印刷

开 本 710 × 1000 1/16
印 张 17. 25
插 页 2
字 数 274 千字
定 价 58. 00 元

课题主持人： 袁　征
成　　　员： 刘得手　张　帆　何维保
李恒阳　王　玮

目　　录

第一章　国际机制与中美互动：理论分析框架

国家之间开展交往，可执行的协议不可或缺。国家之间的信任，取决于它们信守约定的决心和兑现承诺的实践。国际机制提供了相关领域的基准协议，为各方解决共同关切的问题提供了基本的解决方案，也初步明确了各方享有的权利和承担的责任。在缺乏高于主权权威的无政府社会，国际机制能有效降低各国对未来不确定性的担心，并有助于降低交易成本和消除信息不对称，进而让国家间交往获得一定的制度保障。

由于国际机制的不断成长并日趋完善，中美两国间的交往就有了坚实的机制平台和基本的法制保障。在这个意义上，中美互动就像各自与其他国家的互动（如中日互动、美日互动），都受到国际机制的约束。但另一方面，中美互动又经常超出国际机制的管辖能力，两国在国际机制下的互动甚至构成了形塑国际机制的核心因素。探讨中美这两个大国在国际机制下的互动，对于理解国际机制的治理功能和演进方式有重要理论意义，对于促进两国交往的机制化和法制化有重要现实启发。

第一节　国际机制的概念和类型

国际机制是由一系列国际规则构成的体系，它规范着国家之间的互动关系。从正式性看，国际机制可以分为正式机制和非正式机制；从开放性看，国际机制分为开放体制和封闭体制；从区域性看，国际机制分为全球机制和地区机制；从主体性看，国际机制分为文本形式的国际协议和主体形式的国际组织。

一　国际机制的概念

“制度”成为一个学术概念出现在社会科学领域，至少可以追溯到

1725 年，意大利著名语言学家、法学家、历史学家和美学家维科（Giambattista Vico，1668—1744）在其著述的《新科学》中正式使用了这一概念。然而，尽管“制度”作为一个学术概念已经被使用了近三百年，迄今为止却尚未形成一个统一的概念。[①] 关于什么是制度，张旭昆指出，“许多研究制度问题的理论家都对这个术语下了宽泛、互有差异的定义。这种差异性往往表示不同的研究方向”，他进一步考察了几种关于制度的有重要学术影响的界定：

> 较早的美国制度主义经济学家凡勃伦相当宽泛地定义制度是“大多数人共同的既定的思想习惯”。康芒斯则认为制度无非是集体行动控制个人行动。另一个制度主义经济学家沃尔顿·哈密尔顿对制度提出了一个更精确的著名定义：“制度意味着一些普遍的永久的思想行为方式，它渗透在一个团体的习惯中或一个民族的习俗中……制度强制性地规定了人们行为的可行范围。”后（现代）制度主义者霍奇逊则认为制度是通过传统、习惯或法律的约束所创造出来的持久的行为规范的社会组织。美国新制度经济学家道格拉斯·诺思如此定义制度：“制度提供框架，人类得以在里面相互影响。制度确立合作和竞争的关系，这些关系构成一个社会……制度是一整套规则，应遵循的要求和合乎伦理道德的行为规范，用以约束个人的行为。”“制度是社会的博弈规则，或更严格地说，是人类设计的制约人们相互行为的约束条件……用经济学的术语说，制度定义和限制了个人的决策集合。”[②]

由此可以看出，即使是在以“制度”为核心研究对象的制度经济学领域，关于什么是“制度”的争论并没有得到终极的解决。可以理解，在国际关系研究中，研究者给“制度”加上“国际”这一限定语，自然

① Geoffrey M. Hodgson, “What are Institutions?” *Journal of Economic Issues*, Vol. XL, No. 1, (March 2006), p. 1.

② 张旭昆：《制度演化分析导论》，浙江大学出版社 2007 年版，第 90—91 页。

而然也会得到宽泛的、互有差异的定义。[①] 按照克拉斯纳的界定，所谓“国际机制”（international regime），是指“在一定的国际关系领域中汇聚了行为体期望的一组明确或含蓄的原则、规范、规则和决策程序”。[②] 在国际政治研究中，这一界定被广泛引用并成为“公认的定义”。另外，基欧汉关于“国际制度”（international institution）的界定也被广泛引用，他把国际制度定义为“一系列可以制约行为体行为、塑造预期、给定角色的正式或非正式规则的集合”。[③] 这两种界定都沿用了诺思关于“制度”的定义，并得到了普遍使用，且二者经常被互换使用。[④] 按照一般的理解，国际制度大致包括三种形式：

> （1）正式的政府间组织或跨国的非政府组织。这种组织由国家精心设计，具有明确的规则，是为一定目的服务的实体，能够监督行动体的行为并对其做出反应。例如，在联合国系统中就存在着数以百计的政府间组织，并且联系着众多的跨国非政府组织。（2）政府间的明确规则。这些规则经过政府同意，构成了适用于国际关系特定领域的制度。（3）国际惯例。这是指具有隐含规则的非正式制度，这些东西尽管没有明确的制度形式，但能够塑造行为体的预期，使行为体能够彼此理解，并自愿协调它们的行为。[⑤]

“国际组织”，按照《国际组织年鉴》的定义，是指“由两个以上的

---

① John J. Mearsheimer, “The False Promise of International Institutions,” *International Security*, Vol. 19, No. 3, (Winter 1994/1995), pp. 5 – 49; John Duffield, “What Are International Institutions?” *International Studies Review* (2007) 9, pp. 1 – 22.

② Stephen D. Krasner ed., *International Regime*, B. J: Beijing University Press, 2005, p. 2.

③ Robert O. Keohane, “International Institutions: Two Approaches,” *International Studies Quarterly*, Vol. 32, No. 4, (Dec. 1988), p. 384.

④ 在英语语言环境中，研究者在20世纪七八十年代多使用“国际机制”；90年代中后期以来，“国际制度”的提法似乎更普遍一些。在汉语言环境中，“机制”和“制度”在惯用法上可能有一些细微差异。但在国内的国际关系研究中，“国际机制”和“国际制度”的用法都比较常见。

⑤ Robert O. Keohane, *International Institutions and State Power*, Boulder: Westview Press, 1989, pp. 3 – 4. 转引自袁正清《国际制度研究：理论·实证·趋势》，李慎明、王逸舟主编《2005年：全球政治与安全报告》，社会科学文献出版社2004年版，第244页。

国家组成的一种国家联盟或国家联合体，该联盟是由各成员国政府通过符合国际法的协议而成立的，具有常设系统或一套机构，宗旨是依靠成员国间的合作谋求符合共同利益的目标”。[①] 鉴于国际组织的行动能力，其国际人格也逐渐为国际法所承认。国际法学者梁西指出，国际组织在一定范围内具有独立参与国际法律关系的能力；国际组织在其职权范围内具有国际法上的权利能力和行为能力；国际组织的国际法主体资格，已为包括《联合国宪章》在内的许多国际条约和其他国际文件所确认。[②]

需要说明的是，在语言习惯和思维定式上，人们常不自觉地将“制度”和“组织”交织在一起。例如，在英语语言环境中，制度是“特定社会或文化中的重要实践、相互关系或组织形态；具有公共属性的组织通常被认为是制度”。[③] 严格来讲，“制度”和“组织”具有不同的属性。诺思指出，制度和组织实质上是“规则”和“参与者”的区别。[④] 从概念上讲，制度指的是规则体系，是行为体相互交往的行为准则。组织则是指行为实体，它本身能够参与到交往进程当中。

在国际关系研究中，研究者并不太在意这种差别。这在很大程度上可能是受到了基欧汉的影响，他指出“在国际关系中，某些制度是正式组织，它们有确定的科层制，也有实现有目的行动能力。而其他制度——如国际货币与贸易机制——则是规则和组织的复合体，不同国家能够对其核心元素进行谈判并明确达成共识”。[⑤] 而且，在实践中，一些国际机构也将“国际组织”和“国际制度”混同起来。例如，最高审计机关亚洲组织（INTOSAI）把国际制度等同于国际组织：“国际制度就是不论是否经由条约而成立的国际组织，其成员包括两个或两个以上的国家、或政府机

---

① 参阅袁正清《国际制度研究：理论·实证·趋势》，李慎明、王逸舟主编《2005 年：全球政治与安全报告》，社会科学文献出版社 2004 年版。

② 梁西：《国际组织法（总论）》（修订第五版），武汉大学出版社 2001 年版，第 3—12 页。

③ http://www.merriam-webster.com/dictionary/institution.

④ ［美］道格拉斯·诺思：《制度、制度变迁与经济绩效》，杭行译，上海人民出版社 2008 年版，第 5 页。

⑤ ［美］罗伯特·基欧汉：《局部全球化世界中的自由主义、权力与治理》，门洪华译，北京大学出版社 2004 年版，第 174 页。

构及公共资助的实体，其共同（财务）利益受到一个治理实体的监管”。①

无可否认，国际制度和国际组织是相互交织的两个概念。对于国际制度和国际组织的关系，本书坚持这样的观点——二者是可区分但不可分割的。之所以说它们可以区分，是因为“规则”和“行为体”的属性差异不言自明。相反，之所以说它们不可分割，是因为：

第一，多数国际组织或专门机构都是基于一定协议基础而建立的。例如，1954 年第九届联合国大会通过决议，要求成立一个专门致力于和平利用原子能的国际机构。经过两年筹备，有 82 个国家参加的规约会议于 1956 年 10 月 26 日通过了国际原子能机构的《规约》。1957 年 7 月 29 日，《规约》正式生效。同年 10 月，机构举行首次全体会议，宣布机构正式成立。在接纳新成员问题上，国际原子能机构不论申请者是否为联合国的会员国或联合国专门机构的成员国，只要经机构理事会推荐并由大会批准入会后，一国交存了对机构《规约》的接受书，即可成为该机构的成员国。

第二，国际社会中很多重要“规则”是由国家和国际组织为主的“行为体”加以决定和推进实施的。国际条约法学者指出，一般性的多边条约的缔结多是在国际组织的参与下完成的，从条约的起草到最后完成缔约，国际组织都发挥着重要作用，甚至许多国际组织拥有了一定的“造法”功能，在其权限范围内，在组织内部可以通过条约。尽管这些条约都不是以国际组织为当事方的，但国际组织对条约的缔结起了桥梁和纽带的作用。在多边条约的制定过程中，地位最重要的国际组织莫过于联合国。其他一般性国际组织对多边条约缔结的积极作用也不容忽视，特别是联合国的专门机构在其所涉领域内推动了缔约活动的进一步发展，譬如国际劳工组织、国际海事组织。此外，区域性国际组织的作用也不容忽视，它们在区域性多边条约的缔结方面也发挥了巨大的作用。②

从正式程度来看，制度可以分为宪法、法律等正式制度，也包括规范、禁忌、惯例等非正式制度。韦森指出“正式规则和非正式规则的区别在于后者往往是当事人自觉遵从的规则，且遇到违反这种规则而侵犯了

① Working Group on the Audit of International Institutions, *List of International Institutions*, 18th International Congress of Supreme Audit Institutions (INCOSAI XVIII): Budapest, 2004.

② 朱文奇、李强：《国际条约法》，中国人民大学出版社 2008 年版，第 101—102 页。

他人的权利和利益时，除了自我意识中的道德不安和受侵害方的报复以外，并不存在第三方（主要是权威者如法院、政府和其他高位的权力或个人）对这种规则的强制推行。而作为正式约束规则的制度恰恰隐含或预设了第三方的存在”。① 因此，从有无外部实施的机构来讲，正式制度通常有着推进实施的专门机构，而非正式制度没有这样的实施机构。

援引曼特扎维·诺斯的论述，非正式制度还可以进一步细化为三种类型。“按照制度的执行机构的标准，我们可以区分正式制度和非正式制度。正式制度由法律强制执行，而非正式制度不需要政府作为控制者来执行。按照执行机构来划分，广义的非正式制度可以分为三类：作为自我监察制度的惯例、以个人作为第一方控制者的道德、由社会群体的成员执行的社会规范。”② 如表 1－1 所示。

表 1－1　　　　正式制度与非正式制度

制度	形态	执行机构
正式制度	法律	第三方：国家
非正式制度	惯例	自我监察
	道德准则	第一方
	社会规范	第三方：社会力量（群体中的个人）

为了国际协议能够得到贯彻，可信赖的国际机构有着不可替代的作用。正如巴尼特和芬尼莫尔所述，“国际组织通过它们的知识和权威来运用权力，不仅用来管制目前存在的情形，也用来建构这个世界，创造新的利益、行为体和社会活动。当我们界定世界上良好行为的含义和规范、社会行为体的本质和合法的社会行动的范畴时，国际组织是我们经常要尊重的行为体。它们有权决定是否存在着问题、问题的类型是什么以及由谁解决问题。国际组织因此帮助决定需要管制的世界的性质，并且为全球治理

① 韦森：《博弈论制度分析史上的第一块里程碑：肖特〈社会制度的经济理论〉中译本序》，［美］安德鲁·肖特：《社会制度的经济理论》，陆铭、陈钊译，上海财经大学出版社 2003 年版。

② ［美］曼特扎维·诺斯：《个人、制度与市场》，梁海音、陈雄华、帅中明译，长春出版社 2009 年版，第 66 页。

设定议程”。①

因此，尽管从严格的语义学上看，“制度”和“组织”是可以区分也应当被区分开来；但是，从国际关系实践看，“国际制度”和“国际组织”又形影不离地交织在一起。为区分起见，本书将国际机制分为两类，其一是作为重要体系变量的国际协议②；其二是“没有政府的治理”所倚赖的国际组织力量。③

二　国际机制的类型

条约是具有法律约束力的书面协议，作为国际法的主要渊源，它构成了国际法治的基本工具。然而，关于什么是条约，不同国家和学者有不同的理解。迄今为止，尚不存在一个被普遍接受的精确定义。④ 在日常讨论中，人们多援引《维也纳条约法公约》关于“条约”的定义。按照1969年《维也纳条约法公约》的定义，“称‘条约’者，谓国家间所缔结而以国际法为准之国际书面协定，不论其载于一项单独文书或两项以上相互有关之文书内，亦不论其特定名称如何”。⑤ 随着国际组织作为国际法主体的地位得到认可，1986年《关于国家与国际组织间或国际组织相互间条约法的维也纳公约》确立了国家与国际组织缔结条约的基本依据。按照1986年《维也纳条约法公约》的定义，国家与国际组织间的条约“是指遵循国际法，在一个（或多个）国家和一个（或多个）国际组织间达成的以书面形式缔结的协议，而不考虑此种协议是以一种或两种或更多种相互关联的文件体现出来，也不论此种协议的特定目的是什么”。⑥

---

① ［美］迈克尔·巴尼特、玛莎·芬尼莫尔：《为世界制定规则：世界政治中的国际组织》，薄燕译，上海人民出版社2009年版，第9页。

② Abram Chayes and Antonia Handler Chayes, “On Compliance,” *International Organization*, Vol. 47, No. 2, (Spring 1993), p. 175.

③ 马蒂亚斯·科尼格－阿尔基布吉：《绘制全球治理》，戴维·赫尔德、安东尼·麦克格鲁主编：《治理全球化：权力、权威与全球治理》，曹荣湘、龙虎等译，社会科学文献出版社2004年版。

④ 更深入讨论见于朱文奇、李强《国际条约法》，中国人民大学出版社2008年版，第5—12页。

⑤ 中华人民共和国外交部：http://www.fmprc.gov.cn/chn/gxh/zlb/tyfg/t83909.htm。

⑥ 张慧勤、束勇挥译：《关于国家与国际组织或国际组织相互间条约的法规维也纳公约》，《国外环境科学技术》1992年第4期，第1—19页。

从缔约实践看，条约的名称具有多样性。有研究者曾做过专门统计，指出条约的名称不下20种。① 其中，“条约”是最为传统和庄重的名称，而“协定”（或“协议”）则是使用频率最高的名称。之所以出现大量不唤作“条约”的条约，在国际法学者看来是因为，前者一般都要经过烦琐的缔约程序，通常都需要国家的批准。国家出于对缔约效率的追求，逐渐降低了“条约”的使用频率。相反，“协定”不需要经过烦琐的缔约程序，一般情况下也不需要一国立法机关的批准，因而逐渐受到各国的青睐。② 例如，《雅尔塔协定》《关税及贸易总协定》（GATT）等基础性制度安排都不是传统意义上的“条约”，而属于“国际协议”的范畴。

国际组织作为一种重要的国际行为体，能够在制定国际交往法则方面发挥重要影响。事实上，国际组织作为具有行动能力的实体，其自主性有时甚至超出创造者的预期。观察国际关系事实上可以发现，国际组织具有不可低估的“创法”功能，在实践过程中发展出了一系列规范国际交往的规则体系。当然，在当今，国际组织如雨后春笋般涌现，并不是所有国际组织都具有创法功能。在这里，饶戈平关于国际组织的分类颇具启发：

> 国际组织大致可以分为协定性国际组织、论坛性国际组织、协定性组织的辅助机构和内部机构、国际多边条约的执行机构，以及其他形式的组织或机构五大类。其中，协定性组织特指由政府间条约或协议而成立的国际组织，是组织机构完善并有实际运作能力的组织，也是在国际法上享有主体资格的组织。论坛性组织在很大意义上也是政府间组织的一种，主要表现为国家间定期会议的论坛形式，但通常不具备操作能力。协定性组织的辅助机构和内部机构，严格地讲，它们并非国际法意义上的政府间组织，而只是组织内的机构，但它们具有广泛的对外职能。国际多边条约的执行机构并非独立的政府间组织，却是有实际运作能力的国际机构，它们执行或监督实施多边条约在某一方面的规定。其他类型的组织包括以国际事务为职责的国内组织，从别处或其他机构派生出的组织，新近出现但尚未被国际社会确认的

① 王勇：《1972—2007年中美之间的条约法问题研究：以构建和谐中美关系为视角》，法律出版社2009年版，第49页。

② 朱文奇、李强：《国际条约法》，中国人民大学出版社2008年版，第13—15页。

组织，以及近年来不活跃或已解散的组织。①

在上述分类中，“协定性国际组织”和“国际多边条约的执行机构”都包含了规则体系的要素。这两类社会事实也构成本书探讨的主要对象。而且，国际关系研究者普遍关注的是政府间组织，尤其是那些在国际事务中发挥重要管理职能的国际组织。另外，尽管有些国际组织并非条约组织，但它们却推动了某些条约宗旨的实现。在国际防扩散领域，这一点尤为明显。例如核供应国集团（NSG）并非依照条约成立，但它为推动核不扩散条约（NPT）宗旨的实现贡献着力量。美国国会研究局（CRS）把防扩散国际制度分为条约协定和组织机构两类（如表1－2所示）。② 美国蒙特雷国际问题研究所防扩散中心（CNS）对防扩散领域国际制度也作了类似区分（如表1－3所示）。③

表1－2　　CRS对军控与防扩散条约、协定的分类

层级及领域	条约、协定	组织、机构
多边、防止核扩散	NPT，CTBT，NWFZ，CPPNM，JC，CNS，etc.	IAEA，NSG，ZC
多边、防止“非核”类武器、技术扩散	BTWC，CWC，NTC，TFC，HCOC	CFE，MTCR，WA

表1－3　　CNS关于出口控制和防扩散国际体制的分类

国际组织	UN，CD，IAEA，OPCW，全面禁止核试验组织预备委员会			
国际条约、协定	核领域	生化领域	WMD投送系统	其他
	NPT，CTBT，PTBT，CSA，AP，CNS，JC	CWC，BTWC	ICOC	PSI
多边出口控制体制	ZC，NSG，AG，MTCR，WA，UNSCR1540			
反恐公约、义务书	安理会第1373、1267、1455号决议；TFC，NTC等			

① 参阅饶戈平《全球化进程中的国际组织》，载其主编《全球化进程中的国际组织》，北京大学出版社2005年版，第4—5页。该文引用的是UIA，ed.，*Yearbook of International Organization*，1998/1999，Vol. 2，p. 1759。

② Amy F. Woolf，*Arms Control and Nonproliferation*：*A Catalog of Treaties and Agreements*，CRS Report RL33865，Updated April 9，2008.

③ James Martin Center for Nonproliferation Studies，*Inventory of International Nonproliferation Organizations and Regimes*，2009 edition，Monterey Institute of International Studies，2009.

总之，本书将协议和机构作为界定国际机制的两个要件。基于此，本书的分析对象大致包含国际协议和国际组织两大类别。作为国际机制的两种基本形式，国际协议和国际组织的根本差异在于，前者是规则的集合，后者是行为体的集合。这两种形式的国际制度往往又是交织在一起产生作用的。一方面，重要国际条约和协定往往有着推进其实施的国际机构；另一方面，重要国际组织往往也包含了规定行为体行为的规则体系。

第二节 中美互动的制度主义解读

国际机制建立以后，会规范国家之间的交往，引导其进入良性互动的轨道。作为当今世界举足轻重的国家，中美两国都能通过支持和遵循国际体制获得收益，这也激励着两国以符合国际社会共同预期的方式开展交往。在这个意义上，中美之间的互动关系就像它们与其他国家的互动关系一样，都受到国际多边机制的普遍法则的规范和引导。但应当明确的是，国际机制暗含着内在的分配效应，在不同场合会让两国取得不同的相对收益。因此，中美两国在国际机制场合就形成了一种复杂的相互依赖关系：一方面，两国有着维护国际机制的共同利益；另一方面，两国为获得更大份额的制度红利又有着现实的或潜在的竞争。在这种复杂的相互依赖之下，中美会就两国各自关心或共同关心的议题展开合作，但也有可能产生分歧。鉴于两国有着维护国际机制的共同利益，它们力图在制度框架内解决各自关心的问题。然而，中美两国的互动并不总是处在国际机制的约束之下，有时也会超过国际机制的承载能力。

一 中美互动的制度约束

行为体通过协调政策形成合作，最基本的表现就是遵守一定的行为规范和行动规则。按照吉登斯的洞见——制度既有约束功能（constrain）也有激发能力（enable）。[①] 制度平台不仅会约束行为体，也能赋予行为体行动能力（如图 1 - 1 所示）。这里，规范和规则界定了什么是适当的行为方式（appropriate behavior），什么是不恰当的行为方式（inappropriate be-

① Anthony Giddens, *New Rules of Sociological Method*, 2nd ed., London: Polity Press, 1993.

havior）。按照规范和规则，行为体的一些行为受到禁止，而另一些行为受到鼓励。行为体参与互动就是在作出一种权衡（trade-off），通过承受制度约束，以换取非如此不足以取得的其他价值。

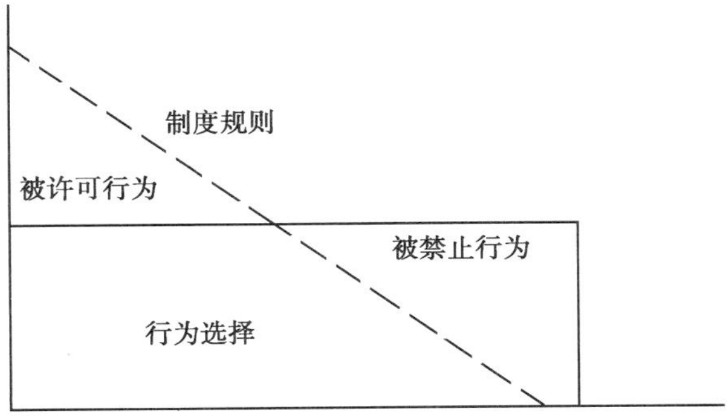

图 1－1 制度界定的行为选择

这种“国际制度—行为体”的解释模式，对于理解单个国家的制度选择具有充分的解释力。例如，在建立国际刑事法院①的罗马外交大会上，美国就因为不满《国际刑事法院罗马规约》有关条款而投下了反对票。美国反对的最重要的理由就是国际刑事法院根据《罗马规约》有权在全球范围内抓捕嫌犯，而无论所在国是否签署或批准该约。② 从《罗马规约》的创设意图来看，它试图建立一种普遍的制度安排，并要求所有国家遵守。但美国通过撤销之前的签署，公开表示不受国际刑事法院约束。而且，在反恐形势日趋紧迫之后，美国海外驻军介入行动更加频繁，也愈发面临国际刑事法院指控的可能性。于是，美国不仅以是否支持美国反恐行动画线，还以是否与国际刑事法院合作画线要求各国表明立场。2002 年通过的《美国军人保护法案》（American Servicemembers' Protection Act，ASPA）更是明确提出如下应对措施，包括限制美国政府对国际刑事法院的支持和援助；削减对规约批准国的军事援助；严管美国参与联合国

① 关于国际刑事法院的制度建设和执行问题见 Michael J. Gilligan，“Is Enforcement Necessary for Effectiveness? A Model of the International Criminal Regime”，*International Organization*，Vol. 60，No. 4，（Fall 2006），pp. 935－967。

② Ellen Grigorian，*The International Criminal Court Treaty*：*Description*，*Policy Issues*，*and Congressional Concerns*，CRS Report RL30020，January 6，1999.

维和行动；授权总统动用一切必要手段争取被拘禁的美国及盟国人士获释。①

然而，这种“国际制度—行为体”解释模式，并不能充分揭示制度在行为体互动上产生的影响。事实上，我们必须建立起“行为体—国际制度—行为体”的因果链条，才能对国际制度如何影响行为体互动作出更全面解释。一方面，行为体可以通过影响国际制度而影响其他行为体的行为选择；另一方面，行为体也会受到其他行为体通过国际制度对它造成的影响。具体到中美互动，美国可以通过国际制度影响中国选择，但反过来讲，中国也得以通过国际制度影响美国行为。在这里，国际制度构成了中美互动的一个桥梁，双方通过影响国际制度而产生交互影响。

当然，由于中美两国影响国际制度的能力不同，它们利用国际制度影响对方行为的能力也就相应地表现出了差异。此外，由于西方国家“通过代表链实现对国际制度的控制”②，也因为在参与联合国等国际组织过程中屡受挫折，中国在相当长时期内对多边国际机制心存警惕。正如江忆恩所说，“大部分研究中国的国际组织行为的美国学者认为中国领导人基本上坚持一种国内化的现实政治世界观。这种世界观强调相对实力的重要性，它认为国际体系处于危险的无政府状态之中。国家只能依靠单边军事实力来确保安全。最终，由于担心被多数票击败、担心合作的要求可能减少国家主权，这种世界观导致中国疑惧正式的多边合作。在这种框架中，最好的战略是尽可能地减少自己的承诺，同时又鼓励其他国家作出限制相对实力的承诺，中国因此而以最小的代价获益”。③

因此，从国际制度构成的体系来看，中美互动的大背景就在于，美国试图维持对中国的不对等制度约束，而中国寻求建立起同美国对等的制度约束（如图 1 – 2 所示）。按照苏长和的观点，当前世界正处在一个建制和改制的过程当中，美国利用国际制度影响世界的能力在下降。④ 相反，

---

① Jennifer K. Elsea, *U. S. Policy Regarding the International Criminal Court*, CRS Report RL31495, Updated August 29, 2006.

② ［美］罗伯特·基欧汉：《局部全球化世界中的治理》，《局部全球化世界中的自由主义、权力与治理》，门洪华译，北京大学出版社 2004 年版，第 296 页。

③ 江忆恩：《美国学者关于中国与国际组织关系研究概述》，http://old.iwep.org.cn/chinese/workingpaper/zgygjzz/2.pdf。

④ 苏长和在 2011 年 6 月 9 日“中国社会科学论坛——面向新形势的中美关系”上的发言。

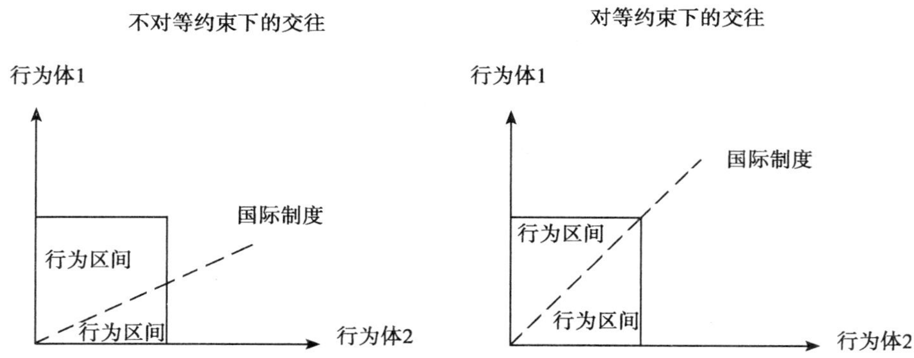

图1－2　制度约束下的交往结构

正如国际经济制度的改革所展示出来的，中国影响国际制度的能力在不断上升。例如，门洪华强调了国际制度在中国国家大战略中的重要性，并指出中国应当建立更具进取心的国际制度战略。① 确实，进入21世纪以来，中国在国际制度场合的发言权有所加强，让中国承担更多国际责任也成为包括美国在内各国的迫切愿望。因此，尽管中美两国在国际多边机制下的互动仍然延续着"美强中弱"的基调，但是，在某些领域和个别议题上，双方正在从过去绝对的不对等局面，转向现在相对的和有限的对等局面。

在中美互动中，双方接受制度的管制，最基本的要求就是遵约。遵约是指履行特定的国际惯例与规则。② 对任何一个制度体系来说，其成功运作都需要成员遵约。如果大多数成员不遵守规范，那么该制度的存在就没有意义了。对任何一个制度来讲，其作用都是相对一个确定的问题领域而言。与之相对应，讲一个行为体遵约或违规，也是就相对行为体在一定的问题领域的行为而言。例如，中美经贸争端是困扰双边关系的重要议题。美国屡屡指责中国不能有效遵守世界贸易组织规则，指责中国对出口商品进行补贴进而使其获得价格优势并倾销（dumping）到世界市场上，指责中国不遵守知识产权保护的相关法令，指责中国在政府采购中采取歧视外

① 门洪华：《构建中国大战略的框架：国家实力、战略观念与国际制度》，北京大学出版社2005年版。

② 可参阅 Jeffrey T. Checkel, "Why Comply? Social Learning and European Identity Change," *International Organization*, Vol. 55, No. 3, (Summer 2001), p. 554; Abram Chayes and Antonia Handler Chayes, "On Compliance," *International Organization*, Vol. 47, No. 2, (Spring 1993), p. 178。

企的做法。反过来讲，中国也经常批判美国在国际制度场合奉行双重标准，批判美国打着人权的旗号干涉别国内政，诸如此类，不一而足。所以，在中美互动中，如何判定两国是否遵守了相关国际制度，由谁来做出判断并实施监督，这些都是需要关注的重要问题。

在中美互动中，另外一个引人注目的问题是，中国作为国际制度中的后来者，面对的是第二次世界大战后由美国主导成立的国际制度体系。美国是全球互动的根本规则的设计者，而中国是作为体制外国家逐渐融入美国主导下的国际体系当中去的。所以，有必要同时考虑美国作为先行者、中国作为后来者在相关问题领域的互动。

从理论上讲，正式的国际制度作为一种结构，是一种有边界的存在。说得确切些，正式加入的行为体与没有加入的行为体是有明确的界限的。加入制度的成员，是在制度的边界之内，需要遵守相关的规则。它们享有相关的权利，也要承担相关的义务。未加入制度的行为体，则处于制度的边界之外，不需要遵守相关的规则，也没有相关的权利与义务。由于成员与非成员都会参与一定问题领域的互动，因此就形成了国际制度与非成员的互动。这种互动，对国际制度来说，是一个扩大影响与吸收新成员的过程，而对非成员来说，则是一个接受制度和加入制度的过程。

就中美两国而言，中国全面参与国际制度和美国全面吸纳中国参与是一个问题的两个方面。过去的经验表明，中国在争取加入国际组织时，不仅面临国内政治转型构成的约束，同时也面临国际社会设置的加入条件。正如张明谦所说，“参与国际合作和集团的活动并不完全取决于我们的愿望，还有政治障碍和条件限制。但是也要看到，由于我们思想解放不够，还有自我束缚之处”。① 以中国加入世贸组织为例，中国从“复关”到“入世”前后经历了15年的曲折道路。王正毅指出，“中国从一个非世界贸易组织国家向WTO国家转型，是20世纪后半叶国际政治经济中引人注目的重大事件”。② 在这里，更应当引起国人瞩目的是在中外经济相互依存高度发展的情况下，中国的“入世”进程为什么还会经历如此艰难的

① 张明谦：《国际组织与集团的综合研究》，渠梁、韩德主编：《国际组织与集团研究》，中国社会科学出版社1989年版，第4页。

② 王正毅：《理解中国转型：战略目标、制度调整与国际力量》，《世界经济与政治》2005年第6期。

旅程？从“入世”问题上不难发现，中国的缺席在很大程度上不是自愿的，在一定程度上也取决于外部世界接纳中国的意愿。这充分表明，中国参与国际制度的另一面是世界接纳中国。

国际制度在运作过程中，除了作为规则对单元的行为进行管制之外，作为一种规范性共识，还会对单元的观念进行建构。从建构主义的视角来看，行为体在参与问题领域的互动时都是带有一定的社会意图的。因此，在进行合作的过程中，在行为体之间会形成某种共有的观念，这种共有观念反映了行为体的共同预期。由于这种预期与每个行为体的意图都分不开，因此构成了行为体互动的环境。这种环境会压制一些国家行为，而倡导另外一些行为。这种环境使得国家不得不进行适应和学习。对环境的适应导致某些行为成为国家的主导行为，并在进一步的互动中得到强化。当特定的行为得到制度化之后，它便逐渐内化为国内政治制度的有效组成部分。[①] 从这样的角度来看，国际制度所发挥的是社会化施动者（socialization agent）的作用，[②] 可以在观念层面对行为体发生影响，从而塑造行为体的行为。

在中美互动过程中，美国常常希望通过这种建构行为体的观念的方式，促使中国的转型按照美国预期的方式进行下去。特别是美国的对华接触派认为，国际制度的存在与运作体现了一种共同的预期，即大家都应该遵守相关的规范。这种预期是建立在行为体对共同利益与目标的认知基础上的。由于存在着这样的共识，中国的观念会在参与互动的过程中发生改变。即使它最初并非心甘情愿地加入，但在制度环境中将不得不接受社会化的塑造。按照这种观点，中国在学习与适应的过程中，会接受一些新观念，放弃一些旧观念，从而逐渐适应自己作为制度成员的身份。换言之，中国对国际制度的了解过程就是一个学习的过程，而在国际规范的压力下改变行为则是一个适应的过程。如果拒不接受社会化过程，中国除受到国际社会的诘难之外，还可能因形象受损而付出其他物质上的代价。

毋庸置疑，中美在多边国际机制下的互动必然受到国际制度的约束。

---

① Alastair Iain Johnston, “Treating International Institutions as Social Environments,” *International Studies Quarterly*, Vol. 45, No. 3, (Dec., 2001), pp. 487 - 515.

② Alexandra Gheciu, “Security Institution as Agents of Socialization? NATO and the New Europe,” *International Organization* 59 (Fall 2005), pp. 973 - 1012.

但是，国际制度对中美两国构成的行为约束并不总是对等的，甚至往往是不对等的。通常认为，多数国际制度对美国约束弱于对中国的约束。即便事实可能并非完全如此，但这并不妨碍它成为一种学理性的假设。事实上，按照曼斯菲尔德·弗里德曼（Mansfiled Friedman）的方法论①，我们完全可以作出相反的假设，即国际制度对中国的约束弱于对美国的约束。我们的目标是，通过小心求证，来证实或者证伪这些假设。经验表明，从宏观角度看，前一种假设基本成立；但从微观角度看，后一种假设也有成立的基础。在这里，我们把观察的视角投放到具体领域和具体制度，期望能够对中美在多边机制下的互动作出一些超越“刻板印象”（stereotype）的描述和分析。

确实，正如赫伯特·西蒙（Herbert A. Simon）所述，“行为主义的假设都是闭门造车构造出来的，或许是出于（构造者）对它真实性和合理性的感受，可能并没有系统的经验数据来支撑”。② 我们的论证不求构造出更多的新颖假设，相反，我们把证实或证伪一些流行假设作为一个重要的目标。通过经验考察，我们试图表明，中美互动在国际制度场合的互动并不存在强者恒强、弱者恒弱的情形。在不同的事务领域和制度场合，中美两国影响对方行为的能力各有差异，不可一概而论。

总之，在中美两国的大战略框架里，国际制度都是重要的政策工具。中国希望通过参与重要国际制度实现和平崛起并全面参与世界的目标，美国则希望通过国际制度约束正在崛起的中国。有鉴于此，考察中美两国在国际制度场合的互动就具有重要的经验价值。以上，我们从两国利用国际制度的能力、遵守国际制度的情况、中国融入国际制度的进度和美国塑造中国的能力的角度探讨了国际制度对中美的约束，也初步明确了中美两国在国际制度中的角色地位。

二　制度框架下的中美合作与分歧

中美两国有着广泛的共同利益，也存在着深刻的理念分歧。反映在国

① M. Friedman, “The Methodology of Positive Economics”, In *Essays in Positive Economics*, Chicago: University of Chicago Press, 1953.

② Herbert A. Simon, “Human Nature in Politics: The Dialogue of Psychology with Political Science,” The *American Political Science Review*, Vol. 79, No. 2 (Jun., 1985), p. 297.

际制度场合，中美两国都能从支持现行国际制度中获益，但这并不能掩盖二者存在的分歧。由于两国都有贯彻制度主张的意志和能力，合作与冲突都是利益交汇或观念碰撞的表现。在这里，国际制度设定了合作与分歧的框架，也限定了两国可以选择的行为方式。

对美国而言，作为现行国际体系的最主要设计者，它可以从维持这一体系中取得最大的既得利益。国际制度作为美国的“霸权之翼”①，确实在重要事务领域促进了国际秩序，也因为此，“霸权稳定论”才有了很大的市场。在这种论调中，霸权国家提供秩序或者所谓的公共物品，其余国家能够“搭便车”而不用像以往那样提心吊胆地生活在无政府状态之下。当然，霸权国家提供公共物品必有所图，否则，它的一切行动将不合乎理性逻辑。从历史上看，一切霸权国都有共同的图谋，那就是维持其霸权地位。对于寻求制衡（balancing）霸权的修正主义国家，霸权国将予以沉重的打击；而对于追随者（bandwagon），霸权国将给予丰厚的回报。② 在这里，作为权力的化身，国际制度提供了一种便利的奖惩工具，而它总是或多或少地反映着最初创设者的意图。因此，国际制度成为霸权国贯彻“照我说的做”（Do as I say）指令的有效手段。

确实，第二次世界大战后在美国主导下建立的重要国际制度，迄今为止仍在各自领域发挥着基础性的规制作用。在国际经济领域，1944 年 7 月，44 个国家的代表在美国新罕布什尔州“布雷顿森林”召开联合国和盟国货币金融会议。会议通过的《联合国货币金融协议最后决议书》《国际货币基金组织协定》和《国际复兴开发银行协定》等文件（总称《布雷顿森林协定》），建立的国际货币基金组织与世界银行，为各国间的国际金融互动作出了重大的制度安排。以国际货币基金组织为例，其组织章程规定，作出任何重大决定都需要取得全体投票份额 85% 的赞成票。而美国一家就拥有该组织 17% 的投票权。这意味着在国际货币基金组织之内，通过任何一个不符合美国利益的议案没有太大的希望。这是因为即便其他所有国家都赞成一项动议，也不过只有 83% 的赞成票。换言之，美国可以强行否决任何一项它不愿接受的方案，而其他所有国家也无法强行

① 门洪华：《霸权之翼：美国国际制度战略》，北京大学出版社 2005 年版。

② Randall L. Schweller, “Bandwagoning for Profit: Bringing the Revisionist State Back In,” *International Security*, Vol. 19, No. 1 (Summer, 1994), pp. 72–107.

通过一项不利于美国的方案。

而且，作为权力的化身，国际制度总是会自强化的，并且会反哺培育了它的权力结构。国际制度一经发起，就改变着国际政治的状态。未有国际制度之前，国际政治处于无规则或者前规则时代，各国都希望按照自己认定的方式采取行动。有了国际制度，也就意味着有了规则，国家任意采取行动已变成不可逆转的历史。国际制度对以后的国际交往作出了明确的规定。

按照制度经济学的观点，“制度规则作为历史遗留下来的累积性残余，它记录了老问题的解决之道，因而成为组织面对新问题时竞争力的基础”。① 行为体参与同国际互动时，如果每次都要重新协商互动的规则的话，行为体参与互动将是不经济的。所以，如果行为体愿意参与国际互动，并力盼将这种互动关系保持下去，就需要有稳定规则体系作基础。通过创立经验的规则，之后出现的类似问题将被低成本地协调，这反过来要求推广制度规则。这样，制度规则构成了规范行为体互动的规则基础，而且在很大程度上是自强化并不断被强化的。

由于现存国际制度提供了互动的规则基础，它也总是遏制着替代规则体系的生成。有研究者指出，“后发国家面对的不是法律道德的空白纸张，供它们与其他国家一道订立新的契约”。② 尽管那些具有“体制外意识形态”和“潜在意识形态”的国家，非成员国可能试图按照它们所认可的意识形态去构建新的制度框架，但历史事实表明这并非易事。③ 例如，英国组建欧自联对抗欧共体，但很快就被并入（抑或主动融入）欧共体。一些发展中国家也曾筹办“新兴力量运动会”，试图改变国际奥委会“帝国主义分子把持国际体育组织”的状况，但在举办一届之后没能延续下去。

尽管不能因此而说体制外国家创建新体制的努力必然会以失败告终，

---

① ［美］詹姆斯·马奇、马丁·舒尔茨、周雪光：《规则的动态演变：成文组织规则的变化》，童根兴译，上海人民出版社 2005 年版，第 158 页。

② John Toye, *Order and Justice in International Trade System*, in John-ren Chen ed., *The Role of International Institutions in Globalization: The Challenge of Reform*, Cheltenham: Edward Elgar, 2003, p. 71.

③ 卢新波：《论学习型体制转型：后发国家市场化进程的逻辑》，社会科学文献出版社 2007 年版，第 125 页。

但总体上，既有体制的存在限制了替代体制的产生。一言以蔽之，第二次世界大战后发起的重要国际制度，在很大程度上反映了美国主导世界事务的制度主张，并且得到了美国的权力背书，尽管它们在运行过程中表现出了一些独立性和自主性，但总是在一定程度上反哺着美国霸权。

对中国而言，由于近现代一直遭受西方列强的打压，而且，对国际制度的早期参与也多留下不堪回首的记忆。这种集体记忆造就的对国际多边机制的疑虑，并不会在一朝一夕间烟消云散，相反，它在相当长的时期内还会影响中国的国际制度选择。而且，为了不引起霸权国的猜忌，中国在多边外交场合一直谨言慎行，更多是附和而不是发起国际议程。随着中国经济的持续发展，其国际地位也在不断上升，而外界呼吁其承担更多国际责任的声音也日益高涨。在和平崛起的国家战略之下，全面参与并且融入现有国际体系符合中国的利益。

从交易成本的角度看，中美之间的交往就像一切其他国家之间的交往，从某种程度上说仍是一种交易。在经济互动中，进行交易的最佳条件，是有便利的交易场所、对称的交易信息和零交易成本。在国际政治互动中，行为体进行讨价还价，实现集体行动，也需要一定的条件。国际制度的建立，能够提供原则和规范的框架，从而改进交易场所的性质。无政府状态下的“跳蚤市场”于是就能够改善为制度框架下的“综合超市”。有了这样的“交易平台”，互动双方便更易于达成交易。在这样的制度环境里，中美两国可以获得重要的信息，比如关于政府资源和正式谈判地位的信息，以及对方是否有意愿在将来信守协议的信息。由于每一方的行为都受到对方的密切监控，欺骗变得得不偿失，因而能够杜绝道德冒险和不负责任的行为。因此，国际制度为中美互动提供了有效的平台，如果能在这个平台上解决整个复杂的问题，它们将有效降低交易成本。①

从观念建构的角度看，国际制度提供了一个塑造认同的管道。中国作为后来者，在融入国际社会的过程中，必然会受到先行者的身份审核。由于正式制度存在边界，因此一个国家要加入国际制度，就需要越过一个门槛。当然，对于不同的制度来说，其门槛是不同的。有些制度有严格的准入标准，如欧盟、WTO；也有些制度是开放的，可以自愿加入，如《不

① ［美］罗伯特·基欧汉：《局部全球化世界中的自由主义、权力与治理》，门洪华译，北京大学出版社 2004 年版，第 154—160 页。

扩散核武器条约》。不论国际制度的门槛严格与否，一个行为体要加入制度，总要经过一定的步骤。它首先需要接受相关的规则作为自己的行为规范。其次，它接受规则的行为需要得到组织机构的评估与认可。就这样一个过程而言，是否接受规则是取决于提出申请的行为体的意愿，而是否能从组织上加入制度，则取决于组织的同意。特别是对一些有严格标准的组织，行为体即使接受相关的规则，也未必能够跨过制度的门槛。例如，1999 年 9 月，美国国会通过 2000 财年《国防授权法案》（P. L. 106—65），要求美国总统就中国遵守导弹技术控制体制及其附件达成协议；法案同时规定如果中国不能满足特定条件的话，就不得允许其加入导弹技术控制体制。到 2004 年，当中国向导弹技术控制体制提出了加入的申请时，其 34 个成员国（特别是美国）认为中国尚未达到它们所认可的防扩散标准，并因此拒绝了中国的申请。

因此，不论从交往的经济性来看，还是从交往的社会性来看，国际制度都为中美互动提供了便利的平台和认同的纽带。对中国而言，和平融入国际社会的国家战略决定了它无意挑战重要事务领域的基本制度。其一，挑战行动在经济上得不偿失；其二，挑战行动将造成无法弥补的形象损失。这样，中国在现行制度框架下，谋求自身利益的最大化就成了理性选择。它所追求的目标是有限的，且它所运用的手段也是现行制度所许可的。它无意挑战当前霸权国，更无意颠覆现有国际体系。

对于这样的解释，美国国内大体上也是认可的。近来，美国国内学者普遍认为，在可预见的未来，不会出现对于美国的硬制衡（hard balancing）。但是，当前国际体系仍在不停变化当中，即使是未受制衡的霸权（unbalanced hegemon），也受到了制约性的影响。国际体系中的其他国家，尤其是中、俄、法等次大国，会通过非对抗的方式稀释美国的权力，而诉诸国际制度就是软制衡的一种途径。在将来，美国会不断受到来自中、俄等国的软制衡（soft balancing）。[①] 例如，美国在发动伊拉克战争问题上抛

① Robert A. Pape, "Soft Balancing against the United States," *International Security*, Vol: 30, No. 1, (Summer 2005), pp. 7 – 45; T. V. Paul, "Soft Balancing in the Age of U. S. Primacy," *International Security*, Vol. 30, No. 1, (Summer 2005), pp. 46 – 71; Stephen G. Brooks and William C. Wohlforth, "Hard Times for Soft Balancing," *International Security*, Vol. 30, No. 1, (Summer 2005), pp. 72 – 108; Keir A. Lieber and Gerard Alexander, "Waiting for Balancing: Why the World Is Not Pushing Back," *International Security*, Vol. 30, No. 1, (Summer 2005), pp. 121 – 122.

开联合国，采取了单边主义行动，但在国际制度的压力下，不得不在采取行动之后回到联合国寻求行动的合法性。这一事实表明，类似联合国那样的制度结构，虽然影响有限，但毕竟还是不可缺少的。[①] 再如，北约在利比亚采取行动，得到了联合国安理会的授权。国内有学者认为，中、俄两国投票弃权是一种退让，给西方造成了某种错觉，甚至在以后面对类似情形时，中、俄两国会相当被动。[②] 然而，从另一方面看，北约既然有了在科索沃和伊拉克的先例，就不会因为得不到安理会授权而在利比亚偃旗息鼓。中俄两国投弃权票，将安理会保持在事态发展之中，在一定意义上也可以说是对美国及其领导的北约的软制衡。

综合来讲，美国作为现行体制的既得利益者，能从支持现行体制中获得进一步的利益。中国作为后来者，一个不愿被视为挑战者的后来者，亦能从支持和融入现行体制中获得收益。这种对体制的共同需要决定了在制度框架下合作符合双方的利益。但是，同时应当注意，收益有绝对和相对之分，任何一国都同时追求绝对收益和相对收益。对绝对收益的追求，会促使两国通力合作把蛋糕做大；而对相对收益的追求，会促使两国就如何切分蛋糕产生分歧。[③]

一般认为，国家在低政治领域主要追求绝对收益，而在高政治领域主要追求相对收益。但是，在中美互动中，低政治问题的政治化和安全化是一个突出的现象。例如，在相当长时期内，美国将中国的最惠国地位同中国的人权政策相挂钩，这是经济问题政治化的典型事件。再如，直至今日，美国仍对中国实施高技术产品出口管制，特别是对两用品（dual-use

---

① Mats Berdal, "The UN Security Council: Ineffective but indispensable," *Survival*. Vol. 45, No. 2, 2003, pp. 7 – 30; Juergen Dedring, "The Role of the UN Security Council in Peace and Security in the Post-Cold War Era First Steps in the Exploration of a Misunderstood Organ of Global Governance," Paper presented to *International Studies Association* 41st Annual Convention, Los Angeles, CA, March 14 – 18, 2000.

② 时殷弘在“2011 年初以来的中美关系走势”国际学术研讨会上的发言。

③ 现实主义和自由主义的主要分歧之一，就是国家更加关注“绝对所得”还是“相对所得”。事实上，现实主义亦承认合作能够带来绝对所得，只不过国家更重视相对所得，进而使合作难以形成。John J. Mearsheimer, "The False Promise of International Institutions," *International Security*, Vol. 19, No. 3, (Winter 1994/1995), pp. 5 – 49。关于“绝对所得”和“相对所得”的综合讨论，可参阅 Robert Powell, "Absolute and Relative Gains in International Relations Theory," *The American Political Science Review*, Vol. 85, No. 4, (Dec., 1991), pp. 1303 – 1320。

item）实施严格的出口管制。其典型的逻辑就是“同中国贸易，但要避免提升其军力”①，这明显属于经济问题的安全化。诸如此类的问题不仅简单存在于两国的双边外交当中，相反在国际制度场合也会反映出来。在美国具有全球优势地位（primacy）的情况下（这当然也包括对国际制度的操控），中国如何利用国际制度来实现自身的目标，并抑制对方利用国际制度盘剥自己，这些都是需要深入研究的议题。

行为体对相对收益的强调，会将它们之间的互动引入囚徒困境的轨道。确实，在囚徒困境中，尽管合作策略对不同行为体都是有利可图的，但由于背叛构成了各自的占优战略，在个体理性的驱动下，它们不可能偏离背叛的行动选择。具体而言，在囚徒困境中，两个行为体各有两种策略：抵赖即不出卖对方和坦白即出卖对方。对每一个博弈者来说，最好的情况是己方坦白而对方抵赖。次优的选择是己方抵赖而对方也抵赖。以此类推，我们可以得出每一个博弈者的收益排序：DC > DD > CC > CD。可以预期，理性的行为体 A 不会选择抵赖，因为它知道这样选择的话行为体 B 必然会选择坦白。因此，即便行为体 A 宣称会选择抵赖，它也会在最后时刻选择坦白。也就是说，抵赖策略本身是不稳定的，而坦白策略则是自我肯定的②（self-confirming），因为理性的参与者如果正确地预料了彼此的策略，它们就必然会选择坦白策略。“囚徒困境”说明个体以自我利益为目标的“理性”行为，导致的是群体的相对较劣的结果。③

理论上，囚徒困境是可以避免的，而做到这一点往往需要多方面的努力。阿克塞尔罗德和基欧汉指出，“国家之间利益的相互性、未来形象的考虑以及参与国家的增加”这些因素都可以促进合作的出现。④ 的确，复合相互依赖很大程度上让国家利益的实现建立在他国利益不受损的基础上；由于担心国家远期形象的受损，国家在合作中进行欺骗的动机会大为

---

① Larry M. Wortzel, “Trade with China But Avoid Strengthening Its Military,” www.heritage.org/Research/AsiaandthePacific/EM749.cfm.

② ［美］保罗·魏里希：《均衡与理性》，黄涛译，经济科学出版社 2000 年版，第 53—54 页。

③ ［美］罗杰·A. 麦凯恩：《博弈论：战略分析入门》，原毅军等译，机械工业出版社 2006 年版，第 8 页。

④ Robert Axelrod and Robert O. Keohane, “Achieving Cooperation under Anarchy: Strategies and Institutions,” *World Politics*, Vol. 38, No. 1, (Oct., 1985), p. 227.

降低；而博弈者数量的增加又进一步加强了国家惩戒欺骗方和补偿被欺骗方的能力。这种情况下，彼此合作（CC）比在对方合作的情况下背叛（DC）更具吸引力，因而促使个体国家走向合作。当然，这个过程内在地要求个体国家进行政策协调，以期自己采取的行动能够顾及他者的利益，或者至少不损及他者利益的实现，或者能通过转换的方式使他者在别处受益。例如，中美在出口控制领域存在一种默契的合作，美国不在台湾地区部署导弹防御系统，而中国则承诺不向特定国家出口超过一定射程或一定重量的导弹。①

事实上，为了满足共同需要进行政策协调，其所形成的结果反映的是参与者讨价还价的能力。由于任何个体在互动中都不可能实现一厢情愿的利益，每一方的需求都需要为他方所接受，因此各方需要寻求一个可以共同接受的点。对任何一个参与者来说，这个点都应该在其最高收益与最低收益之间。如果不在这个区间，那么它们不会参与政策协调，因此也无所谓合作。而它们一旦在这个区间内进行讨价还价的时候，它们已然在合作，只不过每一个成员都会力图使这个点离自己的最高收益尽可能地近，而离自己的最低收益尽可能地远。最终的结果应该是各方都能接受的，它不会与任何一方的最高收益点重合，而是大致居于各方收益的中间。当然，就这个点来说各方的收益是不可能平衡的，总有一些成员得益相对多些，有一些成员得益相对少些。在这个过程中，也可能有一些互动方因这个共同利益的点超出了可以接受的范围而退出互动。

行文至此，我们一直都在强调这样一个前提，即中美两国会将双方的互动置于制度框架的约束之下。在这一前提下，无论合作还是分歧都有一定的规矩，双方都因循国际互动的一般规则，追求国际制度许可的目标，并采取国际制度许可的手段。但是，这一前提条件并不总是能够得到满足，事实上中美互动有时会超出制度约束的范围。

三 制度承载力的极限

国际制度能对行为体的行为作出规定并产生约束，这是它的精髓所在（essence），甚至可以说是它之所以存在的全部意义（raison d'être）。然

---

① Shirley A. Kan, Congressional Research Service, "China and Proliferation of Weapons of Mass Destruction and Missiles: Policy Issues", RL31555, Updated on March 6th, 2008, p. 42.

而，国际制度的存在，本身要依赖个体国家的认可和支持。可以说，国际制度的存在意义是个体国家所赋予的，其使命陈述就像一种说教，由前人创造而由后人继承和发扬。国际制度最初被设立起来，设定了一套行为规则并逐渐使之成为社会行为的一般模式。规则所内含的“规训与惩罚”的能力，构成了国际制度有效性和权威性的根本来源。以此之故，制度规则能得到贯彻实施的力度越大，范围越广，它也就越是具备规定行为体行为和调整国家间关系的能力，或者说制度承载力（institutional capacity）。

从逻辑上讲，衡量国际制度的承载力不能脱离了它所处的阶段。有研究者把国际制度的不同阶段归结为它的“生命周期”。[①] 国际制度存在其生命周期，国际制度从无到有、从弱到强、由盛而衰、由衰而变。每一次转型都意味着制度在特定阶段发生了变迁。当然，如何区分不同阶段，精确地捕捉并描述出这些变迁并非易事。存在这样的情况，当各国就制度安排的形态仍在激烈争论的时候，创建该制度安排的计划可能已经胎死腹中。也存在这样一些情况，当东道国正在举办宴会酬谢出席特定国际制度的年度首脑峰会时，要求废止这项国际制度的抗议之声却不绝于耳。这些看似孤立的事件却反映了一个共同的问题，国际制度从其有生命的那天起就不能同时满足各方提出的要求，时刻都面临着这样或那样的指责，并因而存在着变迁的可能。关于这一点，奥兰·扬指出：

> 非常普遍的现象是，具体的制度安排会遵循一种生命周期，通常随着时间的流逝而提高其有效性，并且在一些情况下，它们存在的时间超过了预期发挥作用的时间。基本的问题在于不同体制的有效性以及体制内部在不同时间段的有效性变化很大。……但是实际上，每个人都同意，一些体制非常成功，另一些则极为失败。更加普遍的情况是，有效性居于两个极端之间的某个地方。……那么，目前恰当的工

---

① 关于产品生命周期的经济理论，可参阅 T. Levitt，“Exploit the Product Life Cyc! ” *Harvard Business Review*，Vol. 43，Nov. -Dec.，1965，pp. 81 – 94；G. Day，“The Product Life Cycle：Analysis and Applications Issues，” *Journal of Marketing*，Vol. 45，Autumn 1981，pp. 60 – 67；J. Box，“Extending Product Lifetime：Prospects and Opportunities，” *European Journal of Marketing*，Vol. 17，1983，pp. 34 – 49。

作就是把我们的注意力转向对制度有效性来源或根源的持续考察。①

制度的有效性和权威性之所以能够形成并得到维系，从国际关系的角度看，在很大程度上是因为得到大国的支持。大国的影响，除了在自发秩序（spontaneous order）的产生过程中不明显之外，无论在协商秩序（negotiated order）还是在强推秩序（imposed order）中都异常突出。② 特别是在国际机制的创立阶段，大国的参与是不可或缺的。按照制度经济学的解释，“利益集团的活动在制度起源和变迁的过程中，起着核心的、关键性的作用。任何利益集团想要成功，还需拥有一位或几位领袖。利益集团之间的冲突及结局，与其说是直接取决于各集团的人数，不如说各集团的组织性，特别是对自身利益和集体行动的必要性的意识。各利益集团之间争斗的结果，实际上是确保胜利一方的利益，又照顾到失败者某些要求，因而将其称之为一个在各方讨价还价后妥协的产物是十分贴切的”。③

第二次世界大战后的重要国际制度安排，都是在美国的领导下发起的，体现了美国和其他国家之间权力和利益的妥协与折中。对美国来讲，一切国际组织，都是推进其国家利益的工具。④ 国际组织的运行离不开美国，但它要保持独立又必须淡化美国的影响。国际组织如果不能迎合美国的意图，它将变得边缘化。例如，联合国安理会未支持美国对南斯拉夫和伊拉克的政策，其结果是被美国搁置在一旁。反之，国际组织如果太过迎合美国的意图，它将失去合法性基础。例如，世界贸易组织太过迎合美国和欧洲的偏好，因而在很多发展中国家看来是剥削者手中的皮鞭。

对于美国这一角色，当少数国家提出质疑时，美国能够通过灵活反应来予以维持甚至强化。逻辑上，当多数国家或者多数主要国家产生异议时，美国的行为将无法得到容纳。但实际上，美国无法容忍别国对它指手画脚，如果它在一个国际组织受到全面质疑，它不会屈从，相反会“坚

① ［美］奥兰·扬：《世界事务中的治理》，陈玉刚、薄燕译，上海人民出版社 2007 年版，第 108—109 页。

② Oran Young, “Regime Dynamics: The Rise and Fall of International Regimes,” in Stephen D. Krasner ed., *International Regime*, BJ: Beijing University Press, 2005, pp. 93 - 113.

③ 张宇燕：《美国宪法的经济学含义》，《社会科学战线》1996 年第 4 期，第 39—46 页。

④ 美国与联合国关系就是一个典型案例。可参阅李少军《评美国与联合国关系的历史进程》，《美国研究》1995 年第 2 期。

决回击一切敌人”。例如，在联合国不能得心应手地实现其政策目标时，美国开始策划“民主同盟”。[①]对于这一战略构想，郑永年认为，虽然“民主同盟”策略更符合美国现行的国际战略，但是要用“民主同盟”拉住盟友，进而取代联合国是不可能的，也很难得到所有盟友的支持。[②] 但反过来讲，就算美国淡化对联合国的参与，也将让后者不再是完美的预期稳定器（stabilizer），使维持和平与建设和平的工作难于实施，甚至让安理会变成败落宗教的庙宇（temple of failed religion[③]）。

反过来讲，中国在20世纪七八十年代后，逐步扩展了对国际多边机制的参与。在此之前，这些重要国际制度已经运作了几十个年头。中国作为一个大国不断参与进来，的确能为国际组织注入新鲜血液。但与美国相比，中国是不折不扣的后来者。如果把国际组织看做一个法人主体，那么，中美互动就非常类似新老股东的互动关系。在这里，格鲁斯曼和哈特（Grossman and Hart）关于接管问题中股权稀释的讨论颇具启发，“关于稀释股权的程度，其最优水平不仅取决于旧股东的偏好，也取决于它对潜在投资者的吸引力。稀释过多使旧股东无意出售股权，太少又不能为公司绩效产生实质影响”。[④] 国际组织在吸收外部资源时面临同样的困境。过度稀释制度权力招致旧成员的反对，但分权不足又不能吸引新成员。当然，在多大程度上分享制度权力是一个系统性的难题，只要被互动双方接受的方案都构成一种战略均衡。

因此，中美两国作为国际制度的大股东，直接影响了国际制度解决问题的能力，在某些情况下甚至会对制度承载力产生决定性影响。不同的是，美国持有的是原始股，且份额甚为厚重，中国持有的是配增股，且份额相对较低。其所导致的结果是，美国能在大部分事项上发挥决定性影

① 可参阅刘建飞《试析美“民主国家联盟”战略构想的走向》，《现代国际关系》2009年第11期。

② 郑永年：《“民主同盟”能取代联合国吗》，http：//www. china. com. cn/international/txt/2006 - 10/23/content_ 7265124_ 2. htm。

③ John Toye，“Order and Justice in the International Trade System，” in John-ren Chen ed.，*The role of international institutions in globalization*：*The Challenges of Reform*，Cheltenham，Massachussets：Edward Elgar Publishing，Inc.，2003，p. 66.

④ S. J. Grossman and O. Hart，“Takeover Bids，The Free-Rider Problem，and The Theory of The Corporation，” *Bell Journal of Economics* 11，1980，pp. 42 - 64.

响，而不论这些问题是否关乎它的切身利益。对中国而言，尽管它不具有这样无所不在的影响，但在关乎自身利益的问题上无疑具有充分的发言权。鉴于中美两国在国际制度场合都能发挥重要影响，它们之间的互动关系有时就会超出制度承载力的限度。

第一，国际多边机制是由众多国家参与并制定的解决公共问题的基本方案，作为国家间交往的机制平台，它们面对的是国际社会多数成员，所倡导的问题解决方案是针对那些具有普遍性的常规事项。中美作为当今世界的两大重要行为体，国际机制对中美互动的约束是有限的。中美两个大国之间的互动议题，甚至是涉及任何一方的重大议题，在某些情况下都是这一大众平台所不能承载的。

第二次世界大战后形成的国际制度体系是一个以联合国为核心，并不断向外辐射的社会规则体系。这一体系的制度基础是大国一致，这不仅是一个空泛的政治原则，也是一个实实在在的社会动员法则。在创建联合国的过程中，英国就曾提出作为争端当事国的常任理事国不应该参加投票，但苏联拒绝任何限制，坚持大国一致原则是采取任何行动的一项绝对必要的前提。争执的结果是搁置问题，留待以后讨论。[①] 日后的联合国实践表明，只要涉及常任理事国的国际问题，安理会的作用是微乎其微的，其根本原因就在于常任理事国都拥有一票否决的权力。这就使得所有涉及常任理事国的安全问题都不可能在安理会得到有效解决。而且，大国之间的分歧，并不仅仅是利益上的，不同的制度主张也会成为斗争的焦点。以安理会的维和行动为例，尽管中美两国的投票行为在多数时候表现出一致性，但是在个别问题上仍然会显示出巨大差异。

1996 年 12 月 29 日，危地马拉政府和游击队组织全国革命联盟达成和平协定，并请求联合国派驻维和人员以监督停火。在 1997 年 1 月 10 日安理会表决向危地马拉派驻联合国观察员以核查该地停火协议的决议草案时，中国投了否决票，阻止了该维和行动的形成。中国外交部发言人在答记者问时指出："中国一直支持危地马拉和平进程，对危双方签署的和平协定表示欢迎。危实现和平本是件好事，但令人遗憾的是，危当局对中方的再三劝告置若罔闻，执意邀请台湾当局的所谓'外长'参加了危和平

① 唐贤兴主编：《近现代国际关系史》，复旦大学出版社 2002 年版，第 396 页。

协定签字仪式。危的所作所为违反了联合国宪章和联合国大会2758号决议，严重伤害了中国人民的民族感情，破坏了中危在联合国合作的政治基础。危当局不能指望一方面悍然违反《联合国宪章》的基本原则与宗旨，做有损中国主权和领土完整的事，另一方面又要求中国在联合国安理会与其合作。危当局应该对此造成的一切后果负完全责任。"①

第二，作为国家间交往的规范结构，国际机制具有相当的开放性。两国有着不同的发展阶段，承担着不同的国际责任，坚持着共同但有差别的全球治理理念。两国无意将两国交往的细节公之于众，甚至会激发两国在公开场合固执己见以维护国际形象（image，reputation）的决心。

按照制度经济学的观点，国际制度提供了可信的交易平台，能够稳定交易者的共同预期。它之所以受到重视，在很大程度上是因为减少了信息不对称，并将经济交易置于更多社会成员的共同监视之下。然而，正是由于国际制度突出了交易的透明度和公开性，才使得大国之间对国际制度有所保留，不愿使其过分具有侵入性（intrusive）。大国所追求的并不仅仅是短期的政策效果，它们同样珍视自身的国际形象。以人民币汇率问题为例，中美之间进行过多轮次的协商，但将这一问题作为国际货币基金组织或者20国集团的议程，显然是中方所不能接受的。事实上，国际货币基金组织出台评估报告称人民币存在低估时，中国就曾予以严厉反驳。

事实上，一切大国，包括中美两国在内，都不愿其外交活动完全公开，特别是在国际制度这种"千人大会"的场合公布开来。例如，在中国加入世界贸易组织问题上，中国的入盟谈判都是在双边层面展开的。在中美谈判达成协议之后，两国国内对已然成为事实的协议（done deal）各自都出现过一些反对声音。可以想象，让步历来都是难以作出的，而妥协也总是在斗争中形成的。可以想象，如果是在国际制度场合，在众目睽睽之下，两国可能要费更大的力气才能达成同样的协定。换言之，国际制度的开放性挤压了国家交往的私密空间，这对于珍视国际形象的大国来讲有时会成为一种负担。因此，对于某些重要问题，它们更青睐双边外交，而不是诉诸公共场合。

第三，在参与国际机制的问题上，两国都受到国内政治的掣肘，进而

① 《人民日报》1997年1月10日。

会形成一方受机制约束另一方不受约束以及双方均不受机制约束的交往局面。这种情况下，两国中任何一方缺席或者同时缺席国际制度，使国际制度的约束性无从规定两国的行为和交往的方式。

尽管中美两国都是国际体系中的重要参与者，但具体到单个国际体制，中美两国却有着不尽相同的参与。在有些国际制度中，中国是正式成员而美国不是。例如中国批准了《1969 年维也纳条约法公约》《联合国海洋法公约》等多边国际公约，但美国却迄今并未批准。作为批约国，中国承担严格的法律责任；而作为未批约国，美国只承担不破坏公约宗旨的道义责任。同样，在有些国际制度中，美国是正式成员而中国不是。美国领导缔造了出口控制领域的各主要国际机制，但中国只参与了其中部分国际机制。例如，中国并未参加导弹及其技术控制制度、瓦森纳安排、海牙行为准则、防扩散安全倡议等。另外，对于某些国际性安排，中美两国同时缺席，这也造成了中美交往中制度缺失的事实。例如中美两国均未批准《全面禁止核试验条约》《国际刑事法院罗马规约》等多边公约。在这些领域，中美两国的互动很难适用国际制度的一般准则。

鉴于“条约非经第三方同意不为其创设权利和义务”是国际社会普遍承认的国际法则，又鉴于任何国际制度难以强求所有国家全都参与，所以，这种客观存在的情况限制了国际制度适用于中美互动的可能性。当然，这并不意味着此种局面下，中美互动必然不受国际制度的约束。例如，在出口控制领域，中国在国内制度建设问题上，极大程度上借鉴着国际控制体制的有效做法，如根据导弹及其技术控制制度、澳大利亚集团等体制的管制清单建立国家出口控制制度。尽管如此，我们认为，中美两国任意一方缺席国际制度，都会从客观上限制一般国际模式在中美互动中的作用，更遑论两国可能同时缺席某些国际制度。

总之，国际制度作为一种公共物品，它的提供是依赖主要行为体的，它的承载力也依赖主要国家在集体行动中的贡献。一切大国，作为集体行动的“第一集团”，都不会容忍自己为之付出的公共物品，反过来成为严重束缚自身行为的工具。在制度框架下互动，如果不超过制度承载力的限度，而且也符合双方的利益和偏好，中美两国将寻求在制度框架下的问题解决方案。然而，当两国追求的目标超出制度承载的范围，当多边机制场合的交往影响到它们的形象，当双方或者有一方缺席国际制度时，国际制度在两国交往中的适用性是有限的。

第三节　实证研究的框架

中美在国际制度场合的交往是一幅有待进一步书写的历史长卷。从理论上讲，两国共同生活在现代意义上的国际体系之下，两国之间的交往自始至终受到国际法（无论是明文法还是习惯法）的规范和约束。因此，两国间的交往总是在不同程度上遵循着国际制度设立的一般行为模式。但作为当今世界数一数二的大国，两国的交往不完全受制于多边国际制度的调整与规范。而且，在不同事务领域，中美两国对相关领域的国际制度可能持有不同的态度，对交往议题的设置可能有着不同的侧重，继而会形成不同的交往结构。在实证研究的过程中，有两个方面的内容需要加以重点考察。第一，国际制度对中美两国各自的行为构成多大的约束；第二，国际制度在调整中美互动中的适用性有多强。为了回答好这两个问题，我们需要说明具体研究哪些事务领域，并说明研究特定事务领域中哪些国际制度，明确中美两国的国际制度观及其在国际制度中的地位，确定中美在国际制度场合的互动议题，区分全球性制度安排和区域性安排下中美互动的差异。在此基础上，我们将对中美在不同事务领域的制度交往进行经验总结并作比较分析。

一　中美在制度场合互动的议题

中美在国际制度中互动，首先是为了解决各自关心的问题。但是，作为全球事务中举足轻重的大国，它们同样会为了公共问题的解决而开展互动。因此，双方在制度场合互动的议题分为私有问题和公共问题两大类，而在这两大类别下又可以进一步细化分类。

对中美两国来讲，它们参与国际制度都有一个根本前提，即国际参与有助于各自关切事项的解决。如同任何其他国家一样，两国都有各自的利益算计（rational calculation）。如果不能从国际制度参与中解决自身关切的事项，它们又何必无谓地浪费有限的外交资源。人们常说，美国参与国际制度是为了更经济地维持其霸权地位，中国参与则是为了和平地融入国际体系。尽管我们认可这种观点，但我们认为这种叙事方式太过抽象。尤其是具体到特定国际制度时，有必要挖掘更细致的、可证伪的政策目标。在国际制度场合，美国自有它特别关注的问题，中国也自有它特别关注的问题。鉴于中美两国在国际制度中的地位，任意一方寻求在制度框架下解决私有问题，不免会涉及另一方。

就中国来讲，台湾地区的国际人格问题历来是中美两国在国际制度场合互动的重要议题。对中国来讲，一个中国原则是中国参与一切国际制度的先决条件，中国不会允许任何国家、在任何国际制度场合讨论危及主权和领土完整的问题。但对美国来讲，在国际制度场合搞小动作，刻意模糊一个中国的确切所指，却是迎合国内政治口味的一种手段。因此，在涉及台湾地位的问题上，中美之间的互动具有其典型性。亚太经合组织在1989年成立之初，就曾带来了“三个中国”（three Chinas）的成员资格难题，即中华人民共和国、中国香港和中国台北都被认为有资格参与该组织。这对国际社会关于“一个中国”的原则构成一种观念冲击，也因而引起了中国的关切。[①] 但在随后同创始会员国美、加、澳、日、韩、新西兰、东盟国家的互动过程中，中国逐渐打消了原来的疑虑，并“根据1991年中国与APEC达成的《谅解备忘录》，中国、中国台北、中国香港成为APEC成员”。[②] 亚太经合组织也因此成为第一个包括大陆、香港、台湾地区的多边国际组织。

就美国来讲，假国际制度之公济国内政治之私（private use of public goods）是一种模式化的行为。美国的条约行为具有两面性，它会通过签署条约的方式来促进美国的权益主张并约束其他国家的行为，同时又以不批准条约的方式拒绝承担国际义务。例如，美国迄今为止并未批准联合国海洋法公约，并非公约缔约国。美国主张国内法高于国际法原则，它坚称“美国通过习惯法业已确认的专属经济区权益以及在其他水域通行的自由权利，无须经过海洋法公约的确认”。[③] 然而最近一段时间，美国频繁敦促南海争端各方按照联合国海洋法公约表明本国立场。这就是说，美国认为自己的权利主张不以海洋法公约为转移，但它同时却要求中国在海洋法公约下明确权益主张。可以预期，围绕联合国海洋法对美国的约束性，以

---

① Mark Beeson, *Institutions of the Asia-Pacific: ASEAN, APEC and Beyond*, London and New York: Routledge, 2009, pp. 41 – 43.

② 新华网，http://news.xinhuanet.com/APEC2001/chinese/zgyAPEC/zgyAPEC07.htm.

③ Jeremy Rabkin, “The Law of the Sea Treaty: A Bad Deal for America,” *Comparative Expertise Institute Report* 2006, No. 3, http://cei.org/pdf/5352.pdf.

及相关规定是否适用于南海问题的解决，中美两国将有重大分歧。

在台湾地区的国际地位问题上，美国是议程的发起者，一度在联合国等政府间组织搞所谓双重代表。事实表明，尽管这一问题大致得到了解决，但直到现在仍然会成为干预中国内政的一个棋子。在南海问题上，美国今天又在如法炮制。中国应当避免再次受到美国设置的议程的干扰。当然，上述议题仅仅是中美互动中的两个典型案例，而且都涉及中国的重要战略利益。在后面章节，我们还会考察更多涉及中美切身利益（如经济利益、声誉）的互动议题。

除了维护自身的利益以外，中美在国际制度中互动，也会涉及全球性和区域性公共问题的解决。确实，国际制度作为行为体互动的产物，提供着关于公共问题的一般性解决方案。而公共问题的解决，又需要社会动员以便形成集体行动。在形成集体行动的过程中，权利和责任分配又是重中之重。中美作为当今世界中的两大主要力量，对于公共问题的界定、问题解决方案的提供以及权利义务关系的协调都有至关重要的影响。因此，中美两国对于维持国际制度的运作、引导现有机制的改革、必要时缔造新的国际制度都有重要影响。

就已有国际制度而言，其现状是历史形成的产物，主要反映制度先行者对公共问题的界定、对解决办法的选择。以发展的眼光看，公共问题的性质日新月异，其解决办法也应当与时俱进。界定公共问题的性质，构成了中美在国际制度中互动的重要内容。以核不扩散体制下的中美互动为例，早期国际合作的目标主要集中在防止核武器及其技术在国家层面的扩散。20 世纪八九十年代，苏联解体造成了核武器落到非国家行为体手中的风险。“9・11”事件后，超级恐怖主义进一步成为各国面临的重大威胁。而卡迪尔・汗的地下核网络逐渐浮出水面，也让国际社会意识到大恐怖组织等非国家行为体获得规模杀伤性武器的可能性是现实存在的。中美在全球性和区域性防扩散机制上都有密切的合作，这对于界定公共问题的性质有重要影响。

在界定清楚公共问题之后，需要给出解决问题的方案。中美两国作为国际政治中的重要力量，它们对如何解决公共问题可能存在共识，但也必然存在分歧。这种情况下，中美两国的国际制度主张就会出现交融或碰撞。以联合国维和行动为例，中国历来坚持不干涉内政原则，认为第三方干涉的主要任务是维持和平，通常情况下不应偏向冲突各方中的任意一方。但美国坚持人权高于主权原则，奉行人道主义干涉，总是试图赋予第三方干涉规范使命（normative mission）。同作为具有否决权的安理会常任理事国，中美两国的协调无疑会对联合国维和行动产生影响。

在进行社会动员并形成集体行动的过程中，权利义务的平衡是一个关键要素。中美两国在这一环节的互动也影响着公共问题的解决。为了解决特定的公共问题，需要依赖各国的有效参与。在某些情况下，核心国家的有效参与对公共问题的解决有决定性影响。以国际环境机制为例，由于没有解决好美国问题，导致了《京都议定书》具有实质的缺陷。美国将其消极立场部分地归咎于中国等发展中大国。1998 年 11 月，美国签署了《京都议定书》。但因美国认为“气候变化尚具科学不确定性；实现规定目标对美国的经济影响太大；中国等发展中大国没有有效参与减排对美国来说不公平”，因此于 2001 年 3 月宣布退出。[①] 这一事件清楚地表明，协调权利义务关系对集体行动的成败有重大关联。其中，中美两国应当扮演什么角色，各自承担什么责任，如何协调双方立场，这些问题在其他场合的交往中也同样关键。

在上述所有这些环节里，维持国际制度的绩效是一个突出的议题。皮之不存，毛将焉附？如果国际制度本身不能得到维持，行为体在国际制度下的互动就无从谈起。当然，国际制度的维持不仅是中美两国的事情，更是国际社会共同的任务。尽管如此，鉴于中美两国的重要性，它们之间的互动对于维持制度绩效有关键作用。在国际制度的常规运行（routine operation）当中，包括中美两国在内的大国支持是不可或缺的。[②] 确实，“大国一致”对大多数甚至所有国际制度的运行起着决定性作用。而这种大国一致当然不是自然而然的事情，往往需要大国之间的协调。特别是对于改革现有国际制度和缔造新国际制度而言，大国之间的协调具有举足轻重的影响。

关于现有制度的改革，联合国改革特别是安理会改革是一个典型的案例。就安理会改革来讲，自 1979 年开始，联合国就讨论扩大安理会的问题，以反映 21 世纪的世界格局。从 1992 年开始，联合国正式酝酿安理会

① 庄贵阳：《气候变化与可持续发展》，《世界经济与政治》2004 年第 4 期。

② Thomas Wright, “Toward Effective Multilateralism: Why Bigger May Not Be Better,” *The Washington Quarterly*, Vol. 32, No. 3, 2009, pp. 163 – 180.

改革，并于1993年根据联合国大会有关决议成立改革小组。此轮安理会改革自1993年安理会改革工作组成立至今已过去二十多年，但至今仍没有一个改革方案或设想获得足够多数成员国的支持。各国在讨论和磋商中各自坚持己见、针锋相对，迄今未能就其中任何一个方案达成妥协或一致。[①] 在这一进程中，中美两国如何协调立场，这是需要重点关注的议题。

关于新制度的创设，六方会谈构成中美互动的一个典型案例。1994年，朝美达成框架协议，使第一次朝核危机得到缓解。但是，正如我们所知，朝美框架协议在后来并未得到有效遵守，因此也埋下了再次爆发危机的祸根。2003年2月中国外交部发言人指出，“1994年美朝核框架协议是维护半岛和平与稳定的基础。如有关方面切实遵守该协议，也就不至于发生自去年10月以来的紧张局势。从这一点来看，该协议是实现半岛无核化的重要基础，有关方面应切实遵守和执行”。[②] 然而，由于有前车之鉴，朝美之间充满了互不信任的情绪。于是，美、朝、中三边会谈应时而生，并且逐步纳入了韩、日、俄三方，进而演变成六方会谈机制。在六方会谈曲折复杂的演变过程中，中美互动始终是维持会谈机制的关键，对稳定各方预期起到了无可替代的作用。

总之，中美两国在多边国际制度下互动，不仅涉及关乎自身利益的私有问题，也涉及超乎自身利益之外的公共问题。为了借助国际制度的多边外交平台解决这些问题，两国又需要共同努力维持国际制度的绩效，引导现有制度的改革，并在必要时缔造新的国际机制。毋庸置疑，上述框架并不能涵盖中美互动的所有议题，它描述的是概念化了的中美互动。中美在国际制度中互动的议题远比我们所看到的更加丰富多彩，我们只是希望能把视野之内的重要问题给展示出来。

二 事务领域的差异

在不同事务领域，中美互动的议题不尽相同。特定事务领域重要的互动议题，在其他事务领域可能居于次要地位。因此，在讨论中美在国际制

① 马勒：《难产的安理会改革》，《看世界》2011年第6期。

② 中华人民共和国外交部：《2003年2月11日外交部发言人在记者招待会上答记者问》，2003年2月11日。

度场合互动时，有必要考虑到事务领域的差异。只有深入具体的事务领域，才有可能对多边机制下的中美互动作出可信的描述和有说服力的解释。

按照普遍的理解，国际社会的制度体系是一个轴辐式的架构，联合国居于核心位置，在联合国功能弱化的地方，其他国际制度会发挥补充作用或者替代作用。当然，经过长期的实践，不同国际事务领域形成了各具特色的制度安排体系，例如联合国机构的作用在经济和人类福利领域更加突出，而在安全和环境领域则弱一些（如图1－3所示）。[①] 认识到事务领域间制度架构的相似性，后文坚持从全球和地区两个层面来解析国际制度场合的中美互动，但同时又要兼顾事务领域的差异性。此外，在强调中美在特定事务领域互动的一般性的同时，我们也选取中美在个别国际制度中的互动作为典型案例进行分析。[②]

当然，图1－3只涉及讨论了国际组织，并没有讨论多边条约在全球治理中的重要作用。而且，一些重要国际组织被排除在统计范围之外，例如，经合组织、亚欧会议、七十七国集团、亚太经合组织等国际组织在国际关系中有重要的影响，但它们并未被选取进来。再如，在安全领域，多

① 马蒂亚斯·科尼格－阿尔基布吉：《绘制全球治理》，戴维·赫尔德、安东尼·麦克格鲁主编：《治理全球化：权力、权威与全球治理》，曹荣湘、龙虎等译，社会科学文献出版社2004年版。

② 国际组织简写译名：AI大赦国际；BCBS巴塞尔银行监管委员会；CCC关税合作委员会；CMI国际海事委员会；CTBTO全面禁止核试验条约组织；ECOSOC联合国经济和社会理事会；FAO粮农组织；FATF金融行动特别行动工作组；FOE地球之友；GESAMP海洋污染科学联合专家组；GFW全球妇女基金；GICHD日内瓦国际人道主义排雷中心；HRW人权观察；IAEA国际原子能机构；IAIS国际保险监督者协会；IASB国际会计准则委员会；IATA国际航空运输协会；ICANN国际域名管理机构；ICAO国际民航组织；ICBL国际禁雷运动；ICC国际商会；ICC国际刑事法庭；ICCA国际化学协会；ICFTU国际自由工会联盟；ICRC国际红十字会；ICS国际航运公会；ICSU国际科学联盟；IFAD国际农业发展基金；IFPMA国际制药商协会；ILO国际劳工组织；IMF国际货币基金组织；IMO国际海洋组织；INTELSAT国际通信卫星组织；INTERPOL国际刑警组织；IOC国际奥委会；IOM国际移民组织；IOSCO国际证监会组织；ISA国际海底管理局；ISO国际标准化组织；ITTO国际热带木材组织；ITU国际电报联盟；IWC国际捕鲸委员会；IWHC国际妇女健康联盟；OHCHR人权事务高级专员办公室；OMT世界旅游组织；OPCW禁止化学武器组织；UNCTAD联合国贸易与发展会议；UNDCP联合国禁毒署；UNDP联合国开发署；UNEP联合国环境规划署；UNESCO联合国教科文组织；UNFPA联合国人口基金；UNHCR联合国难民署；UNICEF联合国儿童基金会；UNIDO联合国工业发展组织；UPU万国邮政联盟；WA瓦森纳安排；WCN世界自然保护联盟；WFP世界粮食署；WHO世界卫生组织；WIPO世界知识产权组织；WMO世界气象组织；WTO世界贸易组织；WWF世界自然基金会。

全球治理的组织基础：以联合国为中心的考察

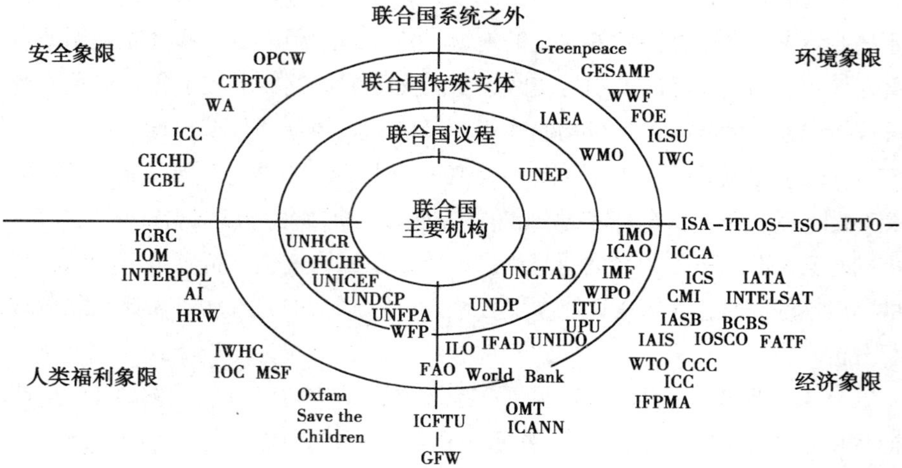

图 1－3

资料来源：马蒂亚斯·科尼格－阿尔基布吉，2004。

边出口控制制度瓦森纳安排被纳入了考察范围，但核供应国集团、桑戈委员会、澳大利亚集团等其他多边出口控制制度则未被纳入考察范围。此外，一些志愿者组织、行业协会、个人会员组织被纳入了考察范围，尽管这反映了国际关系中个人和社团力量不断壮大的事实，但不能反映国家层面的政策互动，因此在本研究中我们不予考察。

尽管存在上述缺陷，科尼格－阿尔基布吉的考察还是提供了极有价值的参考。第一，这一途径确立了分析全球治理组织基础的概念框架，按事务领域情形分门别类，并按照联合国系统之内和系统之外进行了细化分类。这让我们在分析国际组织的社会作用时不只是做一些抽象的概括，从而避免把基于少数已知事实的推论强加于其他未知事实。第二，尽管在那些国际组织构成“全球治理的组织基础”可能存在“去真”和“纳伪”之处，但是“组织基础”的构架本身是可取的，通过去伪存真的方式可以实现对它的优化并使其更准确地反映国际关系的事实。第三，这一分析框架纳入的国际组织，在国际政治领域都有相对活跃的表现，而且也确实在日常国际政治生活中占有一席之地。因此，借助该分析框架，对于考察中美在国际机制场合的互动有重要启发。

需要明确的是，在国际制度场合，美国作为超级大国的地位是无可置疑的。相反，中国作为一个新兴大国虽然在某些国际制度中具有重要地位，但在其他国际制度中并不具有同样的发言权。得益于过去几十年的经济成长，中国已经成为仅次于美国的第二大经济体。然而，即便在国际经济制度中，中国的地位远远没有达到仅次于美国的地步。例如，在国际金融制度中，尽管中国在国际货币基金组织和世界银行中的份额有所提高，但是在亚洲开发银行中，中国所占份额只是略高于印度，远低于美国和日本。在其他区域开发银行中，例如非洲开发银行，中国所占份额都远低于美国和日本。一言以蔽之，美国作为全球性大国，它的制度性影响无所不在。相反，中国作为区域性大国，它在区域外国际制度中的影响要弱一些（参见表 1－3）。

表 1－3　美国、加拿大、日本、印度和中国在国际金融制度中的投票权份额（%）

国际金融制度	国际货币基金组织	国际复兴开发银行	亚洲开发银行	欧洲复兴开发银行	美洲开发银行	非洲开发银行
美国	16.74	16.4	12.8	9.8	30	6.4
加拿大	2.88	2.78	4.474	3.44	4.001	3.693
日本	6.01	6.84	12.756	8.61	5.001	5.387
印度	1.88	2.78	5.352	0	0	0.246
中国	3.65	2.78	5.442	0	0.004	1.119

资料来源：国际货币基金组织、国际复兴开发银行、亚洲开发银行、欧洲复兴开发银行、美洲开发银行、非洲开发银行官方网站（截至 2010 年 11 月）。

当然，事务领域之间的界限并非绝对清晰，有些国际制度可能扮演多重角色。例如，亚太经合组织顾名思义是促进经济、贸易自由化的区域性国际机构。但在“9·11”事件后，反恐和防扩散也间或被列上亚太经合组织的议事日程。再如，在防治气候变化问题上，由于涉及发达国家向发展中国家的技术转让和资金援助，相关知识产权协议的适用性也就成为争执的根源之一。中美互动中也经常出现类似情况，这就要求我们意识到事务之间存在复杂关联（issue-linkage），国际制度之间也存在相互嵌套（nested）。可以说，中美在国际制度场合的互动是一种复杂的社会关联，厘清其中的因果关系绝非易事。这就需要进一步限定研究对象，确定中美制度互动的主要议题。通过对这些主要议题的考察，我们希望对国际制度在中美互动中的角色做出评估。

三 后文章节的安排

为了充分展示中美在国际多边机制中的互动关系，揭示双方合作的动力、分歧的所在及其两者背后的原因，接下来本书将对中美在重要的全球和地区多边机制下互动逐一进行论述。

本书第二章将首先分析中美两国在国际多边机制中的地位和角色。第二次世界大战后，美国依托强大的实力，建立起一整套国际机制，确立了美国的霸权地位。作为一个后来者，中国则是参与到美国为首的西方国家所主导的国际体系中去。了解中美两国各自在国际多边机制体系中的地位和角色，是理解和把握中美两国在各类国际多边机制中互动的必要前提。

本书第三章将考察中美两国在联合国框架下的互动关系。考虑到冷战后中美在人权问题上的巨大分歧和斗争，因此单列了第四章加以重点论述，目的就是考察中美之间在国际多边机制下围绕人权问题而展开的博弈。

冷战结束后，特别是美国遭受恐怖袭击后，美国非常担心大规模杀伤性武器落入反美势力手中，从而对美国的国家安全构成巨大威胁，因此无论在双边还是多边场合都加大了对华施压的力度。本书第五章、第六章则分别考察了核不扩散机制、导弹不扩散机制下中美的互动关系。

中国加入世界贸易组织有着特殊的意义，是中国融入国际体系革命性的一步。从 1986 年申请加入关贸总协定，到 2001 年年底正式加入世界贸易组织，中美之间进行了漫长而艰苦的谈判。本书第七章将聚焦这一漫长过程，以考察中美在国际经贸多边机制下的互动关系。

除了全球多边机制外，中美两国在地区性多边机制中也互动频频。这在亚太地区尤为明显。作为一个亚太国家，中国理所当然地非常关注周边地区的态势，而美国则同亚太地区特别是东亚地区的联系越来越紧密，这在奥巴马声称要做一个“太平洋世纪的总统”、明确提出“重返亚洲”的口号之后就变得更为明显。为此本书第八章重点考察中美在亚太经合组织（APEC）、东盟地区论坛、上合组织与美日韩同盟博弈下的中美互动关系。尽管美国不是上合组织成员，中国也非美国的盟国，但在东北亚这种格局下的中美互动关系变得尤为微妙。

最后是结语。该节旨在考察中美互动的大背景、中美互动的空间、现状，以及这种互动所带来的意义。

第二章　中美两国在国际多边机制中的地位和角色

中国和美国都是当前诸多国际多边机制的重要参与者。由于中美两国的实力状况和在国际体系中所处的地位不同，中美两国在参与国际多边机制问题上经历了不同的发展阶段，两国对待国际多边机制的态度和政策也不完全相同。了解美国和中国各自在国际多边机制体系中的地位和角色，是我们充分理解和把握中美两国在各类国际多边机制中互动的必要前提。

第一节　国际机制与美国霸权：美国在国际多边机制中的角色

纵观第二次世界大战后至今的美国对外政策史，我们不难发现，在不同历史时期，美国对待国际多边机制的态度和做法具有一定的差别。总的来看，在第二次世界大战后初期，美国曾对创建和参与国际多边机制表现出非常高的热情并积极投身其中，为战后世界政治与经济秩序的重建做出了重要贡献，同时也借此确立了自己的霸权地位；对于自己一手领导创建的联合国和布雷顿森林体系等国际多边机制，美国也曾寄予过厚望。但后来，随着冷战期间国际形势的不断发展，美国对国际多边机制的看法开始出现改变，美国开始对联合国的表现感到失望，对参与和支持国际多边机制也越来越表现出实用主义的态度。在小布什执政期间，美国对外政策中的单边主义倾向发展到极致，许多国际多边机制也在很大程度上受到了美国的漠视。2009 年奥巴马出任美国总统之后，美国开始纠正小布什政府时期的单边主义政策，重新重视和强调国际多边机制的作用。

一　积极组建和参与国际多边机制，利用国际多边机制确立自己的霸权

第二次世界大战结束之后，美国最终确立了自己在现代国际体系中的霸权地位。美国霸权地位的确立，首先与第二次世界大战结束后美国自身的强大实力本身有关。在第二次世界大战中，大多数传统的世界大国都在战争中遭受了重创，德国、日本等国沦为战败国，原先在世界体系中处于霸主地位的英国以及另一个欧洲大国法国虽然是战胜国，但这两个国家都遭受了战争的严重破坏，为反法西斯战争的最终胜利做出了重要贡献的另一个大国苏联也遭到了战争的重创。唯有参战较晚的美国不仅其本土没有遭到战争的破坏，而且通过在战争期间大力发展生产和向盟国提供各种武器装备和物资，不仅顺利走出了资本主义经济危机，而且其经济还得到了大发展。正如有的学者所指出的，“二战不仅在整体经济上决定性地结束了美国的大萧条，而且还为联邦政府、私人企业和有组织的劳工在战后进行建设性的合作创造了条件，这种三方合作对美国在战后出现连续的经济增长很有助益。美国从二战中崛起时并非毫发无损，但战时工业生产的扩张使它在经济上得到了加强，这使得美国相比它的盟国和敌手来说不仅拥有绝对优势，而且也拥有相对优势”。①

在第二次世界大战结束之际，美国的综合实力在世界各国中可以说是鹤立鸡群，远远超过任何其他国家。美国霸权地位的确立与其实力超强这一事实本身是密不可分的。然而，光有超强的实力还不能证明美国已经获得了在国际体系中的霸权地位，正如罗伯特·基欧汉所说的，“强国总是寻求建立一种有利于其利益和意识形态的国际政治经济秩序”，② 美国霸权地位的确立是通过一系列的制度安排来实现的，这其中最重要的就是创建一系列的国际多边机制并明确美国在这些机制中的领导地位和作用。

第二次世界大战结束以后，美国在政治、经济和军事等领域内领导构建了一系列的国际多边机制，其中主要包括以下几方面。

---

① The American Economy during World War Ⅱ, http://eh.net/encyclopedia/article/tassava.WWII, February 5, 2010.

② 罗伯特·基欧汉：《霸权之后世界政治经济中的合作与纷争》，苏长和等译，上海人民出版社2006年版，第136页。

1. 领导创建了联合国

1945 年 10 月 24 日正式宣告成立的联合国，是战后出现的具有最广泛代表性和最强影响力的国际多边机制，直到今天，联合国在国际关系中的重要地位仍是其他国际组织所无法比拟的。

美国在联合国的创建过程中发挥了举足轻重的作用。建立联合国的设想是由美国总统富兰克林·D. 罗斯福最先提出的。1941 年 8 月 14 日，罗斯福与英国首相丘吉尔共同签署和发表了《大西洋宪章》，该宪章中的一些基本原则后来成为联合国宪章的重要内容。1942 年 1 月，美、英、中、苏等 26 个国家又在华盛顿签署了《联合国家宣言》，宣布建立世界反法西斯联盟，这一组织也为联合国的出现奠定了基础。1944 年 8 月至 10 月，美、英、苏、中四国在美国华盛顿附近的敦巴顿橡树园举行会议①，就战后建立联合国以及联合国的基本宗旨和组织原则等重要问题达成了协议。1945 年 4 月 25 日，在美国旧金山举行了联合国国际组织会议，50 个国家的代表参加了会议，与会代表在讨论敦巴顿橡树园会议议案的基础上起草了《联合国宪章》，同年 10 月，该宪章得到绝大多数成员国的批准后开始生效，联合国正式诞生。除此之外，从 1946 年起，联合国的总部也正式设在了美国纽约。由此可见，联合国是在美国的一手筹划和组织中诞生的。

在美国领导下建立的联合国，也确立了美国在这一国际多边机制中的重要地位。美国不仅是联合国的初始会员国，而且也是联合国安理会的常任理事国。联合国安理会是联合国下属的最重要机构，它是联合国内唯一有权对国际和平与安全问题采取行动的机构，它通过的决议对联合国的会员国具有普遍的约束力。安理会包括 5 个常任理事国和 10 个非常任理事国，在表决时实行“大国一致”的原则，美国与其他四个常任理事国一样，对安理会的非程序性决议拥有否决权。安理会常任理事国地位的获得，一方面是战后美国霸权确立的一个体现，另一方面它也方便了美国日后利用这一特殊地位维护自己的霸权。

除了安全理事会之外，联合国作为一个综合性的国际组织，它的许多其他机构和附属组织的职能范围涉及政治、安全、经济、文化、卫生、人

① 这次会议是分两个阶段进行的，第一阶段从 1944 年 8 月 21 日至 9 月 28 日，参加会议的是美、英、苏三国；第二阶段从 1944 年 9 月 29 日至 10 月 7 日，参加会议的是美、英、中三国。

权等人类生活的各个方面。这也为美国在这些领域内扩散自己在国际舞台上的影响力提供了方便。

2. 建立了布雷顿森林体系

1944 年7 月1 日至22 日，美、英、苏、中等44 个国家的代表在美国新罕布什尔州的布雷顿森林公园召开联合国和盟国货币金融会议（史称布雷顿森林会议），会议通过了《联合国货币金融协议最后决议书》以及《国际货币基金组织协定》和《国际复兴开发银行协定》这两个附件，这些文件被总称为《布雷顿森林协定》（*Bretton Woods Agreements*）。《布雷顿森林协定》的主要内容包括：规定美元与黄金直接挂钩，35 美元兑换1 盎司黄金，其他会员国的货币与美元挂钩；取消经常账户的外汇管制；规定成立国际货币基金组织和国际复兴开发银行（国际复兴开发银行是世界银行的主要组成机构之一）。以《布雷顿森林协定》为核心所建立起的世界经济体系通常也被称为布雷顿森林体系。

实际上，在布雷顿森林会议期间，美国还提出建立一个以实现贸易自由化为目标的国际贸易组织，但美国的这一倡议最终没能在这次会议上得到实现。不过，美国并没有放弃努力，在它的推动下，联合国下属的经济与社会理事会承担起了建立这一国际贸易组织的组织筹备工作。最终，美国等23 个国家于1947 年10 月30 日在日内瓦签订了《关税与贸易总协定》（简称《关贸总协定》），不久，这些国家又签订协定，承诺在今后的国际贸易中遵循《关税与贸易总协定》的规定，这使得《关贸总协定》成为在世界贸易组织正式产生前在世界大多数国家间实行的国际贸易机制。

布雷顿森林体系与《关贸总协定》的建立是战后以美国为首的各国为建立新的国际经济秩序而采取的重要举措，这些经济机制的产生，为稳定战后的国际货币秩序，促进国际贸易和各国的经济增长发挥了重要作用。同时，这些机制也确立了美元作为世界货币的特殊地位，以及美国在世界银行和国际货币基金组织中的主导地位，这不仅反映了美国在当时世界上所处的特殊经济地位，而且对于美国后来借助这一体系长期维护自己的霸权也起了至关重要的作用。

3. 组建了以北约为代表的军事同盟体系

在筹划组建联合国的过程中，美国总统罗斯福曾希望通过联合国内几个大国的合作，与其他国家一起共同维护战后世界的和平与秩序。然而第二次世界大战结束后不久，美国和苏联就由于意识形态分歧和现实地缘利益的冲突等多种原因开始了冷战。为了应对苏联的威胁，美国通过与一些国家签订多边条约或双边条约，在全球范围内建立起了一个同盟国家体系。这一体系也是战后美国借以确立和维护自己霸权的重要机制。

在美国的推动下，1949 年 4 月 4 日，美国、英国、法国、加拿大等 12 个国家在美国华盛顿签署了《北大西洋公约》，决定成立北大西洋公约组织，同年 8 月，各成员国的立法机构先后批准了该条约，北约正式宣告成立。后来又有不少国家相续加入北约，使得北约的规模不断扩大。作为一个军事安全组织，北约的宗旨是实行集体防御，任何缔约国在受到其他国家或国家集团的进攻时，其他成员国必须要给予包括使用武力在内的援助。自成立至今，美国在北约内长期保持着领导地位，美国的军事力量也是北约最主要的可依赖力量。

除了北约之外，在冷战期间美国还与日本签订了《美日安全条约》，与韩国签订了《美韩共同防御条约》，与澳大利亚和新西兰签订了《美澳新安全条约》，与菲律宾签订了《美菲共同防御条约》，与泰国签订了《美泰军事援助协定》，等等。通过签订这些条约和协定，美国与这些国家建立起了双边或多边的军事同盟关系，构建起了一个覆盖范围非常广泛的同盟国链条并在世界范围内建起了大量军事基地，部署了大量军队。在这一军事同盟链条中，美国同样也处于最核心的地位。

这样，第二次世界大战之后美国通过领导建立联合国、布雷顿森林体系和北约等国际多边机制，确立了自己在当时国际体系中的霸权地位。不仅如此，上述国际多边机制的组织和运行原则在很大程度上也是体现了美国的政治经济价值观和文化传统，因此它们都或多或少地被打上了美国的烙印。由于美国在确立自己霸权的过程中非常倚重上述这种国际机制和国际制度，并且美国也非常善于利用这些国际机制和国际制度来维护自己的霸权，因此有的学者称美国的霸权是“机制霸权”（Regime Hegemony）①，还有的学者称美国的霸权是制度霸权②。

---

① 门洪华：《国际机制与美国霸权》，《美国研究》2001 年第 1 期。

② 李莉莎：《美国的制度霸权与国际经济机制：以国际货币基金组织为例》，《国际经贸探索》第 24 卷第 1 期（2008 年 1 月）。

总之，在第二次世界大战结束后的较长一段时间内，美国对于国际多边机制都表现出了浓厚的兴趣，它亲自领导筹建了战后国际体系中最重要的几个国际多边机制，并借此确立了自己的霸权地位。

二 对以联合国为代表的国际多边机制的失望及其应对举措

战后初期，美国利用自己当时超强的实力和极高的国际声誉，领导创建了一系列的国际多边机制，在确立自己霸权的同时为战后世界建立起了一整套的国际政治和经济秩序。但随着冷战的发生以及 20 世纪五六十年代国际格局的巨大变动，美国所面对的国际环境发生了很大的变化，同时美国也发现，当初它所领导建立的一些国际多边机制并不是总能按美国的理想和意愿来运作，当初美国用来影响和制约这些国际多边机制的方法和手段，有的也开始失去效用。在这种情况下，美国对国际多边机制的态度也开始发生变化。其中美国对联合国态度的变化，最具有代表性。

作为由美国一手领导和推动建立的战后最具代表性和权威性的国际组织，联合国一开始是得到了美国的大力支持的。但随着国际形势的不断发展，美国对联合国越来越感到失望，其支持联合国的动力也不断受到削弱。发生这种变化的原因主要包括以下几点。

1. 由于冷战的发生，美国试图通过联合国构建集体安全的希望落空，联合国维护世界和平与安全的职能也受到了很大的局限

在目睹两次世界大战的发生对人类社会造成了巨大破坏之后，美国总统罗斯福在筹划建立联合国时，曾希望战后能通过联合国建立起一种集体安全制度，以防止新的世界大战的发生。后来成立的联合国在《联合国宪章》中也规定了建立集体安全的目标和实现途径。例如《联合国宪章》的第一条在确定联合国的目标时首先就指出，联合国的目标是“维护国际和平与安全，并为实现这一目标采取有效的集体行动以防止和消除对和平的威胁……”其第四十二条还明确指出：“如果安理会认为依据宪章第四十一条所采取的（非军事）措施不足或已被证明不足，它可以用必要的空、海或陆军采取行动以维持或恢复国际和平与安全。这类行动可以包括用联合国成员国的空、海或陆军进行示威、封锁和其他行动。”宪章第四十五条还规定，“为了让联合国有能力采取紧急军事行动，会员国应该

让其本国空军随时可供联合国调遣以执行共同的国际执行行动”。[①] 由此可见，联合国在成立之初，对于在战后建立集体安全是有非常具体的规划和设想的。

然而，冷战发生以后，以美国为首的资本主义国家阵营与以苏联为首的社会主义国家阵营在各个领域内展开了激烈的明争暗斗，双方互相视对方为最大的安全威胁。在这种情况下，要想通过联合国建立战后各国间的集体安全显然是不可能的了。也正是在这样的情况下，美国在1949年纠合部分国家建立了北约，北约也随之成为美国维护自己及盟国安全的最重要的国际多边机制。至此美国对通过联合国维护战后和平与安全已经基本不抱任何希望，联合国对美国的重要性也就大大下降了。

2. 美国利用联合国实现和维护自己国家利益的行动受到了越来越大的约束

虽然通过联合国构建集体安全的设想落空让美国感到失望，但参与联合国的活动对于维护美国及其盟国的利益、扩大美国在世界舞台上的影响仍然是有重要意义的。但随着国际形势的发展，美国在联合国的行动也开始受到越来越多的牵制。

首先，冷战期间美国的对手苏联利用自己是安理会常任理事国的地位，在联合国安理会内频繁使用否决权，使许多对美国来说非常重要的议案无法通过。据统计，仅在1946年至1965年，苏联在安理会就曾使用过否决权106次。[②] 而美国直到1970年才第一次使用否决权。苏联频繁使用否决权的做法一方面使得联合国安理会行使自己的职能受到了很大的制约，同时也制约了美国通过联合国安理会维护自己及盟国利益的能力。

其次，战后由于亚非拉地区民族解放和独立运动的兴起，联合国的成员构成在20世纪五六十年代发生了很大变化，大批新独立的亚非拉国家相续加入了联合国。从1950年至1970年，联合国的成员国由60个增加到了127个，增加了一倍还多。其中绝大多数新成员国都来自亚非拉地区，属于第三世界，这些联合国的新成员在利益诉求上与以美国为代表的西方国家往往是有分歧的。因此，随着联合国成员构成版图的这种变化，

① Charter of the United Nations, http://www.un.org/en/documents/charter/index.shtml, October 10, 2011.

② 肖岩：《美国对否决权又爱又恨》，《环球时报》2003年3月17日。

美国在联合国大会等各个联合国机构内操纵议案通过的能力受到了越来越大的约束，同时还要经常面对联合国内“多数人的暴政”。这也引起了很多美国人的不满，使他们对联合国的看法更趋消极。

再次，联合国的许多部门机构臃肿、效率低下，引发了不少美国人（尤其是一些国会议员）的不满，削弱了美国支持联合国的动力。

美国不仅是联合国的发起者和主要组建者之一，而且也是联合国会费和联合国其他所需经费的最大缴纳国。因此，不仅是许多国家利用联合国反对美国的情况令美国人不满，联合国许多机构效率低下、浪费资源的情况也遭到了很多美国人的指责。正如有的学者所指出的，“长期以来，在美国外交思想界，对国际组织的一个流行看法是，国际组织特别是那些规模庞大的多边机构行为傲慢、效率低下、浪费惊人，并且越来越倾向于对美国的外交政策发号施令”。[①] 作为联合国会费和其他所需费用的最大承担国，美国无法容忍自己提供的资源被联合国许多低效率的机构浪费。因此，近年来美国要求改革联合国的呼声也越来越高。

最后，作为联合国的成员，美国必须要遵守联合国的各种规章制度，履行相应的义务，有些美国人认为这束缚了美国的行动自由，甚至危害到了美国的主权，因此他们呼吁解除或减少联合国对美国的束缚。

随着对联合国这个最大的国际多边机制的失望和不满情绪的增长，美国采取了多项针对联合国的措施。这些措施主要包括以下几方面。

1. 退出联合国的某些机构，抵制联合国某些机构的设立，以及拒绝加入联合国的某些条约机制

退出联合国的某些机构是美国打击这些联合国职能部门的有力手段。1984 年 12 月 19 日，美国正式宣布退出联合国教科文组织。美国退出该机构的理由是认为这一机构政治色彩浓厚，持反西方的立场，并且该机构效率低下，改革不够彻底。由于美国承担了联合国教科文组织约四分之一的经费，美国的退出导致联合国教科文组织失去了这部分经费，遇到了很大的财政困难。同时，美国这样一个重要大国退出了联合国教科文组织，客观上也削弱了该组织的威望和代表性。虽然美国在 2003 年又重新返回了联合国教科文组织，但它与该组织之间仍然经常发生摩擦。

① 王联合：《美国国际组织外交：以国际刑事法院为例》，《国际观察》2010 年第 2 期。

抵制联合国某些机构的设立也是美国打击这类联合国机构的手段。2006 年 3 月 15 日，联合国大会以 170 票支持、4 票反对和 3 票弃权的表决通过了成立联合国人权理事会（Human Rights Council）的决议，以取代原先存在的联合国人权委员会（Commission on Human Rights）。曾在 2001 年落选联合国人权委员会的美国在表决中投了反对票。但由于安理会常任理事国的否决权只在安理会的表决中有效，因此美国无法阻止联合国人权理事会的建立。于是，美国宣布不参加于 2006 年 5 月 9 日举行的联合国人权理事会成员的竞选，因而美国也就没能进入联合国的首届人权理事会。

对于联合国设立的国际刑事法院（International Criminal Court），美国也采取了抵制和反对的态度。虽然克林顿总统在 2000 年曾经签署了在意大利罗马通过的《国际刑事法院条约》，但后来的小布什政府却拒绝将这一条约交诸国会进行表决。不仅如此，小布什总统还曾向联合国安理会提交决议草案，以拒绝参加联合国组织的一切维和行动相要挟，要求安理会给予联合国维和部队对国际刑事法院的豁免权。但这一要求不可避免地遭到了安理会的拒绝。同时，美国还采取国内立法的方法，授权美国总统在必要时候对国际刑事法院采取行动以保护美国公民。美国抵制国际刑事法院的主要原因，就是担心国际刑事法院会使美国丧失一部分主权，并使本国公民有可能会受到该法院的“迫害”。

在联合国发起的控制全球温室气体减排问题上，美国采取的做法与其对待国际刑事法院的态度比较类似。1997 年 12 月，《联合国气候变化框架公约》的参加国在日本京都制定了《京都议定书》（Kyoto Protocol），该条约的宗旨是将大气中温室气体的含量稳定在一个适当的水平，以防止剧烈的气候变化对人类造成伤害。作为《联合国气候变化框架公约》的成员国，美国在 1998 年由当时代表美国参加谈判的副总统戈尔在《京都议定书》上签了字。但后来美国政府一直没有将这一条约交诸国会表决。小布什总统公开宣布将不会把该条约提交国会批准，因为他认为该条约的相关规定将会损害美国经济的发展，对于该条约将温室气体排放大国中国排除在限制范围之外他也感到不满。截至 2009 年年底，《京都议定书》已经得到了全球 187 个国家的批准。然而作为温室气体排放大国和当前世界唯一超级大国的美国却没有批准该条约，这无疑严重削弱了该条约的权威性和效力。

2. 以拖欠联合国会费、维和经费为手段压迫联合国就范

联合国作为一个庞大的国际组织，其运行需要很高的财政预算做支撑，其所需的资金由成员国以会费和维和费用等形式按一定比例缴纳。自联合国成立以来，美国作为世界上经济实力最强的国家，其缴纳的联合国会费和维和费用也一直是最高的，目前其承担联合国会费的22%与维和费用的27%。随着美国对联合国失望和不满情绪的增加，美国从20世纪80年代开始不断拖欠联合国的会费和维和费用，它希望以此来向联合国施压，以达到促使联合国进行改革等目的。据路透社透露，2010年，美国拖欠的联合国会费高达12亿美元，占所有成员国拖欠会费总额的逾四分之一。[①] 美国拖欠联合国会费和维和费用的做法曾多次使联合国陷入财政危机。

2011年10月31日，联合国教科文组织在法国巴黎举行会议，审议有关接纳巴勒斯坦为该组织成员国的提案，最后，会议以107票赞成、14票反对和52票弃权的表决结果通过了该提案，还不是联合国成员国的巴勒斯坦也因此成为联合国教科文组织的正式成员。联合国教科文组织的这一决议引起了以色列的准盟国美国的强烈不满。同日，美国政府宣布，作为对联合国教科文组织接纳巴勒斯坦为正式成员的回应，美国决定中止向该组织缴纳原定在11月支付的6000万美元会费。以色列和加拿大等几个国家也紧随美国，宣布冻结应向联合国教科文组织缴纳的会费。美国等国的这一做法对联合国教科文组织的运行造成了很大的影响。11月10日，联合国教科文组织总干事宣布，由于美国等国拒绝缴纳会费，联合国教科文组织将不得不在2011年年底前暂停执行部分项目。这是美国试图以拖欠会费为手段压迫联合国就范的一个最新例证。

3. 以国内立法对联合国进行牵制和施压

对国际事务进行国内立法是美国国会为影响美国政府的对外政策经常会采用的一种手段。在对待联合国的问题上，美国国会也曾多次采取这样的做法。

美国国会的参众两院曾多次通过议案，要求联合国按照美国提出的要求进行改革，并威胁削减或冻结美国应向联合国缴纳的会费和其他费用。

---

① 刘坤喆：《中国联合国会费加速飙升　美国仍是“欠费大户”》，《中国青年报》2011年10月22日。

在大多数情况下，这些议案都遭到了时任美国总统的否决，因而没能成为法律，但也有例外。1999 年克林顿总统签署的《赫尔姆斯—拜登法》就是一例。由参议员外交关系委员会主席赫尔姆斯（Jesse Helms）和民主党议员约瑟夫·拜登（Joseph R. Biden）共同提出的这个法案要求将美国应缴纳的会费与联合国的改革挂钩，联合国必须要进行机构改革并控制开支，同时，应削减美国应缴纳的会费和维和费用，等等。最终，在美国政府的压力和赫尔姆斯本人的外交努力下，联合国在很大程度上满足了美国的要求，进行了多项改革，美国应缴纳会费和维和费用的比例也得到了削减。[①]

美国通过国内立法对联合国进行反制的另一个典型案例是《美国公务人员保护法》（American Service-Members' Protection Act）的制定，这一法案的制定也与赫尔姆斯有关。在联合国的国际刑事法院成立之后，参议员赫尔姆斯向国会提出了这一法案，该法案最终由小布什总统在 2002 年签署生效。《美国公务人员保护法》的宗旨就是保护美国军事人员以及被选举和任命的政府官员免受国际刑事法院的起诉，它授权美国总统采取“所有必要和合适的措施”以使被国际刑事法院拘押和起诉的美国人或盟国人员获释。[②] 这就意味着，美国总统为了保护美国公民和盟国人员，有权对设在荷兰海牙的国际刑事法院采取军事行动。这不啻是对国际刑事法院以及联合国的一种赤裸裸的挑战。

然而，直到现在，美国国会仍然没有停止以通过议案来使联合国满足自己要求的做法。2011 年 8 月 30 日，美国国会众议院外交事务委员会主席罗斯雷提南（Ileana Ros-Lehtinen）又带头提出一项议案，该议案要求改革联合国的会费缴纳办法，要求联合国允许成员国根据各自意愿和所支持的项目缴纳会费，同时决定在联合国进行改革之前，美国应停止资助巴勒斯坦难民，以及只对美国国会批准的项目进行资助，等等。这一议案遭到了奥巴马总统的反对，因而在目前不可能会成为法律。然而，虽然美国国会并不是美国对外政策的制定者，国会议员提出这类有关联合国的议案往往也是出于国内政治竞争的需要，但国会时常提出的这种议案，却不能

① 见胡箐箐《赫尔姆斯与美国的联合国政策》，《美国研究》2009 年第 2 期。

② American Service-Members' Protection Act, http: //www. state. gov/t/pm/rls/othr/misc/23425. htm, July 30, 2003.

不使美国政府对联合国的政策受到一定的影响和干扰，因此其作用也是不容忽视的。

4. *左右和影响联合国秘书长的人选*

联合国秘书长是联合国的行政首长，他负责联合国秘书处的工作，执行联合国安理会、联合国大会和联合国其他主要机构托付的职责，并将其认为可能会影响国际和平与安全的任何事项提请安理会关注。虽然只是联合国执行机构的首长，但由于联合国本身具有广泛的代表性，其职能关系到国际关系的方方面面，并且秘书长还有权向安理会提出应关注的事项，因此联合国秘书长实际是一个非常重要的职位。联合国秘书长的产生遵循由安理会推选人选、经联合国成员国在联合国大会投票选举产生的规则，因此，在安理会内拥有否决权的五个安理会常任理事国都有能力阻止某个人选出任联合国秘书长。

在这种情况下，左右和影响联合国秘书长的人选便成了美国对联合国进行制约的一个重要手段。正如有学者所指出的，“美国要想最大限度地利用秘书长影响联合国的决策，最关键的措施莫过于保证在秘书处担任关键职位的人支持美国的立场，维护美国的利益，而做到这些，最直接的办法就是除了保证由美国人担任行政和财政事务的副秘书长外，还要确保联合国的最高行政长官——秘书长对美国‘友好’”。①

1996 年，时任联合国秘书长的布特罗斯·布特罗斯 - 加利（Boutros Boutros-Ghali）在寻求连任时遭到美国的否决，就是一个美国利用自己的特权左右联合国秘书长人选的典型例子。当时美国反对加利连任的原因是多方面的。加利曾雄心勃勃地计划增强联合国在维护国际和平与安全问题上的地位和作用，以使联合国在国际事务中能独立自主地发挥作用，这在某种程度上挑战了美国在全球事务中的霸权地位。另外，在联合国的维和行动问题上加利与美国也曾多次出现过纷争。加利曾多次公开批评美国拖欠联合国会费，也引起过美国的不满。这些因素与美国反对加利连任应该都是有一定的关系的。

曾在加利手下担任过联合国副秘书长的中国外交官金永健则在一篇回忆文章中指出，美国反对加利连任的主要原因是当时的美国政府受到了国

---

① 李志斐：《冷战后美国对联合国决策机制的制约性分析》，《理论界》2007 年第 11 期。

内政治考量的影响，当时美国正面临总统大选，美国共和党对联合国持强烈抨击的立场，“美国克林顿民主党为了争取连选连任，不愿意让联合国成为两党选举中的问题。他不愿意为此分散精力，为联合国辩护也不行，所以一开始民主党政府就宣布不支持加利连选连任。这主要是为了服从国内选举。说加利不搞改革只是个借口而已”。①

总之，由于美国的反对，虽然加利曾获得了联合国安理会及联合国会员国中绝大多数国家的支持，但他最终也没能连任成功。

美国在联合国秘书长人选问题上所拥有的巨大影响力，以及它一手制造的加利这个“前车之鉴”，必然会对加利之后的联合国秘书长产生比较大的影响，因此后来的联合国秘书长在某些国际问题上的决策受到美国或明或暗的影响也就不难理解了。

5. 绕开联合国采取单边主义行动

在联合国不能或无法满足自己的意愿与要求时，绕开联合国采取单边主义的行动是美国蔑视联合国这一国际多边机制的一种重要表现。美国的这种做法在小布什任美国总统时达到了极致。

小布什总统最典型的单边主义举动就是绕开联合国对伊拉克发动了战争。2003 年，小布什政府以伊拉克藏有大规模杀伤性武器、支持恐怖主义和与拉登有联系为借口，准备对伊拉克发动战争。小布什政府一开始也曾希望能获得联合国安理会的授权，但由于作为安理会常任理事国的中国和俄罗斯都公开反对美国对伊拉克发动战争，小布什政府希望获得安理会授权的愿望显然是不可能实现的。在这种情况下，小布什政府决定抛开联合国，自行率领其一部分盟国和友好国家对伊拉克发动战争。结果，小布什政府对伊拉克发动的这场战争在世界范围内招致了广泛的抨击和批评，严重损害了美国的软实力，同时也使美国为此背上了沉重的包袱。

除了发动伊拉克战争之外，如前文所述，在联合国国际刑事法院的建立和《京都议定书》的批准问题上，小布什政府也采取了单边主义的做法，严重损害了联合国在相关领域内进行努力的效果。

2009 年奥巴马出任美国总统之后，对小布什政府的单边主义政策进

① 金永健等：《外交生涯回顾》，《国际政治研究》2003 年第 2 期。

行了纠正和调整。奥巴马重新举起了多边主义的旗帜，他指出美国不可能独自解决一切问题，美国必须要走国际合作的道路。同时，奥巴马政府也强调要重视联合国的作用。奥巴马政府的这种政策调整取得了一定的成效，但在签署《京都议定书》等问题上，奥巴马政府仍然面临着强大的国内阻力和压力。

美国对联合国的态度所发生的变化及其所采取的应对措施，是战后美国对待许多国际多边机制态度变迁的一个缩影。尽管美国是许多重要国际多边机制的发起者和组织者，但一旦美国发现这些国际多边机制不能满足美国实现自己国家利益的需要，美国就会减少对这些国际多边机制的支持和参与，甚至会公开反对这些国际多边机制的某些做法。这对许多国际多边机制来说无疑是具有悲剧性的。

三 对美国对待国际多边机制态度的几点分析和评价

综合来看，美国对国际多边机制的态度和政策具有以下几个特点和问题。

1. 实用主义倾向明显

国内有学者曾指出，对于美国对待多边主义的态度，国外学术界曾有不少人专门进行过研究和探讨，比如有的学者认为美国遵循的是一种“自我利益的多边主义”政策，有的学者认为美国采取的是一种“功利性多边主义”立场，还有的学者用“模棱两可”来描述美国的多边主义行为。[①] 而简单地说，美国对待多边主义及国际多边机制的一个基本特点就是实用主义倾向非常明显。有学者在评论美国对联合国采取的政策时曾经指出，“实际上，得利用则利用、不能利用则抛之一旁向来是美国联合国政策的一个基本特征”。[②]这种说法，也可以说是对美国对所有国际多边机制的态度的一种总概括。

但需要指出的是，从政治学研究的角度来讲，美国对国际多边机制采取实用主义的态度这本身是无可厚非的。因为对任何国家来说，利用国际多边机制谋求和维护自己的国家利益是它们的一种天然倾向。因此也有国外学者认为“中国对全球多边主义的卷入是以实用主义而不是以卓越的

① 马昌乐：《冷战后美国多边主义刍议》，《国际政治研究》2007 年第 1 期。

② 门洪华：《联合国与美国霸权》，《新远见》2008 年第 1 期。

洞察力为指导的"。[①] 实际上，对于任何正常的国家[②]来说，不论其参与的是何种国际多边机制，如果这种国际多边机制制定了损害该国利益的政策或将要通过有损该国利益的决议，这个国家肯定都会反对这种政策和决议。事实上，中国在联合国也曾利用自己是安理会常任理事国的特殊地位，使用否决权来维护自己的国家利益。

1997 年 1 月 10 日，联合国安理会对由美国和墨西哥等国提出的向危地马拉派遣 155 名联合国军事观察员的决议草案进行表决时，中国行使了否决权，使得这一决议草案未能获得通过。中国否决这一草案的理由非常明确：危地马拉与中国台湾维持"外交关系"，并且每年在联合国总务委员会上联署要求接受"台湾"加入联合国的提案，这损害了中国的利益。与这一案例类似的是，由于已与中国建交的马其顿在 1999 年 2 月 8 日又正式批准了与中国台湾的建交公报，1999 年 2 月 25 日，中国否决了安理会关于延长联合国维和部队在马其顿驻守期限的决议草案。

所以说，对于美国以实用主义的态度对待国际多边机制，我们不宜热衷于去做空洞的道德评价，而是应冷静认识美国的这种做法对国际多边机制将会带来何种影响。对于美国以实用主义的态度对待国际多边机制的行为，有不少学者批评和指责美国的这种做法是霸权主义行为，是自私自利的行为，等等。这样的说法并没有错，但对严肃的学术研究来说，对美国的行为进行这种空洞的道德评价是意义不大的。并且正如上文所述，美国的这种行为其实是所有国家都具有的一种天然倾向，实际带有普遍性。我们需要重视的，是在研究一种国际多边机制时，应认真审视这种国际多边机制在建立之时有没有针对国家的利己倾向，设定完善的制衡和协调机制，以保证这种多边机制的正常运行。当然，换一种相反的思路，有兴趣的人也可以根据美国的做法所带来的启示，去分析中国可以利用某种国际多边机制中的哪些"漏洞"来更好地维护和谋取中国的国家利益。

---

① Li Mingjiang, Rising from Within: China's Search for a Multilateral World and Its Implications for Sino-U. S. Relations, http://www.rsis.edu.sg/publications/WorkingPapers/WP225.pdf, March 25, 2011.

② 有时，腐败或无知的决策者有可能会为了私人利益或出于无知而制定或接受有损该国利益的政策。因此在这里的讨论中，我们假定被讨论的国家都是其决策者能遵循维护国家利益这一基本信条的"正常的国家"。

2. 对于不同的国际多边机制，重视程度明显不同，体现出明显的有选择性

总体来看，美国更重视安全和经济领域内的国际多边机制，而对于文化、人权、教育、司法、环保等领域内的国际多边机制，以及一些论坛性质的国际多边机制，美国的重视程度则相对较低。

由于安全问题对美国来说具有不容忽视的重要性，因此对于安全领域的国际多边机制，美国向来都比较重视。北约自成立至今，始终都受到美国的高度重视，即使是冷战结束、北约的主要敌人苏联消失之后，美国也没有降低对北约的重视程度，并领导北约进行了战略转型。同时，对于除北约以外美国的其他军事同盟体系，美国也非常重视。冷战结束后美日同盟及美韩同盟并没有被削弱，甚至在某种程度上还有所加强，就是一个明证。对于与安全问题紧密相关的反恐、军控和防扩散领域内的国际多边机制，美国也比较重视。另外，虽然美国对联合国有种种的不满，但美国无论如何都不可能会退出处理世界和平与安全问题的联合国安理会。小布什总统虽然轻视联合国，但在反恐问题上，他却强调要发挥联合国的作用。

经济领域内具有实质性意义的国际多边机制同样也很受美国的重视。例如，对于国际货币基金组织和世界银行，美国的重视程度可以说是始终如一的。另外，美国也积极推动了世界贸易组织（WTO）的建立。

对于安全和经济领域之外的其他国际多边机制，美国的重视程度相对来说要低得多。美国曾退出联合国教科文组织，抵制联合国刑事法院的建立，并拒绝批准《京都议定书》等，也充分证明了这一点。这是因为，从本质上讲，这些领域内的事务对美国来说紧迫性不强，美国在这类事务上回旋的余地比较大，可供选择的选项也更多。

美国对待国际多边机制的态度和做法也存在一些问题。其主要的问题包括以下几点。

1. 实行双重标准，导致自相矛盾

近年来，美国和其他一些西方国家在国际政治领域不断宣扬“主权有限论”和“人权高于主权”等论调。但美国在国际刑事法院问题上所采取的做法，显然就与它自己所宣扬的这种论调自相矛盾。由于担心国际刑事法院会损害美国的主权，导致其本国公民被本国司法系统之外的司法机构（国际刑事法院）审判，美国不但反对国际刑事法院的建立，而且还通过了《美国公务人员保护法》，授权本国总统可采取一切手段解救被

国际刑事法院拘押和起诉的本国和盟国人员。这种实行双重标准的做法招致了国际社会的广泛批评，也严重损害了美国的声誉。

2. 以国内立法牵制国际多边机制，国内法凌驾于国际法之上

为了促使联合国进行改革以及反对联合国设立的国际刑事法院，美国国会先后制定了《赫尔姆斯—拜登法案》和《美国公务人员保护法》等法案，并由总统签署成为法律。这种以国内法凌驾于国际法之上的做法，必然会招致国际社会的批评，也不利于增强美国与联合国之间的切实合作。比如有美国学者就曾指出，赫尔姆斯和他在国会的共和党同事们利用拒缴联合国会费的手段强迫联合国改革，导致了一场美国对联合国的欠账危机，这场危机"使得联合国的其他成员们与美国疏远，使人们怀疑美国占据全球领导地位会有什么好处，并削弱了能使联合国变得更为有效的实际努力"。①

3. 立法机构对外交部门干预太多，导致美国对国际多边机制的政策受国内政治影响太大

这一问题与上面谈及的问题紧密相连。立法机构对外交政策干预太多是美国政治生活中长期以来普遍存在的一个现象，这是由美国的政治体制和决策程序特点决定的。在对待国际多边机制的问题上，这种现象也很突出。美国国会制定《赫尔姆斯—拜登法案》和《美国公务人员保护法》等法案，对美国政府的联合国政策进行直接干预，就是一种突出的表现。

更麻烦的是，美国国会议员提出的这类干预政府对外政策的法案，很多时候并不是出于维护国家利益的目的，而是出于国内两党政治竞争的需要，他们提出这样的议案只是为了使政府为难，以及为自己拉选票。国际多边机制的一个基本特点就是参与各方以共同利益为基础，通过讨价还价的谈判妥协与让步达成一致，以便采取共同行动。而美国这种反对党经常出于国内政治竞争的目的攻击政府对外政策的做法，往往会使美国政府在国际多边机制问题上不敢做出必要的妥协和让步，这就大大束缚了美国在国际多边机制中的回旋空间，最终也会损害美国自己的利益。这是一个非常值得注意的问题。

---

① Stewart M. Patrick，Obama's Dual Dilemmas at United Nations，http：//www.cfr.org/un/obamas-dual-dilemmas-united-nations/p25950，September 20，2011.

第二节　中国对国际多边机制的认识和参与

中国对国际多边机制的参与，对中国自身来说是一个关系到中国外交发展方向和成就的大事，它关系到中国在世界舞台上的地位和形象；对世界来说，中国对国际多边机制的参与以及对国际社会的融入同样也是一个事关国际格局和世界稳定的大事。因此，有必要考察一下中国加入各类国际多边机制的基本历程以及中国对国际多边机制的认识变化过程。

一　中国参与国际多边机制的几个不同历史阶段

根据新中国成立后在不同时期对国际多边机制的参与情况，我们可以将中国对国际多边机制的参与历程大致划分为三个阶段。

1. 从新中国成立至1970年

在这一时期，由于中国在联合国的席位被台湾当局把持着，同时也由于新中国在对外战略上选择了“一边倒”的政策，加入了以苏联为首的社会主义阵营，并因此受到了以美国为首的西方国家的长期敌视，所以新中国无法参加联合国和布雷顿森林体系等当时世界上最主要的国际多边机制。尽管中华人民共和国也曾为恢复自己在联合国的席位展开过不懈的斗争，并向世界卫生组织、国际劳工组织、世界气象组织、国际货币基金组织、国际复兴开发银行等国际多边机制提交过加入申请，但由于美国等国家和台湾当局的阻挠，这些申请努力都没有取得成功。因此，这一时期新中国参加的国际多边机制非常有限，主要是参与了社会主义阵营内少数的几个国际组织。①

2. 从1971年中国恢复联合国合法席位至2000年

1971年，第26届联合国大会以76票赞成、35票反对、17票弃权的投票结果通过决议，决定恢复中华人民共和国在联合国的合法席位。这是中国参与国际多边机制进程中具有里程碑式意义的重大事件。从此以后，中国参与的国际多边机制迅速增多。1972年，中国首先参加了联合国下属的开发署、环境规划署、工业发展组织、贸易发展组织、粮农组织、教

① 见张历历《中国与国际组织关系的发展》，载渠梁、韩德主编《国际组织与集团研究》，中国社会科学出版社1989年版，第67—74页。

科文组织等重要多边机制，同时也开始与联合国之外的许多国际多边机制发展起关系。

1978 年中国实行改革开放的政策之后，中国同世界各国的联系开始得到加强，中国参与的国际多边机制数量也在 20 世纪 80 年代出现了很快的增长。这一时期中国参加的重要国际多边机制包括成为国际货币基金组织和世界银行的理事国，成为国际原子能机构的正式成员，参加联合国系统的国际裁军会议，加入了国际防扩散机制，加入了世界能源理事会，等等。20 世纪 90 年代初，随着冷战的终结及国际格局的巨大变动，中国对参与国际多边机制也日益活跃。在这一时期，中国参加的重要国际多边机制包括于 1991 年加入亚太经合组织（APEC），1992 年以观察员国身份加入不结盟运动，1994 年加入东盟地区论坛，1996 年参加亚欧会议机制，1997 年加入东盟与中日韩领导人会议（10 + 3），以及 1999 年加入 20 国集团（G20），等等。

3. 从 2001 年至今

2001 年 12 月 11 日，中国正式加入世界贸易组织（WTO）。这是中国参与国际多边机制过程中的另一件具有里程碑式意义的大事。继 1971 年恢复在联合国的合法席位并从此加入世界最主要的政治和综合性国际多边机制之后，加入世贸组织又使中国得以加入世界上最重要的贸易多边机制，从而为中国的经济崛起创造了光明的前景。

尽管中国从 1986 年起就申请重返关贸总协定，并且在 1995 年 7 月就被世界贸易组织接纳为观察员国，但中国直到 2001 年 12 月才成为其正式成员，这一谈判过程可谓十分艰辛。然而，中国正式加入世贸组织所产生的影响也是十分巨大的。对中国来说，加入世贸组织进入广阔的世界市场之后，中国才得以成为贸易出口大国，中国经济能实现连续十几年保持高速增长，与这有着密不可分的关系。对世界来说，中国加入世界贸易组织，对全球经济也产生了巨大的影响。因此，把中国加入世贸组织的 2001 年作为中国参与国际多边机制进入一个新阶段的开端，我们认为是站得住脚的。

同时，2001 年 6 月，由中国和俄罗斯等国组建的上海合作组织正式成立。上海合作组织的成立是中国领导创建重要国际多边机制的初次尝试，它的成立，标志着中国对国际多边机制的认识已经出现了巨大的飞跃，表明“中国开始主动意识到在地区多边机制的建设中‘带头’的重要性”。[①] 从这种意义上说，2001 年同样也可以被看作中国在参与国际多边机制问题上的一个分水岭。

2001 年之后，中国继续积极加入了很多国际多边机制，其中主要包括在 2004 年 5 月成为核供应国集团（NSG）的正式成员，2005 年加入东亚峰会，等等。

二　中国多边主义外交的提出

中国对国际多边机制的参与情况，受到中国的外交战略和外交理念的直接影响。中国参与国际多边机制的经历变迁，也大致反映出了中国对多边外交认识的变迁过程。

有些学者认为，中国传统上重视双边外交，而轻视多边外交。[②] 这种说法其实并不准确。如上文所述，新中国成立后曾积极争取恢复自己在联合国的席位，并曾申请过加入世界卫生组织、国际劳工组织、世界气象组织、国际货币基金组织、国际复兴开发银行等国际多边机制，只不过在当时都没有取得成功。另外，1971 年中国恢复在联合国的席位后，很快就加入了联合国下属的一些多边机制，并不断加入更多的国际多边机制，“从恢复联合国合法席位至今，中国的多边外交由小到大，由少到多，在外交全局中日益发挥着重要作用”。[③] 这就说明，中国并不轻视多边外交。

“重视双边外交、轻视多边外交”这种说法只能大致概括冷战早期中国外交的部分特点。而冷战早期中国之所以会表现出重视双边外交、轻视多边外交的倾向，也是有着比较现实的原因的。

首先，冷战早期中国的外交受意识形态的影响很大，这在某种程度上制约了中国的外交选择。意识形态的影响使得中国把很多由西方国家主导的国际多边机制看作西方国家用来对付社会主义国家的工具，因此中国加入这种国际多边机制积极性不高。虽然冷战后期中国也曾出于国家安全的考虑，排除意识形态因素的阻碍，改善了与美国等西方国家的关系，但只有当中国实行改革开放之后，中国的外交才实现了一次革命，“中国外交

---

① 庞中英：《中国的亚洲战略：灵活的多边主义》，《世界经济与政治》2001 年第 10 期。

② 卢晨阳：《中国对多边外交的参与及对策思考》，《学习与探索》2008 年第 2 期；王耀东、张旭东：《中国多边外交的发展与思考》，《党政论坛》2011 年第 9 期。

③ 沈国放：《新形势下看中国的多边外交》，《世界知识》2006 年第 17 期。

从意识形态因素的束缚中解放出来，开始真正地为国家利益服务”。[①]

其次，冷战早期的国际形势使得中国没有多少开展多边外交的空间。由于在 1971 年之前中国长期被阻挡在联合国、国际货币基金组织和世界银行等主要国际多边机制的大门之外，中国无法参与这些多边机制的活动，当然也就难以在这些领域内开展多边外交了。

总之，中国并非缺乏多边外交的传统或培养这种传统的土壤。不过，中国正式把多边主义当作外交的一项原则提出来，却是在进入 21 世纪之后。

多边主义作为一种国际关系理论是很早就存在的。[②] 但中国基本是在美国总统小布什采取诸多单边主义举措引起国际社会的强烈批评和抨击之后，才开始重视外交中的多边主义问题的。2002 年 11 月，江泽民同志在中国共产党第十六次全国代表大会上做报告时，曾明确提出“我们将继续积极参与多边外交活动”。[③] 2003 年 10 月 7 日，中国驻联合国代表胡小笛在第 58 届联合国大会做发言时提出，“我们应大力倡导多边主义，充分发挥联合国的主导作用”。[④] 2009 年 3 月 7 日，中国外交部部长杨洁篪就中国的外交政策和对外关系回答中外记者的提问时指出，中国的外交工作“在许多方面确实有开拓创新，比如说我们努力丰富和发展中国特色的外交理论，紧紧抓住统筹兼顾这个外交工作的根本途径，就是要统筹好国内和国际两个大局，统筹好双边和多边关系”。[⑤] 由此可见，多边主义外交已经成为中国外交的重点之一。近年来，中国也有越来越多的外交活动被打上了多边主义的烙印，因此有国外学者认为，“中国在全球和地区

① 金灿荣、戴维来：《大国关系变化的新趋势及其影响》，http：//www. aisixiang. com/data/21036. html，2008 年 9 月 26 日。

② 见司德坤《关于多边主义的几点理论思考》，《太原师范学院学报》第 5 卷第 3 期（2006 年 5 月）。

③ 江泽民：《全面建设小康社会，开创中国特色社会主义事业新局面：江泽民在中国共产党第十六次全国代表大会上的报告》，《中国共产党第十六次全国代表大会文献汇编》，人民出版社 2002 年版，第 47 页。

④ 《中国代表胡小笛大使在第 58 届联合国大会一委一般性辩论中的发言》，http：//www. china-un. org/chn/zgylhg/cjyjk/ldyw/t40136. htm，2003 年 10 月 7 日。

⑤ 《杨洁篪外长就中国外交政策和对外关系答中外记者问》，http://www. fmprc. gov. cn/chn/pds/ziliao/wzzt/ywzdjzw2009/default. htm，2009 年 3 月 7 日。

层面上崛起的一个主要特征是多边主义，特别是在东南亚和中亚地区”。①

多边主义外交并不直接等同于国际多边机制。但参与国际多边机制的活动无疑需要开展多边外交。随着中国对多边主义外交的重视不断提高，中国在参与国际多边机制的活动上也将会更加积极和活跃，这一点显然是可以预期的。

三 中国参与国际多边机制时需要解决的几个问题

如前文所述，自新中国成立至今，中国在参与国际多边机制上步伐越来越快，中国对多边主义外交的重视程度也在不断提高，同时中国融入当前国际体系的程度也在不断提高。这总体上是一种朝积极方向发展的事态。但是，中国在参与国际多边机制时也需要注意以下几个重要问题。

1. 必须要认清国际多边机制的实质和局限性，不能对国际多边机制抱不切实际的幻想

国际多边机制是当前世界政治和经济秩序的重要组成部分，随着全球化的不断发展，有越来越多人类面临的问题需要世界各国携手合作、共同解决。因此，参与各种国际多边机制是当前时代每个国家都需要做出的选择。然而，国际多边机制本质上仍然是主权国家为维护各自的国家利益进行折冲磨合的各种制度安排，它并不是一种超国家的实体，因此，任何国际多边机制都无法对它的成员国产生绝对的约束力，所以国际多边机制并不能解决所有的问题。有鉴于此，中国在参与国际多边机制时，一方面需要对该机制的能力做到心中有数，不能抱不切实际的幻想，另一方面如果该机制的某些决策损害了中国的国家利益，中国也应该敢于反对这种决策，甚至不惜与该机制决裂。在这种问题上，美国的某些做法其实能够为我们提供一些启示。

2. 应谨慎承担国际责任与义务，不能在准备不足的情况下过于匆忙地加入某些国际多边机制

在这个问题上的一个深刻教训就是中国对《联合国海洋法公约》的加入。1996 年 5 月，全国人民代表大会常务委员会批准了《联合国海洋法公约》，使中国成为该组织的正式成员。但是，该条约事实上还存在不

① Nicola Contessi, Experiment in Soft Balancing: China-Led Multilateralism in Africa and the Arab World, *Caucasian Review of International Affairs*, Vol. 3 (4), Autumn 2009.

少缺陷，尤其是中国在南海的“九段线”内的权益没有得到该条约的保障。中国一向主张南海“九段线”内的海域是中国的历史性水域，中国在这一水域内享有历史性权利。“然而，历史性权利和历史性水域这两个概念没有被《公约》提及，也没有提出明确的反对，造成中国在传统海疆线以内的权益并没有得到保障。”① 这种规定的缺失，使得今天中国在捍卫自己的南海“九段线”时遇到了比较大的国际法麻烦。另外，还有学者在评论中国对该条约的加入时指出，“中国在该公约中获得相关海洋权利和利益的同时，也承受着严峻的不利后果，尤其中国支持和同意的专属经济区和新大陆架给自己造成了难以补救的不利后果和困扰”。② 总之，鉴于当时中国在东海和南海与多个国家仍存在复杂的领海和岛屿争端，中国在《联合国海洋法公约》对中国的正当权益还缺乏足够保障的情况下就匆忙加入了该条约，现在来看是不太适宜的。

可见，谨慎承担国际责任与义务，在加入国际多边机制问题上也要保持清醒头脑和谨慎态度，无疑是我们需要认真吸取的一种经验教训。

3. 应善于在国际多边机制中设置议题，以便在国际多边机制中争取和掌握更多的话语权

中国虽然加入了很多国际多边机制，但在多数最重要的国际多边机制中（如国际货币基金组织和世界银行），中国所掌握的话语权都很少。为了更好地利用国际多边机制维护自己的国家利益，中国需要在国际多边机制中取得与自己的大国地位相称的话语权。为此，“我们必须要提高多边问题议程设置能力，建设性地提出新议题、新主张和新方案，要有长远利益的计算，也要有细节上的谋划。要改变在国际多边场合讲一些大而无当的话，总是提出几条原则、主张，缺乏具体和可操作性的建议的状况。再好的原则主张只有转变为具体建议才能落实，才能发挥作用，最终为人重视并接受”。③

4. 在军事安全方面参与国际多边机制的工作有待加强

目前中国加入的国际多边机制数量众多，种类各异，但在军事安全方

① 马英杰、张红蕾、刘勃：《〈联合国海洋法公约〉退出机制及中国的考量》，《太平洋学报》第21卷第5期（2013年5月）。

② 余民才：《中国与〈联合国海洋法公约〉》，《现代国际关系》2012年第10期。

③ 门洪华：《联合国与美国霸权》，《新远见》2008年第1期。

面，除了军控和裁军领域的几个国际多边机制外，中国几乎没有加入任何有实质意义的国际多边机制。这一方面是由于世界范围内有关军事安全的国际多边机制数量不多，另一方面也跟中国长期奉行的不结盟政策有一定关系。

但是，军事安全事关国家的关键利益，各国之间（尤其是世界大国之间）如果能通过一定的国际多边机制就各自的军事安全关切进行互动，这将有助于增进各国间的相互理解，减少发生误判的风险。近年来美国不断敦促中国加强中美间的军事对话和交流，其实，要增进双方军队间的相互了解并不一定非得走双边外交的渠道不可，中国完全可以提出新的倡议，以建立一个包括中美双方及某些太平洋大国在内的军事多边机制。提出这种倡议也有助于增强中国在相关领域内的国际影响力。

第三章　联合国内的中美互动

第一节　联合国框架下中美关系曲折发展（1971—2000）

1837 年，年轻的英国诗人艾尔弗雷德·丁尼生创作了长篇散文诗《洛克斯利大厅》，在诗中他憧憬“直到战鼓不再敲响，战旗不再飘扬，才有人类的议会，世界的联邦！在那里，大多数人的共识得以奉行，地球悄然安睡，大家遵守同一法律”。[①] 100 多年后，第二次世界大战的战胜国创建了联合国，丁尼生先生所憧憬的“世界议会”在一定意义上变为现实。1945 年 4 月 25 日—6 月 26 日来自 50 个国家的代表齐聚美国旧金山，参加了联合国国际组织会议。在这次历时两个月的会议上，代表们对由中、苏、英、美四国代表于 1944 年 8—10 月起草的“敦巴顿橡树园协定”进行推敲、修改，并在此基础上最终完成了《联合国宪章》的起草工作。1945 年 6 月 26 日，这 50 个国家的代表签署了《联合国宪章》。未参加该次会议的波兰代表随后也签署了宪章，从而成为联合国的 51 个创始成员国之一。1945 年 10 月 24 日，随着中、法、苏、英、美及其他宪章签署国中的大多数予以正式批准，《联合国宪章》生效，联合国正式成立。[②]

至今，联合国已经走过了 70 个年头。毋庸置疑，作为第二次世界大战结束以来最大的国际组织，联合国在维持国际和平与安全，促进国际合作方面发挥了至关重要的作用。而这一成就的取得与成员国的贡献是密不

---

① 艾尔弗雷德·丁尼生：《洛克斯利大厅》，转引自保罗·肯尼迪《联合国过去与未来——联合国与建立世界住房的构想》，海南出版社 2008 年版。

② *The United Nations Today*，The United Nations Department of Public Information，2008，p. 3.

可分的。然而，作为“在众多国际机构中最负盛名与雄心”的国际组织，联合国自创立之日起其内部就充斥着“国家主义与国际主义”的紧张。[①]在联合国框架内，各成员国之间基于利益的考量而展开的互动一直都在进行着。联合国的事务千头万绪，成员国之间的互动也纷繁多样。受政治、经济、安全、文化等多方面因素的影响，作为联合国常任理事国，中美两国之间的互动则尤为错综复杂。

中美在联合国内的关系是中美关系的一部分，它的发展变化遵循着中美关系发展变化的轨迹。不仅如此，中美关系对中国与联合国的关系具有重要影响。新中国成立后，中美关系经历了冷战时期的敌对、中美苏大三角战略推动下的缓和与正式建交、冷战结束以及“9·11”事件等几个重大历史时期和事件。而就中国与联合国的关系而言，它也经历了从被封堵于联合国大门之外、恢复在联合国的合法席位到中国对联合国的认同与融入不断深化等几个阶段。如果用历史分期来表述，则大致可以认为，1949—1971 年中国对联合国的“不满、批评、谴责”态度明显；1972—1989 年政治利益向经济利益转向，中国与联合国的经济合作日益活跃；进入 20 世纪 90 年代，中国与联合国步入深层次互动阶段，各项事务全面展开。[②] 相应地，中美在联合国框架内的关系也经历着从无到有、从僵硬到逐渐缓和、从抵触到务实合作的演变。

中国冲破以美国为首的西方阵营的封堵、恢复在联合国内的合法席位，由此拉开了中美在联合国内的关系的序幕。新中国成立后，周恩来总理兼外长曾一再就恢复中国在联合国的合法席位问题致电联合国秘书长和联合国大会主席，“要求立即取消‘中国国民党政府代表团’继续代表中国人民参加联合国的一切权利，并由我中央人民政府任命的合法代表出席

---

① 保罗·肯尼迪：《联合国过去与未来——联合国与建立世界住房的构想》，前言，第 3 页。

② 赵磊：《建构和平——中国对联合国外交行为的演进》，九州出版社 2007 年版，第 15—38 页。有关中国的联合国外交问题，《联合国框架下的中美关系》一书认为，中国全民参与联合国事务经历了一个由表及里、由生疏到熟悉的过程：第一阶段，1971 年至 1978 年中国共产党十一届三中全会前夕，属于中国进入联合国的初期阶段；第二阶段，20 世纪 70 年代末至 80 年代末期，中国在联合国事务中的作用更趋重要，影响不断扩大，与联合国的合作越来越有成效；第三阶段，20 世纪 90 年代至今，中国以联合国为中心的多边外交开展得有声有色，富有成效。参见李铁成、钱文荣《联合国框架下的中美关系》，人民出版社 2006 年版，第 28—29 页。

联合国会议和参加联合国各机构的工作”。[①] 但是，由于美国敌视新中国，不顾公认的国际法准则，长期加以无理阻挠，才使中国代表权问题被拖延了22年之久，周恩来总理曾一再指出，联合国不能公正解决中国代表权问题，关键在于“美国政府在阻碍恢复新中国在联合国的地位”。[②]

中国政府一直没有放弃恢复其在联合国合法地位的努力，这种努力最终赢来了成功的时刻。1971年10月25日，在联合国度过其46岁生日后的第一天，联合国大会作出了一个重要的决议：恢复中华人民共和国在联合国的合法权利。该决议写道，“大会，回顾联合国宪章的原则，考虑到，恢复中华人民共和国的合法权利对于维护联合国宪章和联合国组织根据宪章所必须从事的事业都是必不可少的，承认中华人民共和国政府的代表是中国在联合国组织的唯一合法代表，中华人民共和国是安全理事会五个常任理事国之一，决定：恢复中华人民共和国的一切权利，承认她的政府的代表为中国在联合国组织的唯一合法代表并立即把蒋介石的代表从它在联合国组织及其所属一切机构中所非法占据的席位上驱逐出去”。[③] 这是中华人民共和国自成立以来为重返国际政治舞台而努力所取得的重大成果，也是其冲破美国等西方国家对新中国的外交封锁政策所取得的重大胜利。

中国最终得以重返联合国与中美关系的微妙变化有着密切联系。美国因素是影响中国恢复其联合国权利的最重要外部因素，中美关系及其变化直接影响着中国重返联合国的进程。早在20世纪60年代中期，美国对华政策就在酝酿着重大调整。[④] 尼克松总统执政后，美苏、中苏关系紧张的加剧促使美国对华政策调整的步伐进一步加快。1970年11月22日，尼克松给时任美国总统国家安全事务特别助理的基辛格写了一张便条，指示他要在“极其保密的情况下，组织研究在接受红色中国加入联合国的问题上，美国应采取何种立场”。在便条中他无奈地承认，“我们不能获得

① 《中华人民共和国对外关系文件集1949—1950》第一集，世界知识出版社1958年版，第92页。

② 李铁成、钱文荣：《联合国框架下的中美关系》，人民出版社2006年版，第32页。

③ 《联合国大会第二十六届会议决议二七五八（二十六）恢复中华人民共和国的合法权利》，http：//www. un. org/chinese/ga/ares2758. html。

④ 参见陶文钊主编《中美关系史（1949—1972）》，上海人民出版社1999年版，第475—502页。

足够的票数用以阻挡接纳问题的时刻比我们预料的来得快”。他希望探讨“美国究竟应该采取何种立场以便既能履行对台湾的承诺，又能不被那些赞同接纳的人推着走”。基辛格在其 11 月 27 日的回复中告知尼克松，“这类研究已经在进行之中了”。① 实际上，1970 年 11 月 19 日，基辛格就在其致美国国务卿、美国中央情报局局长的备忘录中透露，负责国际组织事务的副国务卿正在组织来自中央情报局、国家安全委员会的成员就“中国加入联合国与中美关系的相互影响”等问题展开研究。② 从中可以看出，美国在中国加入联合国问题上的立场已经被迫松动。1971 年 7 月 9—11 日，尼克松派基辛格秘密访华。7 月 16 日，中美发表了《公告》。该公告说，“获悉，尼克松总统曾表示希望访问中华人民共和国，周恩来总理代表中华人民共和国政府邀请尼克松总统于 1972 年 5 月以前的适当时间访问中国。尼克松总统愉快地接受了这一邀请”。③ 同年 10 月 25 日，联合国大会通过了恢复中国在联合国合法权利的 2758 号决议。从中可以看出，美国酝酿对华政策调整在其被迫松动阻碍中国恢复其联合国地位的立场之前，中美关系的解冻也比中国重返联合国提早了一步。

1971 年，恢复其在联合国的合法地位之后，中国对联合国事务的参与以及中美在联合国内部的关系都取决于中美关系的总体态势。重返联合国初期，也即 1971 年至 1978 年，中国对联合国事务的关注主要局限于政治领域，以 1971—1976 年中国代表在联合国大会一般性辩论中的发言为例，中国政府 6 年内无间断关注的都为政治领域事件，如“国际形势分析”“朝鲜问题”“中东问题”“殖民主义及其表现形式”“军备控制及裁军”“反对超级大国霸权”，等等。④ 1978 年 12 月 15 日，中美发表《中美建交公报》（中美第二个联合公报），宣布两国自 1979 年 1 月 1 日起互相承认并建立外交关系。1978 年 12 月 18—22 日中共十一届三中全会在北

① Index 1 of National Security Study Memorandum 107, Washington November 19, 1970, http://history.state.gov/historicaldocuments/frus1969 – 76v05/d312.

② National Security Study Memorandum 107, Washington November 19, 1970, http://history.state.gov/historicaldocuments/frus1969 – 76v05/d312.

③ 《尼克松访华与〈中美联合公报〉》, http://news.xinhuanet.com/ziliao/2004 – 01/13/content_ 1273607.htm。

④ 赵磊：《建构和平——中国对联合国外交行为的演进》，九州出版社 2007 年版，第 29 页。

京举行。全会作出了从 1979 年起，把全党工作重点转移到社会主义现代化建设上来的战略决策。以此为标志，中国开启了改革开放的历史征程。中美建交与中国的改革开放进程同时起步，它象征着中国的内政、外交翻开了新的篇章。

中美在联合国内部的关系也翻开了新的一页，双方的务实合作逐渐增多。“随着中国外交政策的重大调整，中国对联合国事务开始采取了‘积极主动，逐步深入’的方针，对联合国及其在各领域的活动作出了更为积极的评价。”[①] 相关研究显示（见表 3 - 1）[②]，中国自 1982 年起在联合国安理会放弃出席会议而不参加表决的做法，对联合国安理会处理重大安全问题的态度更趋积极。更为引人注目的是，1983—1989 年的七年间，中国对安理会的决议一律投了赞成票，这表明中国对安理会提案的认同提高。同时可以发现，美国在这段时间内在安理会投弃权票的数量较此前六年相比在总量上也明显降低，这表明中美之间在安理会的共识有所提高。

冷战结束后，苏联的威胁淡化、消失，中美关系先前的战略基础被动摇了，中美两国先前关于威胁的共识不复存在，美国国内关于中国在美国全球战略中的作用的共识也随之消失，这样，在美国国内就有一个重建共识的过程。这个过程相当艰难、复杂，其承担简直不亚于两国关系正常化的过程。[③] 在冷战结束后的十年，在美国国内艰难探讨对华政策共识的时段里，中美关系又遭遇诸多危机或问题的冲击与困扰，诸如 1989 年春夏之交的政治风波所引发的人权问题、台湾问题、“炸馆”事件等，这就使得中美关系更为动荡不定。相应地，中美在联合国的关系也呈现波动状态。如表 3 - 1 显示，1989—2000 年间，中美在联合国安理会投票中，双方各自投赞成票的次数与总投票数之比总体呈增长之势。同时，可以看出，这段时间，美国在安理会投弃权票的次数出奇的少，在冷战结束后的十年里，美国只在 1994 年、1996 年两年各投了 1 次弃权票。这段时间，中国使用弃权票的比例也显著减少，其中中国在 1992 年、1993 年所投的弃权票较多，分别为 7 票和 6 票。表 3 - 1 中的有关这段时间的数据显示，冷战结束后的十年间，中美在联合国安理会的共识显著提高。中美在联合

① 李铁成、钱文荣：《联合国框架下的中美关系》，第 28 页。

② 表 3 - 1 中的数据引自李铁成、钱文荣《联合国框架下的中美关系》，第 201—202 页。

③ 陶文钊主编：《冷战后的美国对华政策》，重庆出版社 2006 年版，第 2 页。

国大会一致表决外的投票相同率也反映了这段时间中美关系的这一态势。如表3 -2显示①，1989—2000 年中美在联合国大会一致同意表决外的投票相同率来看，与冷战时期相比，冷战后中美在联合国大会的投票相同率总体呈上升趋势，这与冷战结束中美关系总体改善，以及联合国的地位逐渐上升有直接的关系。冷战结束后，“联合国特别是安理会的作用明显增强。仅以安理会通过的决议来说，从联合国成立到 2002 年总共通过决议 1454 项，其中 1946 年至 1990 年的 45 年内共通过决议 683 项，平均每年 15. 2 项，而自冷战结束后的 1991 年至 2002 年的 12 年内为 771 项，平均每年 64. 3 项，1993 年一年曾通过 93 项决议，为历史高峰”。② 同时也应该看到，中美在联合国大会投票的相同率呈波动之势，在经历 1990—1992 年连续三年的稳步提升之后，1993 年两国在联合国大会投票的相同率又降至低于 1989 年的水平。此后，这种相同率又逐渐上升，1994—2000 年间一直保持在 20% 以上，在 1996 年甚至达到 29. 7% 的高度。尽管受美国国内对华政策争论以及一些长期存在或突发事件的影响，中美关系时有波动，但双方关系的总趋势是不断改善的，它表明中美关系在曲折中不断发展。

表 3 -1　　1977—2000 年中美在安理会投票统计

年份	中国			美国			备注
	赞成	弃权	反对	赞成	弃权	反对	
1977	14	6		19	1		NP
1978	11	10		17	4		NP
1979	11	7		12	6		NP
1980	17	5		16	6		NP
1981	11	4		15	0		NP
1982	28	1		26	3		美国一次未参加投票
1983	17	0		16	1		
1984	14	0		10	4		
1985	21	0		21	0		

① 表 3 -2 中的数据引自李铁成、钱文荣《联合国框架下的中美关系》，第 183 页，尽管冷战结束后的十年是指 1991—2000 年，但本书为了将冷战前后作对比，本表所选取的数据从 1989 年开始。

② 李铁成、钱文荣：《联合国框架下的中美关系》，第 28 页。

续表

年份	中国			美国			备注
	赞成	弃权	反对	赞成	弃权	反对	
1986	13	0		12	1		
1987	13	0		11	2		
1988	20	0		17	3		
1989	20	0		18	2		
1990	36	1		37	0		
1991	40	2		42	0		
1992	67	7		74	0		
1993	87	6		93	0		
1994	73	4		76	1		
1995	62	3		65	0		
1996	53	4		56	1		
1997	51	3		54	0		
1998	68	3		71	0		另有3项决议未统计在内
1999	60	5		65	0		
2000	48	2		49	1		

表3－2　　中美在联合国大会一致同意表决外的投票相同率一览

年份	1989	1990	1991	1992	1993	1994
百分比	10.9	16.3	16.4	16.4	10.6	22.8
年份	1995	1996	1997	1998	1999	2000
百分比	21.5	29.7	27.6	27.3	21.1	25.0

第二节　21世纪以来中美在联合国内的关系：一致表决与投票行为分析视角

进入21世纪，随着两次世界大战的记忆渐远，冷战的对峙与对抗融入历史，特别是经济全球化的影响日益深化、扩展，国际社会对于人类未来普遍怀有一种乐观的情绪和良好的意愿。2000年9月第五十五届联合国大会发表的《联合国千年宣言》就是这种情绪和意愿的直接体现。在《联合国千年宣言》中，国际社会表明了其在和平、安全与裁军、发展与消除贫困、保护环境、人权、民主与善政、保护弱势群体、支持非洲以及加强联合国等方面的决心与目标。[①] 但是，历史发展的轨迹从来不是笔直前行的，世界并不太平。2001 年 9 月 11 日，本·拉登领导的基地组织对美国发动了恐怖袭击。这一恐怖袭击事件给美国的内政外交带来了深远的影响，从而也给国际关系，其中包括中美关系带来了深远的影响。“9·11”事件发生后，联合国迅速作出反应：立即强烈谴责这一恐怖袭击事件，表示决心采取一切手段打击恐怖主义行为对国际和平与安全造成的威胁，吁请国际社会加倍努力防止并镇压恐怖主义行为。[②] 9 月 28 日联合国安理会一致通过 1373 号决议。该决议规定：要求各国采取如下措施以加强反恐能力，其中包括将为恐怖主义提供财力支持视为犯罪；立即冻结恐怖分子的资金；切断恐怖组织的一切财政支持；打击为恐怖分子提供庇护和支持的行为；各国共享有关恐怖组织的情报、各国加强对恐怖分子的调查、羁押、逮捕与指控方面的合作；对恐怖分子的积极与被动的援助一律被视为犯罪行为并对违反者实施惩罚。[③] 为了监督 1373 号决议的执行，联合国安理会还成立了反恐委员会。

中国政府也对“9·11”恐怖袭击事件作出迅速反应。“‘9·11’事件发生之后仅 5 个小时，江泽民主席就打电话给布什总统。”[④] 这表明在反恐问题上，中国与美国是站在一起的。“9·11”恐怖主义对美国的袭击及此后的反恐战争帮助中美两国政府达成共识。2001 年 10 月 19 日，当布什总统为参加 APEC 非正式首脑会议来到上海并与江泽民主席会见时，双方达成了建立“建设性的合作关系”的共识。布什还表示，美国政府高度重视与中国的关系。中国是一个伟大的国家。中国不是美国的敌人，他把中国看成美国的朋友。2002 年 2 月 21 日，当他来到中国进行正式访问时，又表示，美国政府期望在各个领域扩大和加强与中国的合作，这不仅对美中两国有利，对维护世界和平与促进合作也是十分重要的。[⑤] 此后，中美关系在布什任期内一直保持在稳定的框架内。奥巴马政府执政

① United Nations Millennium Declaration, September 2000, http://www.un.org/millennium/declaration/ares552e.pdf.

② 李铁成主编：《走近联合国》，人民出版社 2008 年版，第 99 页。

③ Security Council Counter-Terrorism Committee, http://www.un.org/en/sc/ctc/aboutus.html.

④ 《外交学院院长披露中美撞机处理和“9·11”内幕》，http://news.cctv.com/world/20080114/100328.shtml。

⑤ 转引自陶文钊主编《冷战后的美国对华政策》，第 5 页。

后致力于建立“积极、全面、合作的中美关系”。在此前提下，中美开展了三轮战略与经济对话，全方位推动中美关系的发展。

2000年以来，中美两国在联合国内的关系基本反映了中美关系的发展脉络，同时也体现出了一些特点。

中美在联合国大会一致表决外投票的相同率波动剧烈，但总体共识较高。比较2000—2010年中美两国在联合国大会一致同意表决外的投票相同率①可以看出进入21世纪以来中美在联合国内部关系的走势，如表3-3、表3-4所示②。2000年以来，中美在联合国大会的投票的相同率25.0%逐渐回落，在2004年降至最低为8.8%，这也是1989年以来的最低值。经过2005年、2006年两年的逐渐上升之后再次下降，2007年中美在联合国大会的投票率仅为9.3%，这一百分比在1989年以来同类百分比中位列倒数第二。此后又开始上升，在2010年达到29.9%，这也是1989年以来的最高值。它表明，进入21世纪以来，较之于此前十年（1991—2000年），中美在联合国大会一致同意外表决的相同率起伏波动更为剧烈，这既是国际局势复杂化的表现，也是中美关系复杂化的体现。表3-4则反映了中美在联合国大会所有表决的相同率，其中既包括一致同意表决和一致同意外投票表决，从中可以看出，中美两国的相同率为69.3%—81.9%，它显示出中美在联合国大会的共识较高，合作占主流。

表3-3　2000—2010年中美在联合国大会一致同意表决外的投票相同率一览

年份	2000	2001	2002	2003	2004	2005
百分比	25.0	17.2	17.6	13.2	8.8	13.0
年份	2006	2007	2008	2009	2010	
百分比	16.1	9.3	16.5	27.3	29.9	

资料来源：本表根据美国国务院网站公布的2000—2010年“美国在联合国的投票行为”所提供的数据绘制（表3-4至表3-10的资料来源与本表同）。

① 美国国务院公布的美国与其他联合国成员国在联合国大会的投票相同率是一致投票数除以一致投票数与相反投票数之和的百分数，See Voting Practices in the United Nations—2010，http://www.state.gov/documents/organization/162416.pdf。

② Voting Practices in the United Nations（2000—2010），http://www.state.gov/p/io/rls/rpt/index.htm.

表 3－4　中美在联合国大会表决相同率（包括一致同意表决和投票表决）

年份	2000	2001	2002	2003	2004	2005
百分比	84.7	82.8	79.8	76.7	77.6	73.9
年份	2006	2007	2008	2009	2010	
百分比	71.7	69.3	75.3	80.5	81.9	

与其他国家相比，中美两国在联合国大会一致同意表决外投票的相同率偏低，表明中美在美国重要利益事项上共识较少。中美在联合国大会一致同意表决外投票的相同率高低如何还应该与其他国家对比来看。根据美国国务院网站公布的相关信息显示，2007—2010 年，联合国大会所有国家全部投票平均与美国的相同率分别为 18.3%、25.6%、39.0%、41.6%。[①] 显然，2007—2010 年，中美在联合国大会一致同意表决外的投票相同率都分别低于同年度所有国家平均与美国的相同率。

中美在联合国安理会的投票相同率较高，表明双方在重要的国际和平与安全问题上有较强的共识。安理会是联合国内主要负责维持和平与安全的机构，根据《联合国宪章》的规定，联合国成员国有义务接受并执行安理会的决定。其他联合国机构的建议不像安理会的决议那样具有强制力，但可以通过表达国家社会的意见而影响局势。[②] 中美作为安理会的常任理事会，它们对安理会决议的形成与执行具有重要的影响。中美在安理会的关系直接影响着安理会工作的效率，因此，探讨安理会内部中美之间的关系十分重要。如表 3－5 所示，2000—2007 年，中美在联合国安理会一致同意表决外投票的相同率都在 96% 以上，甚至在 2005 年达到 100%。

表 3－5　2000—2007 年中美在联合国安理会一致表决外投票相同率（%）一览

年份	2000	2001	2002	2003
百分比	97.9	96.2	97.1	97.1
年份	2004	2005	2006	2007
百分比	96.6	100.0	97.7	98.2

① Ⅲ — GENERAL ASSEMBLY：OVERALL VOTES，http：//www.state.gov/documents/organization/162416.pdf.

② *The United Nations Today*，p. 73.

在联合国大会关系到美国重要利益的事项上，中美投票相同率波动很大。观察中美在联合国的关系，还可以分析联合国投票在涉及美国重要利益的问题上中国与美国投票的相同率情况。如果较高，说明两国在重要利益上有较高的认同，特别是中国能够较多地保持与美国利益的一致，否则相反。① 美国国务院每年会将联合国大会付诸表决的某些议案列为对美国而言是重要的问题，并比较在这些问题上其他国家的投票与美国的相同率。如2010年，美国国务院认为有15项联合国大会决议是对美国而言重要的投票，其中包括“美国对古巴的禁运”“巴勒斯坦人民行使不可剥夺的权利委员会”、巴勒斯坦人民权利、全面消除核武器联合行动、全面禁止核试验条约、朝鲜人民民主共和国人权状况、伊朗共和国人权状况、缅甸人权状况等。根据美国国务院网站公布的相关信息显示（见表3－6），2000—2010年，中美在美国所谓重要问题上投票的相同率一般较低，且波动很大，如表3－6所示，2001年、2003年、2006年中美在这些所谓重要问题上投票的相同率为“零”。2009—2010年，奥巴马政府时期，中美两国在联合国大会有关“重要”问题上的投票相同率与此前9年相比有了明显提高。这一定程度上是奥巴马政府在对外政策上更倾向于多边合作的结果。

表3－6　　中美在重要事项上的投票相同率一览

年份	2000	2001	2002	2003	2004	2005
百分比	14.3	0.0	20.0	0.0	11.1	11.1
年份	2006	2007	2008	2009	2010	
百分比	0.0	7.7	7.7	18.2	18.2	

观察中美在联合国内部的关系，还应该从中美各自与联合国的关系角度来看。美国是联合国的创始国，但美国与联合国之间的关系长期紧张也是一个有目共睹的事实。特别是冷战结束后，美国作为世界上唯一的超级大国，其领导世界的野心进一步膨胀。因此，在美国与联合国之间单边主义与多边主义、国家主义与国际主义的碰撞也最为激烈。其突出表现在有关联合国会费、联合国改革等问题的争议上，也表现在美国动辄在联合国

① 李铁成、钱文荣：《联合国框架下的中美关系》，第190页。

大会单独或与极少数国家一道对联合国大会的决议投反对票上。[①] 如表3－7、表3－8所示，2000年以来，美国一直是在联合国大会议案表决中投反对票最多的国家，[②] 其与极少数国家一道投反对票的比例在其总投票中所占的百分比也相当高。而中国在经历了20世纪70年代对联合国事务的“选择性参与”之后，从80年代开始进入“全面参与、积极合作时期”。[③] 中国认为，联合国是最具普遍性、代表性和权威性的政府间国际组织。中国一贯倡导多边主义，重视联合国发挥的重要作用。中国坚定支持联合国在国际事务中继续发挥核心作用，坚定支持维护和加强联合国的权威，并将在联合国各机构中继续发挥积极作用。[④] 因此，中美在联合国大会投票相同率偏低一定程度上是美国偏离多边轨道的结果。

表3－7　2000—2008年美国与三个及以下国家一道在联合国大会一致表决外投反对票比重一览

年份	2000	2001	2002	2003	2004
百分比	29.0	35.0	30.0	28.0	25.0
年份	2005	2006	2007	2008	
百分比	31.0	32.0	39.0	44.0	

表3－8　2000—2010年美国在联合国大会一致表决外单独投反对票票数一览

年份	2000	2001	2002	2003	2004	2005
票数	1	5	6	10	2	15
年份	2006	2007	2008	2009	2010	
票数	18	18	16	1	0	

从表3－8、表3－9可以看出，奥巴马政府执政后，美国驻联合国代

① 《1998年美国在联合国大会单独投否决票达20次，为近年来最高》，http://www.state.gov/documents/organization/31561.pdf。

② See Voting Practice in the United States，（2000－2010），http://www.state.gov/p/io/rls/rpt/index.htm.

③ 赵磊：《建构和平——中国对联合国外交行为的演进》，第105—113页。

④ 顾震球、王湘江：《联合国秘书长对中国与联合国的联合合作表示肯定》，http://www.gov.cn/jrzg/2010－03/05/content_1548084.htm。

表团在联合国大会单独投反对票的次数明显减少，甚至在2010年这一数字降至为零。与此同时，美国在安理会也没有行使否决权。导致这种现象的根本原因在于奥巴马政府倡导多边外交，在处理国际事务中更加倚重国际社会，特别是联合国发挥的作用。

表3－9　　1988—2010年美国在安理会行使否决权次数一览

年份	1988	1989	1990	1991	1992	1993	1994	1995
次数	6	5	2	0	0	0	0	1
年份	1996	1997	1998	1999	2000	2001	2002	2003
次数	1	2	0	0	0	2	2	2
年份	2004	2005	2006	2007	2008	2009	2010	
次数	2	0	2	0	0	0	0	

第三节　中美在联合国军控、维和与环境领域的分歧与合作

中美在联合国内部的关系不仅体现在双方在联合国大会和安理会的表决与投票行为中，同时也体现在双方在联合国所囊括的具体问题领域的互动。自1945年成立以来，联合国的职能不断扩大，其覆盖面涉及政治、安全、经济、法律、环境等各个方面，在有限的篇幅内对半个多世纪以来中美围绕联合国在上述诸多方面的互动一一论及是不现实的。有关中美在联合国框架内的经济关系、人权领域的关系已另辟章节集中讨论，在这里，只选取裁军与军控、维和、环境等三个主题加以论述。

一　裁军与军控领域

出于维护国际和平与安全的目的，联合国自成立之日起就十分重视裁军与军控问题，并为此建立了专门机构：1946年1月建立了原子能委员会，1947年2月建立了常规军备委员会，1952年建立了联合国裁军委员会，1954年建立了裁军小组委员会，1961年成立了18国裁军委员会。随着时间的推移和形势发展的需要，有些机构停止了活动或与其他机构合并。目前，裁谈会是当前国际社会唯一的多边裁军谈判机构，其前身可追

溯到1959年成立的10国裁军委员会。此后该机构曾先后改称18国裁军委员会、裁军委员会会议和裁军谈判委员会，1984年2月根据联合国大会决议更改为现名。中国于1980年2月首次派代表团参加裁军谈判委员会召开的会议。但是，在冷战时期，国际裁军谈判深深地打上了美苏两个超级大国争霸的印记，谈判能否取得进展也主要取决于美苏的意志。冷战结束后的10年来，中美在联合国裁军与军控机构内进行了卓有成效的合作。这些合作主要表现在以下几方面。

1995年，《核不扩散条约》缔约国召开审议和延期大会，此次大会关系到条约能否无限期延长。中美两国利用各自的地位和影响动员与会国家支持条约无限延期，中国说服了不结盟国家提供了条约无限延期的必要支持。2000年4月底，《核不扩散条约》成员国再次召开审议大会。由于1998年5月印巴相继进行了核试验，1999年10月美国参议院拒绝批准《全面禁止核试验条约》、发展反导系统并试图修改或放弃《反导条约》，《核不扩散条约》无限期延长后的第一次审议大会因此无法达成任何共识而告失败的可能性非常大。虽然中美之间因为中国驻南联盟大使馆被炸而中止了安全领域的对话，但为了共同的利益，两国仍然进行了外交接触，协调两国在审议会上的政策立场，保证了审议大会的成功。

《全面禁止核试验条约》的谈判也是两国合作的例证。尽管从事的核试验次数最少，中国仍然明确表示支持国际军控和不扩散机制的加强。经过多次谈判，1996年7月中美就现场核查机制达成共识，为最终达成条约扫除了障碍，从而保证了该条约得以在1996年内完成谈判并开放供各国签署，中美还第一批签署了该条约。

在其他条约的谈判中，中美也进行了有效的合作。1998年6月底，中美两国同意尽早批准“地雷议定书”，并敦促其他国家批准该议定书；同意在裁军谈判会议支持尽快成立特委会，推动会议就“禁止转让/出口杀伤人员地雷”开始谈判。双方还表示完全支持《生物武器公约》的宗旨和目标，在公约议定书的谈判中加强合作，促进议定书早日达成结果。①

进入21世纪以来，中美两国在军控领域的共识增多，双方的合作较

① 樊吉社：《中美军控：合作与分歧，动因及走势》，《国际经济评论》2001年第9—10期，http：//ias. cass. cn/show/show_ project_ ls. asp？ id =251。

为平稳。如表3－10显示，中美两国在联合国大会关于军控问题投票的相同率较高。

表3－10　中美在联合国大会军控领域一致表决外的投票相同率一览

年份	2000	2001	2002	2003	2004	2005	2006	2007	2008
百分比	46.2	36.8	27.3	19.0	13.0	23.1	29.7	4.2	33.3

在朝核问题、伊核问题上，中美在联合国框架下的合作不断增强。为了和平解决朝核问题，中国政府积极斡旋。自2003年8月起在北京召集多轮中、朝、美、韩、日、俄六方会谈。2006年7月5日，朝鲜试射了多枚导弹。7月15日，联合国安理会以15个成员国一致赞成的方式通过了关于朝鲜试射导弹问题的第1695号决议。中国常驻联合国代表王光亚在表决后发言指出，朝鲜于7月初试射导弹一事引起国际社会广泛关注。作为朝鲜的近邻，中国对朝鲜半岛局势出现的一些新的复杂因素表示严重关切。中国一向致力于维护朝鲜半岛和平稳定，坚持通过对话和谈判和平解决半岛有关问题，反对任何导致半岛局势紧张的行动。中方希望有关各方以大局为重，保持克制，多做有利于朝鲜半岛和平稳定的事。中国愿与各方共同努力，克服困难，创造条件，推动六方会谈进程，共同维护半岛及东北亚地区的和平稳定。[①] 10月3日，朝鲜声明将在科学研究领域进行核试验，并强调朝鲜希望通过对话和协商实现朝鲜半岛无核化的原则立场“没有变化”。6日，安理会发表主席声明，要求朝鲜取消计划中的核试验。10月9日，朝鲜宣布成功地进行了一次地下核试验。10月14日，安理会一致通过关于朝鲜核试验问题的第1718号决议。[②]

在伊朗核问题上，中方一贯主张通过对话和谈判解决伊朗核问题。2006年2月14日，伊朗恢复铀浓缩活动，坚持推进核计划。3月29日，安理会一致通过一项主席声明，要求伊朗在30天内终止一切核活动。美欧积极推动安理会采取行动对伊朗制裁，但俄罗斯和中国不同意，认为制裁结果只会进一步加剧紧张局势，不利于通过外交途径妥善解决。7月31

① 《安理会通过关于朝鲜试射导弹问题的决议》，2006年7月16日，http://news.xinhuanet.com/world/2006－07/16/content_ 4838584.htm。

② 李铁成主编：《走近联合国》，第141页。

日，安理会通过了解决伊朗核问题的第1696号决议。12月23日，安理会一致通过了第1737号制裁伊朗的决议。2007年3月24日，联合国安理会在美国纽约联合国总部召开会议，一致通过伊朗核问题新决议，加大了对伊朗核和导弹计划相关领域的制裁，并要求伊朗立即执行安理会和国际原子能机构此前通过的有关决议。2008年3月3日，联合国安理会以14票赞成、1票弃权（印度尼西亚）的表决结果通过了关于伊朗核问题的第1803号决议，决定进一步加大对伊朗核计划及其相关领域的制裁，但同时表示将继续加大旨在解决伊朗核问题的外交努力。这是安理会自2006年12月以来通过的第三份对伊朗制裁决议。2008年9月27日联合国安理会一致通过第1835号决议，重申安理会此前通过的有关伊朗核问题的决议，要求伊朗立即予以全面执行。但决议中并没有包含新的制裁措施。2010年6月9日联合国安理会就伊朗核问题通过第1929号决议，决定对伊朗实行自2006年以来的第四轮制裁。

二 维和领域

《联合国宪章》中根本就没有提及任何关于维和的问题，并且也没有对这类形式的集体行为提供任何指导方针。[①] 但在当今世界，联合国维和行动已经成为国际社会用以推动和平与安全的至关重要的工具。[②] 联合国在1948年6月设立了第一个军事观察团，即在中东建立的联合国停战监督组，负责观察和监督阿以之间停火协定是否得到执行，必要时调停冲突。这是联合国采取的第一次维持和平行动。[③] 此后，联合国共设立了63次维和行动，其中50次是在1988年之后创立的。2007年10月1日，在世界各地共计有17项维和活动正在进行之中。维和行动的部署需经联合国和东道国政府或主要冲突方的同意。传统意义上的维和主要包括监督内战后的停火或部队的解散。现在，它已经演进成一套复杂的模式——以军事的、警察的和非军事的力量共同为持久的和平奠定基础。[④] 在1981年第36届联合国大会上，中国明确肯定联合国维和行动在促使冲突各方脱

① 保罗·肯尼迪：《联合国过去与未来》，第70页。

② *The United Nations Today*, p. 77.

③ 王杏芳主编：《联合国重大决策》，第55页。

④ *The United Nations Today*, pp. 77－78. 此数据截至2007年年底。

离接触、缓和紧张局势方面发挥的作用，并表示原则支持符合《联合国宪章》的维和行动。1982 年中国开始承担对联合国脱离接触观察员部队和联合国驻黎巴嫩临时部队费用的摊款。1986 年，中国对安理会通过的 7 项有关维和行动决议均投了赞成票，表明中国对联合国维和行动采取了更加积极的政策。1988 年 12 月，第四十三届联合国大会一致通过决议，同意接纳中国为维和行动特别委员会第 34 个成员。1989 年，中国开始实际参与联合国维持和平行动。近年来，中国不断扩大对联合国维和行动的参与。2000 年，中国仅有 100 人参加联合国维和行动。2009 年年底，有 2100 多名中国的警察、工程师、医务人员和军事观察员参与联合国在中东、加勒比地区和非洲的 10 项联合国维和行动。中国参与非洲维和的人数最多，在非洲，中国的维和人员主要致力于稳定苏丹和刚果民主共和国。就派遣维和部队的数量来看，中国位居第十四，而在联合国 5 个常任理事国中则位列第一。美国多年来一直是联合国维和行动最大的财力来源国，它包揽了联合国用以支持 11.6 多万名“蓝盔部队”、警察、文职人员所需的超过四分之一的费用，这些维和人员参与分布在世界各地的 15 个维和行动，致力于保卫和平和保护处于危险境地中的人们。[①] 从这个意义上说，中美在联合国维和行动中的作用举足轻重。

通过联合国提供的有关维和的最新数据[②]，则可以更清楚地看出中美两国在具体实施的维和行动中的互动关系。

表 3－11　　中国参与联合国维和行动一览

联合国行动名称	人数
联合国驻西撒哈拉公民投票特派团（MINURSO）	11
联合国驻海地稳定特派团（MINUSTAH）	28
联合国驻刚果（金）稳定特派团（MONUSCO）	234
联合国达尔富尔特别行动（UNAMID）	325
联合国驻黎巴嫩临时部队（UNIFIL）	342

① Mike Smith, Peacekeeping Offers New Opportunities for U. S. -China Relations, December 16, 2009, http://blogs. state. gov/index. php/site/entry/peacekeeping_ china. 作者麦克·斯密斯是美国国务院政治军事局“全球和平行动倡议”（GPOI）管理小组的负责人。

② Country Contributions Detailed by Mission (2010), http://www. un. org/en/peacekeeping/resources/statistics/contributors_ archive. shtml.

续表

联合国行动名称	人数
联合国驻利比亚特派团（UNMIL）	584
联合国苏丹特派团（UNMIS）	478
联合国东帝汶综合特派团（UNMIT）	26
联合国科特迪瓦行动（UNOCI）	6
联合国停战监督小组（UNTSO）	5
总计	2039

资料来源：联合国 2010 年 12 月 31 日报告。

表 3－12　　美国参与联合国维和行动一览

联合国行动名称	人数
联合国驻海地稳定特派团（MINUSTAH）	53
联合国驻刚果（金）稳定特派团（MONUSCO）	2
联合国援助伊拉克特派团（UNAMI）	4
联合国驻利比亚特派团（UNMIL）	19
联合国苏丹特派团（UNMIS）	6
联合国停战监督小组（UNTSO）	3
总计	87

资料来源：联合国 2010 年 12 月 31 日报告。

从表 3－11、表 3－12 的对比可以看出，目前中国参与 10 项联合国维和行动，投入总人力为 2039 人。美国参与联合国 6 项维和任务，投入人力为 87 人。从参与维和行动的范围与投入人数来看，中国都远远超过美国。从中国对于联合国维和行动的实际参与来看，中国作为国际社会负责任大国的形象是有目共睹的。在美国参与的 6 项联合国维和行动中，其中有 5 项是由中美两国以及其他一些国家共同参与的，这也是中美等国为维护世界和平与稳定而密切合作的生动证明。

三　环境领域

联合国十分关注全球环境问题。1968 年第二十三届联合国大会首次讨论了人类环境问题并通过相关决议。1972 年 6 月 5—16 日，在瑞典首都斯德哥尔摩召开了第一次联合国人类环境会议，有 113 个国家的 1300 多名代表参加，其中包括中国的代表。与会代表一致同意将每年的 6 月 5

日定为“世界环境日”。会议通过的《斯德哥尔摩人类环境宣言》是保护全球环境方面的第一份历史性的文献。它提出了世界各国在环境保护方面所应采取的共同观点和共同原则，成为世界各国在环境保护方面的权利和义务的总宣言。1973 年 1 月，联合国环境署正式成立，总部设在内罗毕。1983 年 11 月，联合国大会建立了世界环境与发展委员会（WCED，亦称布伦特兰委员会）。1987 年 10 月 19 日，该委员会向第四十二届联合国大会提交了题为“我们共同的未来”报告，报告明确提出了“可持续发展”的思想。1992 年 6 月 3—14 日，联合国环境与发展会议在巴西里约热内卢举行。里约会议是 1972 年联合国人类环境会议之后举行的同类世界环境与发展问题规模最大、级别最高、影响最为深远的一次会议，其直接成果是通过并签署了《里约环境与发展宣言》《21 世纪议程》《气候变化框架公约》《生物多样性公约》以及《关于所有类型森林问题的不具法律约束的权威性原则声明》等五项重要国际文件。[①] 1997 年 2 月 1 日在日本京都召开《联合国气候变化框架公约》第三次缔约方会议，这次会议通过了限制发达国家温室气体排放量的《京都议定书》。

多年来，中美两国分别基于各自对环境与发展问题的认识参与联合国的相关行动。从两国参与联合国环境公约的情况来看（见表 3－13），中美共同参与的公约有 7 项，其中包括联合国环境发展框架下的三大环境公约：《防治荒漠化公约》《联合国气候变化框架公约》《生物多样性公约》，这表明中美两国在应对环境问题上的努力方向是一致的。同时，由于所处发展阶段的差异，双方在对某些条约的认同上也存在差异，如《远距离越境空气污染公约》和《越境环境影响评估公约》等。

表 3－13　　　　中美参与环境国际公约一览

环境国际公约	中国	美国
《远距离越境空气污染公约》 （1979 年 11 月 13 日）		1979 年 11 月 13 日签署 1981 年 11 月 30 日批准
《维也纳保护臭氧层公约》 （1985 年 3 月 22 日）	1989 年 9 月 11 日批准	1985 年 3 月 22 日签署 1986 年 8 月 27 日批准
《控制危险废物越境转移及其处置巴塞尔公约》 （1989 年 3 月 22 日）	1990 年 3 月 22 日签署 1991 年 12 月 17 日批准	1990 年 3 月 22 日签署

① 李铁成主编：《走近联合国》，第 203—209 页。

续表

环境国际公约	中国	美国
《越境环境影响评估公约》（1991 年 2 月 25 日）		1991 年 2 月 26 日签署
《保护与使用越境水道和国际湖泊公约》（1992 年 3 月 17 日）		
《工业事故越境影响公约》（1992 年 3 月 18 日）		
《联合国气候变化框架公约》（1992 年 5 月 9 日）	1992 年 6 月 11 日签署 1993 年 1 月 5 日批准	1992 年 6 月 12 日签署 1992 年 10 月 15 日批准
《生物多样性公约》（1992 年 6 月 5 日）	1992 年 6 月 11 日签署 1993 年 1 月 5 日批准	1993 年 6 月 4 日签署
《波罗的海、东北大西洋、爱琴海、北海小鲸目动物保护协定》（1992 年 3 月 17 日）		
《防治荒漠化公约》（1994 年 10 月 14 日）	1994 年 10 月 14 日签署 1997 年 2 月 18 日批准	1994 年 10 月 14 日签署 2000 年 11 月 17 日批准
《禁止非法买卖野生动植物合作执法行动卢萨卡协定》（1994 年 9 月 8 日）		
《国际水域非航行利用海洋法公约》（1997 年 5 月 21 日）		
《环境事务中的信息公开、公正参与决策以及谋求正义公约》（1998 年 6 月 25 日）		
《国际贸易中某些有害化学品与杀虫剂预先知情同意程序鹿特丹公约》（1998 年 9 月 10 日）	1999 年 8 月 24 日签署 2005 年 3 月 22 日批准	1998 年 9 月 11 日签署
《斯德哥尔摩持久性有机污染物公约》（2001 年 5 月 22 日）	2001 年 5 月 23 日签署 2004 年 8 月 13 日批准	2001 年 5 月 23 日签署
《工业事故导致跨界水域损害的民事责任与赔偿议定书》（2003 年 5 月 21 日）		

美国一直是全球最大的温室气体排放国，它理应在温室气体减排方面承担自己的责任。与其前任政府相比，2001 年开始执政的布什政府在这个问题上的立场出现了退步。它退出了克林顿政府于 1998 年签署的《京都议定书》，其所宣称的理由是：签署《京都议定书》会给美国的经济带

来损害，该议定书没有限制中国和印度的二氧化碳排放量是有缺陷的。[①]也正是从这时起，中美之间在环境问题上的分歧突出出来。2007 年 12 月联合国气候变化大会在印度尼西亚巴厘岛举行。在这次会议上，发展中国家与发达国家之间的分歧充分暴露：发展中国家认为，由于各国在经济发展水平、历史责任以及当前人均排放量上的差异，发展中国家不应也不能承担与发达国家同样的减排责任；一些发达国家在减排问题上对中国、印度和巴西等发展中大国提出了苛刻要求，而它们在向发展中国家提供资金和技术支持等方面却并不积极。[②]

2009 年 12 月，联合国气候峰会在哥本哈根举行。在这次会议上，发展中国家在哥本哈根会议上做出了比较明确的量化减排行动，相对于 2005 年，2020 年单位 GDP 温室气体减排量，印度为 20%—25%，中国为 40%—45%，其他国家也做了相应的承诺。按照巴厘路线图的要求，到 2020 年，发达国家应该相对于 1990 年的排放水平减排 25%—40% 以上。中国要求发达国家减排 40% 以上，而发达国家的承诺最高是 30%，平均只有 16%，不到巴厘路线图要求的 25%。奥巴马承诺美国的目标为 17%，显然低于 25%—40% 的要求。美国把基准年变成 2005 年，如果换算到 1990 年，美国实际减排只有 3%。[③]哥本哈根气候峰会上的争执表明，在应对气候变化问题上，发达国家与发展中国家的分歧已经常态化，这种分歧也是导致哥本哈根气候峰会最终没有达成任何实质性协议的根本原因。它也预示着中美在联合国框架下在环境问题上的合作任重而道远。

---

① Bush: Kyoto Treaty Would Have Hurt Economy, http: //www. msnbc. msn. com/id/8422343/ns/politics/t/bush-kyoto-treaty-would-have-hurt-economy/.

② 李铁成：《走近联合国》，第 233 页。

③ 潘家华：《哥本哈根气候会议的争议焦点与反思》，http: //www. weather. com. cn/static/html/article/20100321/204819_ 1. shtml。

第四章　国际多边人权机制下的中美互动

第一节　“人权”观念的沿革与国际多边人权机制的建立

“人权”观念源自西方，在其悠长的发展历程中，英国的《大宪章》、美国的《独立宣言》以及法国的《人权宣言》都是标志着它的丰富与发展的精彩篇章。随着联合国的成立，特别是《世界人权宣言》的发表，人类促进人权、保护人权的努力步入了一个崭新的阶段。但是，在联合国多边人权机制中，推动人权发展的道路可以说一直交织着一致与分歧、合作与斗争，这一点在中美两国之间亦表现得十分突出。对比中美两国签署、批准国际人权公约的情况不失为深入探讨中美人权关系的可取视角。

“人权”观念有其悠久的渊源和丰富的内涵，它最早可以追溯到古希腊哲学家亚里士多德的自然法观点，这一观点强调：“自然法决定人的行动和推理能力。动物的标志是它们盲目地服从它们的自然癖性，人的标志是他们利用意志和推理，并通过它们来发现自然法。自然法通过人的推理转变为人的共同意志。”自然法观念成为后世思想家引申出自然权利即“天赋人权”观点的基础。[①] 13 世纪发轫于意大利的文艺复兴运动，在西欧各国不断扩展，于 16 世纪在欧洲掀起一场思想文化运动。这场思想文化运动弘扬了人文主义精神：主张“人性”解放，反对“神性”，肯定人权，反对神权。18 世纪发端于英国的启蒙运动，迅速波及法国、德意志、俄国等欧洲国家，这场运动进一步深化、发展了文艺复兴时期的人文主义思想，其重点强调“自由、平等、博爱”和“法律面前人人平等”等观念。

① 转引自周琪主编《人权与外交》，时事出版社 2002 年版，第 4 页。

最早的人权文献可以追溯到1251年英国的《大宪章》，它诞生于被称为“黑暗时代”的中世纪，《大宪章》的主要内容是要求限制王权，而给予贵族权利。尽管《大宪章》所赋予权利的主体仅限于自由人，而不是所有人，但从保护个人、对抗王权专制的角度来看，它无疑体现了重大进步。美国重要的立国文献之一《独立宣言》宣称：“我们认为下述真理是不言而喻的：人人生而平等，造物主赋予他们若干不可让与的权利，其中包括生存权、自由权和追求幸福的权利。”①《独立宣言》中有关人权的内容，后来以“权利宪法”的形式被载入1791年美国宪法。马克思把《独立宣言》誉为“人类历史上第一个人权宣言”。1789年，法国颁布了《人权宣言》，第一次使用了“人权”这种表达方式，在人权思想发展史上开辟了一个新的篇章。②

国际社会对于人权问题的普遍关注还有赖于1945年10月联合国的成立。作为联合国组织的总章程，《联合国宪章》的序言部分开篇就写道，“我联合国人民同兹决心欲免后世再遭今代人类两度身历惨不堪言之战祸，重申基本人权，人格尊严与价值，以及男女与大小各国平等权利之信念……”③ 在《联合国宪章》的正文中共有七处提及人权及基本自由④。

① *The Declaration of Independence*, http://www.archives.gov/exhibits/charters/declaration_transcript.html.

② 王杏芳主编：《联合国重大决策》，当代世界出版社2001年版，第343—344页。

③ 《联合国宪章》，http://www.un.org/zh/documents/charter/preamble.shtml。

④ 如《联合国宪章》第1条规定：“促成国际合作，以解决国际间属于经济、社会、文化及人类福利性质之国际问题，且不分种族、性别、语言或宗教，增进并激励对于全体人类之人权及基本自由之尊重。”第13条规定：“大会应发动研究，并作成建议：……以促进经济、社会、文化、教育及卫生各部门之国际合作，且不分种族、性别、语言或宗教，促成全体人类之人权及基本自由之实现。”第55条规定：“为造成国际间以尊重人民平等权利及自决原则为根据之和平友好关系所必要之安定及福利条件起见，联合国应促进：较高之生活程度，全民就业，及经济与社会进展；国际间经济、社会、卫生及有关问题之解决；国际间文化及教育合作；全体人类之人权及基本自由之普遍尊重与遵守，不分种族、性别、语言或宗教。”第56条规定：“各会员国担允采取共同及个别行动与本组织合作，以达成第五十五条所载之宗旨。”第62条规定：“经济及社会理事会得作成或发动关于国际经济、社会、文化、教育、卫生及其他有关事项之研究及报告；并得向大会、联合国会员国及关系专门机关提出关于此种事项之建议案。本理事会为增进全体人类之人权及基本自由之尊重及维护起见，得作成建议案。”第68条规定：“经济及社会理事会应设立经济与社会部门及以提倡人权为目的之各种委员会，并得设立于行使职务所必需之其他委员会。”第76条规定：“托管制度之基本目的应为：不分种族、性别、语言或宗教，提倡全体人类之人权及基本自由之尊重，并激发世界人民互相维系之意识。”参见《联合国宪章》，http://www.un.org/zh/documents/charter/。

尽管《联合国宪章》有多处有关人权的规定，但始终没有对“人权”概念加以界定，有关人权内容的规定也过于笼统。为了更好地保护和促进人权，由联合国设立专门的人权机构、出台一份正式的人权文件已经势在必行。

自1947年1月开始，联合国经济社会理事会下属的专门负责人权事务的委员会——人权委员会着手起草一项人权法案。1948年12月10日，联合国大会对人权委员会起草并经联合国第三委员会审查的人权法案草案进行正式表决，该草案以48票赞成、一票弃权（苏联）获得了通过，《世界人权宣言》诞生了。1950年，联合国大会决定将每年的12月10日定为“世界人权日”。

《世界人权宣言》首先肯定了“天赋人权”的观点，它规定，“人人生而自由，在尊严和权利上一律平等。他们赋有理性和良心，并应以兄弟关系的精神相对待”。接着，它表明了人权的普遍性，即“人人有资格享受本宣言所载的一切权利和自由，不分种族、肤色、性别、语言、宗教、政治或其他见解、国籍或社会出身、财产、出生或其他身份等任何区别。并且不得因一人所属的国家或领土的政治的、行政的或者国际的地位之不同而有所区别，无论该领土是独立领土、托管领土、非自治领土或者处于其他任何主权受限制的情况之下”。《世界人权宣言》所规定的人权包括生存权、自由权、平等权、受教育权、财产权等，涵盖了人之所以为人所应享有的方方面面的权利。联合国的成立，特别是《世界人权宣言》的发表，标志着人类促进人权、保护人权的努力步入了一个崭新的阶段。

为了更好地促进和保护人权，联合国建立了一系列多边国际机制。这些多边机制主要包括：（1）人权委员会与人权理事会。1946年，联合国经济社会理事会设立了一个专门的人权机构：人权委员会（United Nations Commission on Human Rights）。2006年3月15日，第60届联合国大会通过第60/251号决议，成立人权理事会（United Nations Human Rights Council），取代人权委员会；人权小组会与人权理事会咨询委员会根据经济社会理事会1946年6月21日第9（Ⅱ）号决议，联合国人权委员会设立“防止歧视和保护少数小组委员会”（Sub-Commission on Prevention of Discrimination and Protection of Minorities）。1999年7月27日，经济社会理事会决定将其更名为“促进和保护人权小组委员会”（Sub-Commission on the Promotion and Protection of Human Rights，简称“人权小组会”）。人权小组会是人权委员会的下属机构，其主要职能是对有关重要人权问题进行研究并向人权委员会提出报告。人权小组会由26名以个人身份工作的独立专家组成。人权理事会成立后，决定成立人权理事会咨询委员会（Human Rights Council Advisory Committee）取代人权小组会。该咨询委员会基本继承人权小组会的职能，负责从事人权专题研究并向理事会提出咨询意见，委员会由18名独立专家组成。（2）人权理事会特别机制。自20世纪60年代末以来，联合国人权委员会陆续设立了一些特别报告员、秘书长特别代表、独立专家和由专家组成的工作组，统称为“联合国人权特别机制”（UN Human Rights Special Procedures）。根据授权，这些机制分为两类，一类为国别机制（Country Mandate），负责调查和监督某一国家或地区的人权状况。另一类为专题机制（Thematic Mandate），主要对某一特定人权问题开展研究。人权理事会继承了人权委员会特别机制，更名为人权理事会特别机制（Special Procedures of the Human Rights Council）。截至2011年7月，共有苏丹、缅甸、朝鲜、伊朗等9个国别机制。截至2011年7月，共有住房权、教育权、言论自由等33个专题机制。（3）联合国人权事务高级专员（UN High Commissioner for Human Rights，简称“人权高专”）及其办公室（Office of the High Commissioner for Human Rights）。人权高专根据1993年联合国大会第48/141号决议设立，是联合国系统内负责人权事务的最高行政长官，为副秘书长级。由联合国秘书长任命，经联合国大会核准产生。人权高专主要负责协调联合国在人权领域的活动，任期四年，可连任一次。　（4）人权条约机构（Treaty-based Bodies）。条约机构系根据核心人权公约规定设立，由独立专家组成，负责监督公约执行情况。联合国现有九大核心人权公约，相应设有九个条约机构，分别是：监督《公民权利和政治权利国际公约》执行的人权事务委员会，监督《经济、社会及文化权利国际公约》执行的经济、社会及文化权利委员会，监督《消除一切形式种族歧视国际公约》执行的消除种族歧视委员会，监督《消除对妇女一切形式歧视公约》执行的消除对妇女歧视委员会，监督《禁止酷刑和其他残忍、不人道或有辱人格的待遇或处罚公约》执行的禁止酷刑委员会，监督《儿童权利公约》执行的儿童权利委员会，监督《保护所有移徙工人及其家庭成员权利国际公约》执行的移徙工人委员会，监督《残疾人权利公约》执行的残疾人权利委员会，监督《保护所有人免遭强迫失踪国际公约》执行的强迫失踪委员会。条约机构主要工作包括审议缔约国定期提交的履约报告，提出结论性意见；发表对公约条款内容的一般性评论。人权事务委员会、消除种族歧视委员会、消除对妇女歧视委员会、禁止酷刑委员会、残疾人权利委员会还有权受理个人申诉。（5）非政府组织委员会（Committee on Non-Governmental Organizations）。非政府组织委员会系联合国经济社会理事会（以下简称“经社会”）下属常设委员会，根据经社会决议于1946年成立，该委员会是联合国系统内唯一审议非政府组织申请联合国经社会咨商地位、讨论制定非政府组织行为规范等问题的机构。每年召开两次会议。根据联合国经社会1996/31号决议有关规定，经社会咨商地位分三类：全面、特别和名册。获得咨商地位的非政府组织可以以观察员身份列席经社会及其下属机构会议。截至目前，共有3591个非政府组织获得经社会咨商地位。这些多边机制是国际社会为推动人权事业而不断努力的证明，也是其促进和保护人权的保障。

综上所述，人类追求人权走过了漫长而艰辛的历程，而今促进和保护人权已经成为联合国的主要议题之一，也是国际社会为之共同努力的目标之一。尊重与保护人权已经成为当今时代的潮流。中美两国在国际多边人权机制下的互动正是在这样的背景下展开。

第二节　中美两国在人权观上的一致与分歧：国际人权条约的视角

众所周知，实现人权的历程漫长而曲折，一致与分歧、合作与斗争始终伴随着这一历程，这一点在中美两国之间表现得十分突出。2011年1月18—21日，中国国家主席胡锦涛应美国总统奥巴马的邀请，对美国进行国事访问。访问期间，中美两国发表联合声明。在人权问题上，“双方重申，尽管两国在人权问题上仍然存在重要分歧，但双方都致力于促进和保护人权。美方强调，促进人权和民主是美国外交政策的重要组成部分。中方强调，不应干涉任何国家的内政。中美强调，各国及各国人民都有权选择自身发展道路，各国应相互尊重彼此选择的发展模式。双方本着平等和相互尊重的精神处理人权问题上的分歧，按照国际文书促进和保护人权，并同意在第三轮中美战略与经济对话前举行下一轮中美人权对话”。①

① 《中华人民共和国与美利坚合众国联合声明》，2011年1月19日，华盛顿。

从中可以看出，中美两国在人权问题上的一致与分歧并存。那么，中美两国在国际多边人权机制中各自处于什么位置，在人权问题上，它们的一致与分歧究竟如何？对比中美两国签署、批准国际人权公约的情况不失为一个透视、回答这些问题的可取视角。

表4－1　　中美签署、批准人权公约的情况①

人权国际公约	中国	美国
《预防和惩治灭绝种族罪公约》（1948年12月9日巴黎）	1949年7月20日签署 1983年4月18日批准	1948年12月11日签署 1988年11月25日批准
《消除一切形式种族歧视国际公约》（1966年3月7日纽约）	1981年12月29日批准	1966年9月28日签署 1994年10月21日批准
《经济、社会、文化权利国际公约》（1966年12月16日纽约）	1997年10月27日签署 2001年3月27日批准	1977年10月5日签署
《公民权利、政治权利国际公约》（1966年12月16日纽约）	1998年10月5日签署	1977年10月5日签署 1992年6月8日批准
《公民权利、政治权利国际公约任择议定书》（1966年12月16日纽约）		
《战争罪及危害人类罪不适用法定时效公约》（1968年11月26日纽约）		
《禁止、惩治种族隔离罪国际公约》（1973年4月18日纽约）	1983年4月18日签署	
《消除对妇女一切形式歧视公约》（1979年12月18日纽约）	1980年7月17日签署 1980年11月4日批准	1980年7月17日签署
《禁止酷刑和其他残忍、不人道或有辱人格的待遇或处罚公约》（1984年12月10纽约）	1986年12月12日签署 1988年10月4日批准	1988年4月18日签署 1994年10月21日批准

① United Nations Treaty Collection, Chapter Ⅳ Human Rights, http://treaties.un.org/pages/Treaties.aspx? id＝4&subid＝A&lang＝en. 联合国网站提供的资料显示，有关人权的国际公约主要有16项，其中中国参加的有10项。而据中国首部《人权蓝皮书》披露，“根据最新的统计，中国已参加27项国际人权条约。其中，中国已经加入并正式批准的国际人权公约包括：《关于战俘待遇之日内瓦公约》《消除对妇女一切形式歧视公约》《关于难民地位的公约》等国际人权条约。最近加入的国际人权条约，是2009年12月26日加入的《〈联合国打击跨国有组织犯罪公约〉关于预防、禁止和惩治贩运人口特别是妇女和儿童行为的补充议定书》”。笔者认为，两个统计数据是源于分类方法上的差异，《人权蓝皮书》所列的《关于战俘待遇之日内瓦公约》《消除对妇女一切形式歧视公约》《关于难民地位的公约》《〈联合国打击跨国有组织犯罪公约〉关于预防、禁止和惩治贩运人口特别是妇女和儿童行为的补充议定书》等几项国际人权公约都没有包含在“联合国条约第四章人权”之内。本书则是以“联合国条约第四章人权”所提供的材料为依据对中美参与人权公约的情况进行对比。

续表

人权国际公约	中国	美国
《反对体育领域种族隔离国际公约》（1985年12月10日纽约）	1987年10月21日签署	
《儿童权利公约》（1989年11月20日纽约）	1990年10月21日签署 1992年3月2日批准	1995年2月16日签署
《公民权利和政治权利国际公约旨在废除死刑的第二任择议定书》（1989年12月15日纽约）		
《保护所有移徙工人及其家庭成员权利国际公约》（1990年12月18日纽约）		
《建立拉美及加勒比土著居民发展基金协定》（1992年7月24日马德里）		
《残疾人权利公约》（2006年12月13日纽约）	2007年3月30日签署 2008年8月1日批准	2009年7月30签署
《保护所有人免遭强迫失踪国际公约》（2006年12月20日纽约）		

资料来源：本表根据联合国网站（http：//www. un. org/en/）提供的材料制作。

从表4－1可以看出，在16项国际人权公约中，中美两国共同参与（签署或批准）的国际人权条约有8项。两国都没有参与的国际人权条约有6项，二者之和占全部16项国际人权公约的87.5%。从这个角度来看，中美在国际人权问题上的立场一致大于分歧。但该表的确反映出中美两国之间的差异，如美国分别于1977年、1980年、1995年、2009年签署了《经济、社会、文化权利国际公约》《消除对妇女一切形式歧视公约》《儿童权利公约》《残疾人权利公约》等，但至今尚未批准这些条约；而中国则分别于2001年、1980年、1992年、2008年批准了上述四项条约。而且，中国分别于1983年、1987年签署了《禁止、惩治种族隔离罪国际公约》《反对体育领域种族隔离国际公约》，而美国至今尚未签署这两项条约。不过，美国签署并批准了《公民权利、政治权利国际公约》，而中国签署了该项条约，但尚未批准。总体来看，就对国际人权公约的认同程度与实践参与程度来看，中国远远高于美国。相应地，在联合国人权框架下推动人权事业的努力，中国走在美国的前面。同时表4－1显示，中美两国在针对具体人权条约的立场上存在分歧，而这些分歧主要源于两国在人权观念上的分歧，具体地说主要包括以下几个方面。

（1）人权与主权之争。人权是几个世纪以来人类共同追求的目标。两次世界大战后，特别是随着联合国的成立，国际社会对人权的关注日益增多。国际多边人权机制的相继建立，浩如烟海的国际人权文件的出台，这一切都是国际社会重视人权问题的证明。但是，《联合国宪章》只明确规定了“会员国主权平等的原则”，对于“联合国干涉”则持保留态度，如它规定，“本宪章不得认为授权联合国干涉在本质上属于任何国家国内管辖之事件，且并不要求会员国将该项事件依本宪章提请解决；但此项原则不妨碍第七章内执行办法之适用”。对于限制“联合国干涉”的例外情况，《联合国宪章》规定：安全理事会得决定所应采武力以外之办法，以实施其决议，并得促请联合国会员国执行此项办法。此项办法得包括经济关系、铁路、海运、航空、邮、电、无线电及其他交通工具之局部或全部停止，以及外交关系之断绝（第四十二条）。安全理事会如认为第四十一条所规定之办法为不足或已经证明为不足时，得采取必要之空海陆军行动，以维持或恢复国际和平及安全。此项行动得包括联合国会员国之空海陆军示威、封锁及其他军事举动（第四十二条）。[①] 一国国内发生的冲突是否构成对人权的侵犯，以及这种冲突是否构成“对于和平之威胁、和平之破坏及侵略行为”，其判断标准是什么，《联合国宪章》未作明确规定，“人权”与“主权”由此成为国际政治领域一个争论不休的问题。

在人权与主权的关系问题上，中美之前存在分歧，而且这种分歧一定程度上是由于美国在这个问题上奉行双重标准的结果。换言之，在看待别国的主权与人权的关系时，美国坚持“人权高于主权”，而在对待自己本国的主权与人权的关系时，它则坚持主权高于人权。

在国际政治领域，美国一直奉行本国的主权高于一切的信条。美国至今尚未签署或批准一些国际人权公约，而且还对有些签署、批准的公约提出“保留”“谅解”“声明”等，都反映出其强烈的主权意识。布什政府对国际刑事法庭所采取的抵制立场则又是一个典型例证。2002 年 5 月 6 日，布什政府宣布退出旨在建立国际刑事法庭的《罗马规约》。2002 年 7 月 1 日，国际刑事法庭成立后，布什政府及美国国会还采取一系列措施削弱国际刑事法庭的功能，这些措施包括：布什总统签署《美国公职人员保护法》，该法旨在限制美国政府对国际刑事法庭的支持与协助；削减对于许多加入《罗马规约》的国家的军事援助；调整美国对 2003 年 7 月 1

① 《联合国宪章》，http：//www. un. org/zh/documents/charter/preamble. shtml。

日后启动的联合国维和使命的参与；授权美国总统采取一切必要、适宜的手段使美国或盟国的可能被国际刑事法庭羁押或审判的人员获释。[①] 与此相关，布什政府由于未能同一些盟国达成使美国公民享有豁免特权的双边协定而对这些国家实施制裁。这些国家拒绝签署这种双边协定的原因不仅在于它们担心违背其对《罗马规约》所承担的义务，而且还担心在其境内的美国人会凌驾于它们本国公民所遵守的法律之上。面临美国制裁的许多国家曾一度希望通过就不将美国公职人员或政府官员移交国际刑事法庭达成妥协，但布什政府坚持这些双边协定要覆盖所有美国人。[②] 布什政府采取的上述立场及措施只是源于它担心国际刑事法庭会被用作对美国人，尤其是美国公职人员，发起“政治动员性清算”的论坛，以及即便美国不是《罗马规约》的参与国，国际刑事法庭仍声称其能够对美国人进行审判，从而削弱美国主权。[③] 这一事实充分证明，在美国看来，美国的主权和美国人的人权高于国际法，也高于他国的法律和人权。布什政府也充分暴露了美国打着“人权高于主权”的旗帜而对他国实施干涉或所谓“人道主义”干涉的虚伪本质。

中国认为，“人权问题主要是一个国家主权范围内的问题。人权的实施必须通过各国的法律来实现，必须靠各国政府根据具体国情制定切实得力措施，保护人权的主要责任也主要在于各国政府，而不能由本国以外的任何势力来代替”。[④] “人权要靠主权来保护，不是人权高于主权，而是没有主权就没有人权。”[⑤] “如果没有独立的主权，发展中国家的人权就没有任何保障。”[⑥]

（2）关于人权的普遍性与特殊性，“在国际人权活动中，美国长期以

① Jennifer K. Elsea, U. S. Policy Regarding the International Criminal Court, http: //www. fas. org/sgp/crs/misc/RL31495. pdf.

② Maggie Gardner, The US Government Position on the ICC: How Sanctions Will Affect US Allies, http: //www. iccnow. org/documents/FS-WICC-BIAanecdotes. pdf.

③ CHRONOLOGY OF US ACTIONS RELATED TO THE INTERNATIONAL CRIMINAL COURT, http: //www. amicc. org/docs/US%20Chronology. pdf.

④ 李铁成、钱文荣主编：《联合国框架下的中美关系》，第412页。

⑤ 引自《1999年10月30日江泽民与阿尔及利亚总统布特弗利卡会谈时的谈话》，http: //news. xinhuanet. com/ziliao/2003－01/20/content_ 696952. htm。

⑥ 引自《1999年10月30日江泽民会见阿尔及利亚议会两院议长时的谈话》，http: //news. xinhuanet. com/ziliao/2003－01/20/content_ 696952. htm。

来一直强调人权的普遍性原则，甚至将这一原则绝对化而否认其特殊性的存在。在美国看来，人权的普遍性体现在《联合国宪章》和《世界人权宣言》当中”。[①]奥巴马总统也强调所谓“人权的普适性”，他说，“美国支持一系列普适的权利。这些权利包括言论自由、和平集会自由、宗教自由、法制之下男女平等以及选择自己的领导人的权利——无论你是住在巴格达还是大马士革、萨那还是德黑兰”。[②] 美国政府坚持人权的普遍性，这就为其评估别国的人权状况并以人权为借口干涉别国内政创造了前提条件。

中国方面认为，人权普遍性的原则必须同各国国情相结合。中国认为，人权具有普遍性。人权的普遍性包括两层含义：第一是指人权主体的普遍性，即人权是一切人，或至少是一个国家的一切公民或一个社会的一切成员，不分种族、肤色、性别、语言、宗教、政见、国籍、社会出身、财产状况、文化水平等，都应当享有的权利；从国际上说，则是所有民族和国家都应当享有的自由和平等权利。第二是指人权原则和人权内容的普遍性。人权的普遍性要求一切人在权利和尊严上的平等。人权所表达的自由平等的价值观，是人类的普遍追求，反映了人类的共同理想。因此，人权的基本原则和内容作为一种基本的价值和目标适用于一切个人，是所有国家和人民都应当努力追求实现的。人权的普遍性不是抽象的，它要通过人权的特殊性表现出来。人权的特殊性是指人权的实现不仅与国际社会的现状相联系，而且与各国所处的一定的社会历史条件相联系，因而从其现实性而言总是不完全的和不完美的。[③]

（3）关于首要人权之争。1948 年 12 月发表的《世界人权宣言》对人权内涵的规定十分丰富，其中列举了 28 项主要人权，[④] 但对于何为首要人权的问题则未加说明。这个问题成为西方发达国家与发展中国家争论的又一个焦点，美国作为最大的西方发达国家，中国作为最大的发展中国

① 李铁成、钱文荣主编：《联合国框架下的中美关系》，第 415 页。

② Barack Obama, “Moment of Opportunity: American Diplomacy in the Middle East & North Africa,” May 19, 2011, http: //www. humanrights. gov/2011/05/20/moment-of-opportunity-american-diplomacy-in-the-middle-east-north-africa/.

③ 《人权普遍性的原则必须同各国国情相结合》，http: //www. humanrights. cn/cn/rqlt/rqll/zgddrqsx/t20061021_ 165980. htm。

④ 王杏芳主编：《联合国重大决策》，第 345 页。

家，双方在这个问题上的分歧尤为严重。如表 4 – 1 所示，美国签署并批准了《公民权利、政治权利国际公约》，但对于其 1977 年既已签署的《经济、社会、文化权利国际公约》至今未予批准；中国签署并批准了《经济、社会、文化权利国际公约》，但对于其 1998 年既已签署的《公民权利、政治权利国际公约》至今尚未批准。究其原因，“在国际人权事件中，美国往往把人权人为地割裂开来。在公民、政治权利和经济、社会、文化权利的关系中，美国往往片面强调前者，而贬低甚至否定后者”。① 与此相关，“在个人权利和集体权利方面，美国也是更多地关注发展中国家的个人权利，强调言论自由、信仰自由、集会结社自由等，对民族自决权、发展权等集体人权则持消极甚至否定立场”。② 而“中国政府坚持以人为本，落实‘国家尊重和保障人权’的宪法原则，既尊重人权普遍性原则，又从基本国情出发，切实把保障人民的生存权、发展权放在保障人权的首要位置，在推动经济社会又好又快发展的基础上，依法保证全体社会成员平等参与、平等发展的权利”。③

中美两国在人权观念上的分歧直接影响着它们在人权问题上的互动。特别是由于“美方强调，促进人权和民主是美国外交政策的重要组成部分。中方强调，不应干涉任何国家的内政”。这就使得中美双方在人权领域的冲突与斗争在所难免。

第三节　美国的人权外交与中美在联合国人权委员会内的斗争

联合国成立以来，特别是冷战结束后，人权问题日益为国际社会、主权国家及其政府以及相关非政府组织和个人所高度关注。但是，人权问题并不是简单的“人的自然权利”保护的问题。“在联合国中围绕着人权原则的斗争，从一开始就同国家利益紧密地联系在一起。”④ 1948 年《世界

① 李铁成、钱文荣主编：《联合国框架下的中美关系》，第 419 页。

② 同上。

③ 中华人民共和国国务院新闻办公室：《国家人权行动计划（2009—2010 年）》，http: // www. humanrights-china. org/cn/rqsy/tj/1/t20090413_ 438878. htm。

④ 范国祥：《评西方的人权外交和人权思想》，周琪主编：《人权与外交》，第 86 页。

人权宣言》中“自决权”的缺失，《经济、社会、文化权利国际公约》与《公民权利、政治权利国际公约》分别通过，以及围绕“发展权”的争议等都反映了西方与发展中国家之间的利益博弈。从这个角度来看，人权不单单是法律范畴的问题，而是国际关系的一部分。当今国际政治舞台上，将人权引入外交政策并积极推动人权外交，美国是突出的代表。“美国的人权外交政策表明，美国不仅要在国内保护和扩大美国人所尊崇的人权，而且要在世界上追求人权，把美国人的自由、权利价值和民主制度推广到全世界。”①

美国的人权外交缘起何处？这是一个存有争议的问题。有中国学者认为，“探寻美国人权外交的轨迹，可以追溯到本世纪初美国第28任总统（1912—1920）伍德罗·威尔逊的‘理想主义’人权外交”。这种观点认为，“威尔逊时代的美国，已经进入垄断资本主义阶段并开始步入世界政治舞台。它虽有经济大国之称，并有称霸世界的野心，但在政治和军事上还难以与欧洲列强一争高低　于是，威尔逊就利用美国的经济优势，提出‘理想主义’人权外交来与欧洲的强权政治竞争”。② 有美国学者则认为，在美国历史上，人权一直在美国的外交政策中发挥着作用，原因在于美国是建立在宣称自由和个人权利的宪法和权利法案的基础之上。但是直到“二战”后美国成为一个超级大国之后，美国政府才有望界定其在国际舞台上的地位。罗斯福曾提出“四大自由”，肯尼迪在其就职演说中提到人权，但是，直到20世纪70年代末，人权才明确成为美国外交政策的组成部分。其标志是吉米·卡特声称人权是美国外交政策的“核心事务”。③而美国国务院公开发表的信息也证实，20世纪70年代初美国代表国际人权标准发表意见的责任就已经确定了。④

在美国国会的推动下，20世纪70年代以来，美国对外政策中日益突

① 周琪主编：《意识形态与美国外交》，上海人民出版社2006年版，第337页。

② 张宏毅主编：《美国人权与人权外交》，人民出版社1993年版，第40页。

③ ROBERTA COHEN, INTEGRATING HUMAN RIGHTS IN US FOREIGN POLICY: THE HISTORY, THE CHALLENGES, AND THE CRITERIA FOR AN EFFECTIVE POLICY, http://www.brookings.edu/-/media/Files/rc/speeches/2008/04_human_rights_cohen/04_human_rights_cohen.pdf.

④ U. S. Department of State, *Preface to Country Reports on Human Rights Practices for* 1994, http://dosfan.lib.uic.edu/ERC/democracy/1994_hrp_report/94hrp_report_preface.html.

出人权问题。1976年，美国国会通过立法在国务院设立了人权协调员一职，其后该职位晋升为副国务卿级别。1994年，国会又设立了妇女权利高级顾问职位。国会还将美国的对外贸易政策要考虑对象国的人权和劳工的权利状况以及国别人权状况要按年度向国会提交等写入法律，使之成为正式的要求。① 从美国政府来看，1977年就任的美国第39任总统卡特非常重视人权。上任后，他将人权确定为美国外交中的主要内容。在一次公开演讲中，卡特说，"我们重申美国承诺将人权作为我们的外交政策的基本信条"。②

作为美国政府与国会在人权问题上紧密合作的结果，1977年美国国务院向国会提交了第一份国别人权状况报告。根据《1961美国对外援助法》502B（b）和116（d）项的修正案 和《1974年美国对外贸易法》504项修正案的相关规定，美国国务卿每年1月31日前要向美国众议院议长和参议院外委会提供一份国际公认的全面、完整的人权状况报告，报告覆盖接受美国援助的国家及其他联合国成员国。③ 1977年美国的国别人权报告对82个接受美国援助的国家1976年的人权状况作出了评估，此后，美国国别人权报告所覆盖的国家不断增多，到1994年，其国别人权报告所覆盖的国家和地区增加到了193个。④

在20世纪70年代末美国国务院发表的"国别人权报告"中都没有涵盖中国。1979年1月中美正式建立外交关系，美国对中国人权的关注也随之增多。美国国务院曾发表声明"批判"中国政府对所谓"持不同政见者"所采取的行动，并在1980年的年度人权报告中第一次将中国包括在内。这样，人权问题开始在中美关系中浮现出来。⑤"计划生育问题""西藏问题""持不同政见者"等成为引发中美之间斗争的主要问题。不过，20世纪七八十年代，美国对华政策受冷战，特别是大三角战略的影响，人权问题并没有成为中美关系中的主要问题。但是，"1989年春夏之交的北京政治风波以及在此前后所发生的东欧剧变和苏联解体使人权问题

① U. S. Department of State, *Preface to Country Reports on Human Rights Practices for* 1994.

② Jimmy Carter, *Human Rights and Foreign Policy*, http://teachingamericanhistory.org/library/index.asp? document=727.

③ *Human Rights Reports*, http://www.state.gov/g/drl/rls/hrrpt/.

④ U. S. Department of State, *Preface to Country Reports on Human Rights Practices for* 1994.

⑤ 李铁成、钱文荣主编：《联合国框架下的中美关系》，人民出版社2006年版，第385页。

在中美关系中突出出来”。[①] 老布什政府时期宣布对中国实施制裁，克林顿政府时期将中国的最惠国待遇与人权挂钩等都是美国对华推行人权外交的突出表现。

在国际多边领域，美国推行对话人权外交的突出表现则是连续在联合国人权委员会抛出“反华”人权议案。在2006年被人权理事会替代之前，联合国人权委员会作为联合国主要人权机构，成为中美人权斗争的主战场。1946年成立的人权委员会最初由18个成员国组成，1979年增加到43国，1992年又增加到53国。人权会成员国由经济社会理事会按照公平地域原则选举产生，任期三年，每年改选其中的1/3成员国，可连选连任。根据人权会的议事规则，人权会在就某一国别人权提案进行表决之前，如果有成员国对该提案提出“不采取行动”动议，则人权会将先就该动议进行表决，如果该动议获得简单多数支持，则相关提案不再交付表决。相反，如果“不采取行动”动议没有得到简单多数支持，则人权会将就相关提案进行表决。在人权会上，中国多次使用“不采取行动”动议挫败了反华人权提案。

在1990年年初的第46届人权会上，中国首次遭遇反华人权提案的挑战。在这次人权会上，美国与英、法、德、西、比、日等15个成员国及3个非成员国共同提出了“中国的人权状况”决议草案，敦促中国政府采取步骤充分尊重人权，并要求联合国秘书长向下一届人权会提供新情况。[②] 由此开启了中美在联合国人权会长达16年的斗争历史。如表4－2所示，自1990年以来，美国（或与其他西方国家一道）在人权会上先后11次提出“反华人权”议案，但每次都以失败而告终。

表4－2　1990—2004年中国在联合国人权委员会挫败反华提案情况[③]

年份	表决动议或提案	投票情况
1990	“不采取行动”动议	17票赞成　15票反对　11票弃权

① 陶文钊主编：《冷战后的美国对华政策》，重庆出版集团、重庆出版社2006年版，第183页。

② 李铁成、钱文荣主编：《联合国框架下的中美关系》，第388页。

③ Chronology of Defeats of Anti-China Human Rights Attempts，http：//china. org. cn/english/international/93203. htm.

续表

年份	表决动议或提案	投票情况
1992	“不采取行动”动议	27票赞成　15票反对　10票弃权
1993	“不采取行动”动议	22票赞成　17票反对　12票弃权
1994	“不采取行动”动议	20票赞成　16票反对　17票弃权
1995	“不采取行动”动议 “中国的人权状况”提案	22票赞成　22票反对　9票弃权 20票赞成　21票反对　12票弃权
1996	“不采取行动”动议	27票赞成　20票反对　6票弃权
1997	“不采取行动”动议	21票赞成　17票反对　9票弃权
1999	“不采取行动”动议	21票赞成　17票反对　14票弃权
2000	“不采取行动”动议	22票赞成　18票反对　12票弃权
2001	“不采取行动”动议	23票赞成　17票反对　12票弃权
2004	“不采取行动”动议	28票赞成　16票反对　9票弃权

资料来源：本表主要根据中国网（http：//china.org.cn）提供的材料制作。

20世纪90年代以来，随着国际形势发生重大变化，中国成为美国等西方国家发动人权攻势的主要目标。表4－2还显示出，美国在人权会上提出“反华人权”议案这种做法具有持续性特征。一定程度上可以说，这是由美国外交的连续性特点决定的。由此可以判断，中美两国在人权领域的斗争是长期的。

与此同时也应该看到，尽管“人权问题现在是美国外交政策的固定部分……但是在一定的时期内人权被放在美国外交政策的什么位置上，任何一届美国政府可能在人权的名义下采取什么具体行动，关于这些问题仍然存在相当大的模糊性”。[①] 从表4－2可以看出，美国分别在1991年、1998年、2002年、2003年、2005年没有在联合国人权会上提交“反华人权”议案。这种变化表明，美国推行人权外交的过程中也会有变化，这“意味着人权问题可能被强调，也可能被忽视，追求人权可能通过单边主义也可能通过多边主义方式，人权问题既可能被当作头等重要的事情，也可能明显从属于根本权力和传统安全来定义的美国利己主义”。[②]

美国在联合国人权会上提出“反华人权”议案给中美两国在联合国

① 周琪主编：《人权与外交》，第107页。

② 同上书，第144页。

其他机构的合作带来不利影响。如表 4 - 3 所示①，1997—2008 年，中美在联合国大会关于人权问题一致表决外投票的相同率一直很低，这主要是由中美两国在人权问题上的严重分歧造成的，特别是美国在人权会上连续提出“反华人权”议案所导致的结果。在美国提出“反华人权”议案的年份，中美在联合国大会关于人权问题的投票相同率甚至降低为“零”。这表明人权问题已经构成发展中美关系的障碍，它也意味着，在加强在人权问题上的交流与沟通方面，中美还有许多工作要做。

表 4 - 3　中美在联合国大会人权领域一致表决外投票的相同率一览

年份	1997	1998	1999	2000	2001	2002
百分比	0.0	0.0	6.7	0.0	0.0	15.4
年份	2003	2004	2005	2006	2007	2008
百分比	15.0	10.5	13.6	4.3	12.0	4.2

资料来源：本表根据美国国务院网站提供的相关信息制作。

2006 年 3 月 15 日，第 60 届联合国大会通过第 60/251 号决议，成立人权理事会，取代人权委员会。随着人权委员会使命的终止，中美在人权委员会内部的斗争也因此而告一段落。人权理事会是联合国大会附属机构，它由 47 个成员国组成。在联合国人权理事会框架下，普遍定期审议机制（UPR）所发挥的作用十分重要。该机制根据联合国大会于 2006 年 3 月 15 日通过的第 60/251 号决议确立，它是一个独特的程序，该程序每四年对联合国 192 个成员国的人权记录进行一次审议。普遍定期审议是一个由人权理事会主持并由国家主导的程序，每个国家借此机会报告其为改善国内人权状况而采取的行动及其履行人权义务的情况。作为人权理事会的一个重要特色：普遍定期审议旨在确保一视同仁地评估每个国家的人权状况。

中国赞同联合国人权理事会的成立，并积极支持它的工作。中国参与了人权理事会的首届成员国竞选，并赢得了一个席位。2009 年，中国竞选连任获得成功，任期持续到 2012 年。布什政府对人权理事会持怀疑态

① Voting Practices in the United Nations，（1997 - 2008），http：//www. state. gov/p/io/rls/rpt/index. htm.

度，它担心由人权理事会取代人权委员会并非一种改善。[①] 为此，在布什政府期间，美国没有参与人权理事会成员的竞选。奥巴马政府上台后，美国改变了布什政府的抵制立场，决定参与人权理事会的活动。2009 年美国参与人权理事会的成员国改选，并赢得了成员国地位。

2009 年 2 月 9 日，人权理事会普遍定期审议小组对中国提交的人权报告进行审议，美国由于不是理事会成员国而没有参与审议和发言。在 2010 年 11 月审议美国提交的人权报告时，中国代表何亚飞发言指出，“中方注意到，美国政府近年来为促进和保护人权做出了一些努力，在普及医保、加强教育等方面取得一定进展。同时，中方关切地注意到，美国关于人权保护的法律法规并不健全，仍未加入多部核心国际人权条约。美执法部门过度使用暴力，且缺乏独立的监督机制。美国内对穆斯林等少数族裔歧视现象严重，非洲裔、拉美裔和土著印第安人贫困率是白人的三倍。美司法机构滥用移民关押制度，部分州通过严重侵犯移民基本人权的法律。美国以反恐为名，监控、限制公民的言论自由和网络自由权利”。为此，中方建议美方，“一、尽快批准《经济、社会、文化权利国际公约》《消除对妇女一切形式歧视公约》《儿童权利公约》《残疾人权利公约》等核心国际人权条约。二、加大监管力度，杜绝执法中过度使用暴力，特别是针对少数族裔的暴力，将违法者绳之以法。三、尽快关闭关塔那摩监狱，并按照《联合国宪章》和安理会有关决议要求将恐怖嫌犯遣返回原籍国。四、修改法律中有关歧视的定义，使之尽快与《消除一切形式种族歧视国际公约》等相一致，达到国际普遍认可的标准”。[②]

这是美国首次接受国际社会对其人权状况进行评估，也是中国首次在联合国人权机构中就美国的人权状况提出批评和建议，其意义非常重大。自美国于 1980 年首次发表中国的人权报告以来，中美在人权问题上进行了日益频繁的互动。1990 年美国首次在联合国人权委员会提出“反华人权”提案。同年中美首次建立双边人权对话，至今，这种双边对话已经进行了 16 次。同时，针对美国国务院一年一度发表中国的人权状况报告，

---

① Colum Lynch，U. S. to Join U. N. Human Rights Council，Reversing Bush Policy，http：//www. washingtonpost. com/wp-dyn/content/article/2009/03/31/AR2009033102782. html.

② 《何亚非大使在人权理事会国别人权审查工作组审议美国时的发言》，2010 年 11 月 6 日，http：//www. un. org/webcast/unhrc/archive. asp？go = 101105#am。

中国国务院新闻办公室也自2000年发表《美国的人权纪录》，“敦促美国正视自身的人权问题”，迄今，中国已经连续第12年发表美国的人权纪录。但是，在国际多边机制下，中美还是首次站在一个平等的舞台上接受别国对自身人权状况的评价，而中国更是首次在这样一个场合对美国的人权状况发表其看法。可以说，人权理事会普遍定期审议机制将继续为中美就人权问题进行交流和斗争提供新的舞台。

第五章　中美在核不扩散机制中的互动

第一节　国际核不扩散机制的形成和发展概况

国际核不扩散机制是国际社会为减少因核武器的横向扩散和纵向扩散带来的核战争风险，促进核能的和平利用和推进核裁军，从政治安排和技术手段两方面对核武器及其技术、材料、设施以及相关的核活动进行管理和控制的组织系统和工作制度。核武器的横向扩散（也称水平扩散）是指核武器及其技术从有核国家向无核国家的扩散，核武器的纵向扩散（也称垂直扩散）是指一个有核武器的国家发展自己的核技术、增加自己的核武器数量以及部署更多的核武器和运载工具。

从历史上看，它是美苏两个超级大国在冷战时期为了把核武器及其技术扩散所造成的不利影响控制到最低程度所做的一系列有控制性的国际安排。尽管国际核不扩散机制是冷战时期核大国在军备控制领域相互斗争与妥协的产物，但到现在它仍对防止核扩散发挥着积极作用。

现有国际核不扩散机制主要包括组织性机制、条约性机制和其他相关机制等三类机制。

国际核不扩散机制的组织性机制主要有国际组织、区域组织和核不扩散出口管制机制三方面的相关组织机构。（1）国际组织是该机制中普遍性最强、权威性最高的决策与执行机构，是讨论核不扩散议题、通过核不扩散决议、处理违规行为、核查和禁止核试验等工作的多边国际场所。主要包括联合国及其下设机构；日内瓦裁军谈判会议；国际原子能机构；《全面禁止核试验条约》预备委员会等，其中国际原子能机构在执行有关核不扩散决议以及核查方面发挥着重大的作用，它是目前国际核监控活动中唯一的合法组织[1]。(2) 区域组织与机制是指地区内各国为推动核不扩散进程，在执行和落实国际核不扩散机制的有关规定以及在建立无核区和解决核危机过程中形成的区域性国家间组织，主要包括欧洲原子能共同体、朝核问题六方会谈、非洲联盟等相关核不扩散组织。(3) 核不扩散出口管制机制主要负责对核武器、核材料、核技术以及核两用品的进出口贸易进行管理和控制，主要包括桑戈委员会、核供应国集团等。

国际核不扩散机制的条约性机制是指国际社会为减少乃至消除核扩散风险以及由此引发的安全问题，在推进核裁军、防止核扩散、禁止核试验和建立无核区进程中达成的一系列多边、双边条约和协定的总和。多边条约是国际核不扩散机制的重要组成部分，其中《不扩散核武器条约》(NPT) 和《全面禁止核试验条约》(CTBT) 被称为国际核不扩散机制的基础和核心。另外，它还包括《部分禁止核试验条约》《核安全协定》《海床条约》等。双边条约主要包括美苏（俄）两国达成关于限制和削减核武器及其运载工具和禁止核试验的军控条约[2]，以及《美朝框架协议》《关于朝鲜半岛无核化共同宣言》等。无核区条约是指国际社会特别是无核国家为将有关地区建立为无核区而达成的条约，如《南极条约》《拉丁美洲和加勒比地区禁止核武器条约》《东南亚无核区条约》《南太平洋无核区条约》《非洲无核区条约》《中亚无核区条约》等。

国际核不扩散机制的其他相关机制主要包括历届联合国大会通过的有关核裁军和核不扩散决议、安理会决议、《不扩散核武器条约》审议大会及其通过的文件、国际原子能机构的保障监督和保障监督协定以及一些国家的核不扩散政府声明和国内立法等。

以上三类国际核不扩散机制是相互联系、相辅相成的。例如，《不扩散核武器条约》规定，每个签约国与国际原子能机构（IAEA）缔结一项

---

① 自 1957 年成立以来，国际原子能机构主持制定了多项限制核武器扩散的条约，诸如《及早通报核事故公约》《核事故或辐射紧急情况援助公约》《核安全公约》《乏燃料管理安全和放射性废料管理安全联合公约》《修订〈关于核损害民事责任的维也纳公约〉议定书》等。

② 这些条约包括：1963 年美苏达成《部分禁止核武器试验条约》；1972 年美苏签署了《第一阶段限制战略武器的协议》和《美苏关于限制反弹道导弹系统条约》；1979 年美苏签署了《美苏关于限制进攻性战略武器条约》；1987 年《美苏关于销毁中程和中短程导弹条约》；1991 年《美苏关于削减和限制进攻性战略武器条约》；1993 年美俄签订了《美俄关于进一步削减和限制进攻性战略武器条约》。

措施协议。根据该协议，各国保证接受国际原子能机构对该国一切核物质的检查。核供应国集团（NSG）也规定其成员国一定是《不扩散核武器条约》的签字国。

为防止核武器及其技术的扩散，许多国际组织都发挥了作用，其中最主要的是国际原子能机构、桑戈委员会和核供应国集团。

国际原子能机构是致力于和平利用核能和防止核扩散的国际机构。它成立于1957年，其宗旨是谋求扩大原子能对全世界和平、健康及繁荣的贡献，确保由该机构本身，或经其请求，或在其监督管理下所提供的援助不被用于任何军事目的。国际原子能机构的主要任务包括：向成员国提供和平利用核能的技术援助；通过订立双边的“保障协定”，对提供的援助进行核监督，并根据多边防扩散条约，对缔约国实施保障监督；与联合国有关机构合作，研究制定利用核能的各种安全标准；搜集、交流有关核能利用的情报信息；对受怀疑的《不扩散核武器条约》缔约国的有关核项目实施现场核查。自成立以来，国际原子能机构通过了一系列重要的条约。1986年通过了《及早通报核事故公约》和《核事故或核辐射紧急情况援助公约》，1988年通过了关于核事故责任的《巴黎公约》和《维也纳公约》的联合议定书，1994年通过了《核安全公约》，1997年通过了加强其保障监督体系的《附加议定书》。截至2006年，国际原子能机构共有139个成员国。中国于1984年正式加入该组织。

桑戈委员会是由一些有核出口能力的《不扩散核武器条约》缔约国组成的，所以又称《不扩散核武器条约》出口国委员会。它成立于1971年，以其第一任主席瑞士人桑戈教授（Claude Zangger）的名字命名。该委员会的目的是根据《不扩散核武器条约》的有关规定，控制条约成员国对没有核武器的非条约成员国出口核材料和核设施，以防止核武器扩散。桑戈委员会最主要的控制机制是《触发清单》，是一份涉及军事用途的核出口控制清单，规定了核不扩散的具体范围。如果有核国家向无核武器国家出口了清单上的控制项目，就会触发国际原子能机构的保障监督。《触发清单》规定了“原材料”和“特种可裂变材料”的定义，同时规定了触发保障监督的数量和时限，此外对“为处理、使用或生产特种可裂变材料而专门涉及和配置的设备和材料”做出了规定，共列出了七类材料和设备。该清单要求成员国向无核武器国家出口清单上的项目时，无核武器国家必须做出三项保证：（1）进口的材料以及从这些材料中产生的或通过其使用产生的特种可裂变材料，不转用于核武器或其他核爆炸装置；（2）这些原材料或特种可裂变材料及转让设备和非核材料必须接受国际原子能机构的保障监督；（3）不得向其他无核武器国家再转让进口的核材料或核设备，除非接受国同意进口项目接受同样的保障监督。[①] 截至2005年年初，桑戈委员会共有35个成员国，每年在维也纳召开两次会议，主要讨论《触发清单》的修改和通报各自的活动。中国于1997年正式加入桑戈委员会。桑戈委员会的《触发清单》主要规定了对有军事用途的核技术和核物项的出口，对和平利用核能并没有明确的规定。由于核能的和平利用容易转化为军事用途，美国开始考虑扩大出口控制清单，对民用核材料和技术的转让也进行控制，核供应国集团就是在这样的背景下成立的。

核供应国集团是为确保核交易品（包括核材料、核设备和技术）不被用于制造核武器或其他核爆炸装置而成立的核出口管制组织。1974年，美国敦促6个桑戈委员会成员国和法国在伦敦成立了核供应国集团，所以该组织又称伦敦俱乐部。其指导方针是确保核贸易受到监督，并且努力阻止核武器的扩散。该集团于1977年通过《转让准则》和《触发清单》，规定了核出口管制制度。《触发清单》的项目和桑戈委员会的基本相同，但《转让准则》对敏感核物项的出口规定了更加严格的条件：（1）接受国承诺不使用转让的材料、设备和技术制造任何核爆炸装置；（2）所有转让的核材料以及所有使用转让设备或技术的设施，包括复制中以其他方式使用转让技术的任何浓缩、处理或重水生产设施，无条件接受IAEA的保障监督；（3）对转让的核材料和核设施提供实物保护，防止被盗和散失；（4）没有原输出国同意，没有第三国同意遵守在使用、复制、安全和输出方面的限制，不能把核材料、设备和技术再转让给第三国；（5）限制敏感材料（钚和浓缩铀）、设施（后处理厂、铀浓缩厂和重水生产设施）和核技术的出口；（6）在处理和浓缩核材料方面，促进建立多边（代替国家）区域设施的构想。[②] 核供应国集团在1991年后作了3项规定：（1）对两用技术和材料出口作了进一步限制。两用技术和材料系指那些可供合法的非核使用，但也可对核爆炸活动或未受保障监督的核燃

① History of the ZAC，URL，http://www.zanggercommittee.org/Zangger/History/default.htm.

② History of the NSG，URL，http://nuclearsuppliersgroup.org/history.htm.

料循环活动起重要作用的两用设备、材料和相关技术。《两用项目清单》总共包括约67个两用项目；《两用项目转让准则》规定：向无核国家转让“清单”所列物项时，接受国最终用户必须提交最终使用说明和不转用于核爆炸活动或未受保障监督的核燃料循环活动的保证。（2）接受国必须同意对其所有核设施实施全面保障监督，才能向其转让处理、使用和生产特种可裂变材料而专门设计或制造的设备。（3）把铀转化厂和设备列入《触发清单》。国际原子能机构随后也出版了这些新的指导方针。[①]核供应国集团的成员国认为，该组织的指导原则“推动了这方面贸易的发展，因为这些原则为成员国提供在符合国际核不扩散准则的情况下，履行和平利用核合作的途径”。[②] 截至2005年，核供应国集团共有45个成员国，欧盟委员会是观察员。[③] 该集团每年举行一次全体会议，审议《转让准则》和《触发清单》的执行情况。2004年，中国正式加入该组织。

在涉及国际核不扩散的条约中，《不扩散核武器条约》和《全面禁止核试验条约》可以说是基础性条约，其意义重大。《不扩散核武器条约》是联合国大会于1968年6月12日通过的关于禁止核武器扩散的条约，又称《防止核武器扩散条约》或《核不扩散条约》。该条约1968年7月1日分别在华盛顿、莫斯科、伦敦开放签字，当时有59个国家签约加入。1970年3月5日《不扩散核武器条约》正式生效，有效期25年。根据条约的有关规定，缔约国每五年举行一次审议大会，审议条约的执行情况。该条约的宗旨是防止核扩散，推动核裁军和促进和平利用核能的国际合作。1995年4月，《不扩散核武器条约》缔约国在联合国总部举行审议大会，决定无限期延长这个条约。2000年、2005年和2010年举行了三届该条约的审议大会。截至2005年，共有188个国家批准或加入。《不扩散核武器条约》在实现全面彻底核裁军、维护世界和平与安全的进程中具有重大的意义。它构建了全球范围内逐步实现全面彻底消除核武器的法律基础，首次使有核缔约国负有国际法律义务不得向任何无核缔约国直接或间

① Rechard Cupitt and Igor Khripunov, “New Strategies for the Nuclear Supplier Group (NSG),” *Comparative Strategy*, Vol. 16, No. 3 (July-September 1997), pp. 305 – 315.

② The Nuclear Suppliers Group, “Aim of the NSG Guidelines, What are the Guidelines?” available at: http: // www. nuclearsuppliersgroup. org/guide. htm.

③ 《核供应国集团，“NSG 全会，挪威奥斯陆，2005年6月23—24日”》，新闻发布稿，参见 http: //www. nuclearsuppliersgroup. org/public. htm。

接转让核武器或核爆炸装置，它首次使无核缔约国有义务保证不研制、不接受和不谋求获取核武器，它建立的监督保障机制一定程度上避免了民用核设施向军事用途的转化。

《全面禁止核试验条约》是全球大多数国家达成的旨在全面禁止核爆炸、防止核扩散（主要是纵向扩散）、促进核裁军进程、增进世界和平与安全的国际多边条约。1996 年 9 月，该条约在联合国大会通过并开放签署。该条约在美、俄、法、英、中等 44 个具有核能力的国家批准后第 180 天生效，无限期有效。截至 2004 年 9 月，有 172 个国家签署，116 个国家批准。全面禁止核试验的问题从最早在联合国提出到最后在联合国大会通过，经历了 40 多年的历程。1954 年，印度总理尼赫鲁致信联合国秘书长，呼吁达成停止核试验协议。1963 年，美、苏、英三国达成《部分禁止核试验条约》。1974 年，美、苏达成《限制地下核武器试验条约》。此后，由于 1979 年苏联入侵阿富汗，有关核禁试的谈判中断。1993 年，日内瓦裁军谈判会议决定设立全面禁止核试验条约谈判特设委员会谈判有关情况，并于 1996 年提出了《全面禁止核试验条约》（草案）。该条约主要内容包括：全面禁止核试验可以限制核武器的发展；缔约国不进行任何核武器试验爆炸或任何其他核爆炸；在维也纳成立全面禁止核试验条约组织；建立一整套核查机制。《全面禁止核试验条约》的签署是国际社会在全面禁止和彻底销毁核武器的道路上一个重要的里程碑。

国际核不扩散机制内部也存在一些缺陷。以《不扩散核武器条约》为例，首先，该条约规定的军用和民用核技术之间存在重叠，使某些国家在和平利用核能的掩盖下可轻松获取与生产核武器有关的裂变材料或技术；其次，该条约对非核武器缔约国存在歧视，根据《不扩散核武器条约》的规定，只有安理会的五个常任理事国可以拥有核武器，同样是主权国家，而其他的国家却被剥夺了发展核武器的权利；再次，保障协议并没有为国际原子能机构提供任何有效的核查机制，使该机构难以完成监测和发现无核国家的秘密核计划；最后，该条约对退出条款限制不够，使那些有发展核武器企图的国家一旦获得了必要的材料或技术，就会随意退出该条约并进行核爆炸。此外，广大有核国家和无核国家在核扩散的取向上矛盾较大。核国家注重防止无核国家取得核武器，主张实行严格的核查制度并进行严格的出口管制；而无核国家更强调有核国家的核裁军、对无核国家的“消极安全保证”和“积极安全保证”。这种矛盾的实质是防止

“横向扩散”和“纵向扩散”孰轻孰重的问题。《全面禁止核试验条约》也有不足之处，该条约未禁止核国家进行的非爆炸性核试验，未包括核裁军和不首先使用核武器的内容，有关核查的规定带有不公正性。尽管签署的国家众多，但由于需要 44 个具有核能力的国家批准才能生效，使得该条约真正发挥作用还需要一个过程，其间的困难还是很大的。

第二节 中美在核不扩散机制中的互动

中国是联合国安理会常任理事国，也是国际法公认的五个核国家之一，防止核扩散是中国政府一贯的主张。从 20 世纪 80 年代开始到目前为止，中国已加入了大多数防扩散的国际组织，并签署了大量的有关国际条约。1984 年，中国正式成为国际原子能机构成员，并于 1988 年签订了《全面实施保障的协定》，自愿将部分民用核设施置于国际原子能机构的保障监督之下。1991 年，中国政府宣布，向国际原子能机构通报中国向无核武器国家出口或从无核武器国家进口大于 1 有效公斤核材料的情况。1992 年，中国加入《不扩散核武器条约》。1996 年，中国签署了《全面禁止核试验条约》。1998 年，中国与国际原子能机构签署了关于保障监督的《附加议定书》，承认该机构增加的保障监督措施。2002 年年初，中国完成了《附加议定书》的国内法律程序，成为第一个完成该程序的核武器国家。在防扩散出口管制国际组织方面，1997 年，中国加入桑戈委员会，2004 年加入“核供应国集团”，严格按照其管制清单对核材料及核两用材料的出口进行管理。中国积极支持有关国家建立无核武器区的努力，签署并批准了《拉丁美洲及加勒比禁止核武器条约》（《特拉特洛尔科条约》）、《南太平洋无核区条约》（《拉罗通加条约》）和《非洲无核武器区条约》（《佩林达巴条约》）的相关议定书。中国已经承诺将签署《东南亚无核区条约》（《曼谷条约》）相关议定书，并支持在中亚建立无核区。

中国加入国际核不扩散机制并不是一帆风顺的。从最初的批评和反对该机制到后来的加入和支持该机制，中国政策的调整与国际、国内局势的变化关系密切。美国在中国融入该机制的过程中起了巨大的作用，中美两国的合作与斗争也一直贯穿于该机制的发展中。

20 世纪 60 年代，中国对国际核不扩散机制一直持批评的态度。但在中国的外交实践中，中国政府执行的是核不扩散政策。1963 年 7 月，美、苏、英三国达成《部分禁止核试验条约》后，中国政府发表声明[①]，指出该条约企图巩固三国自己的核垄断地位，是一个愚弄全世界人民的大骗局，把禁止地下核试验排除在外，实际上加强了核大国进行核讹诈的地位。声明提出全面禁止和彻底销毁所有国家核武器的四项具体措施：一、撤除在国外一切军事基地，包括核基地；撤回在国外一切核武器及其运载工具。二、建立包括美、苏、中、日在内的亚洲和沿太平洋地区的无核武器区，建立中欧无核武器区，建立非洲无核武器区，建立拉丁美洲无核武器区，拥有核武器的国家对每一个无核武器区都承担相应的义务。三、不以任何形式输出和输入核武器和制造核武器的技术资料。四、停止一切核试验，包括地下核试验。[②] 这四项措施较为清晰地体现了当时中国政府核不扩散的思想。1964 年 10 月，中国第一颗原子弹爆炸成功后，中国政府于 10 月 16 日发表声明，指出“中国在任何时候、任何情况下，都不会首先使用核武器”，“拥有核武器的国家和很快可能拥有核武器的国家承担义务，保证不使用核武器、不对无核武器国家使用核武器，不对无核武器区使用核武器，彼此也不使用核武器”。[③] 在这里，中国政府首次提出了“不首先使用核武器”和“消极安全保证”的主张。在五个核国家中，迄今只有中国坚持无条件“不首先使用核武器”的原则。此后，中国还在联合国和其他国际场合建议核武器国家对无核武器国家和无核区做出无条件的“消极安全保证”，但没有得到其他核武器国家的积极响应。在 1978 年举行的首次联合国裁军特别会议上，五个核武器国家分别发表了不对无核国家使用或者威胁使用核武器的“消极安全保证”，只有中国的安全保证是无条件的。[④] 在当时的历史条件下，中国的这些不扩散核武器的主张得到了广大第三世界国家的支持。

---

① 声明的全称是“中国政府主张全面、彻底、干净、坚决地禁止和销毁核武器，倡议召开世界各国政府首脑会议的声明”，1963 年 7 月 31 日。

② 周恩来：《我们为什么反对三国部分禁止核试验条约》，中华人民共和国外交部、中共中央文献研究室编：《周恩来外交文选》，中央文献出版社 1990 年版，第 338 页。

③ 《中国政府关于第一颗原子弹爆炸成功及建议召开世界各国首脑会议讨论全面禁止和彻底销毁核武器问题的声明》，《人民日报》1964 年 10 月 16 日。

④ Darry Howlett, “Nuclear Proliferation”, in John Baylis & Steve Smith eds., *The Globalization of World Politics: An Introduction to International Relations*, the second edition, Oxford University Press, 2001, p. 431.

中国之所以在20世纪六七十年代反对国际核不扩散机制，一直游离于该机制之外，主要有两个原因。首先，当时的国际战略环境决定了中国的政策。在冷战期间，美苏两个超级大国为了争夺世界霸权，展开了激烈的军备竞赛。随着中国在60年代初与苏联关系的恶化，社会主义阵营开始分裂，中国处在同时与美苏两个超级大国敌对的状态。中国面临的国际环境非常严峻。在这期间，中国曾多次遭受美苏两个超级大国的核讹诈。中国为了打破核讹诈，维护自己的国家安全，坚决反对国际核不扩散机制，努力发展了自己的核力量。正如中国在第一颗原子弹爆炸后发表的声明所指出的，“中国进行核试验、发展核武器，是被迫而为的，是为了打破核大国的核垄断，要消灭核武器”[①]。其次，美国对华敌视政策使中国对美国倡导的核不扩散机制持怀疑态度。现有的国际核不扩散机制，主要是在美国的主导下建立起来的，得到了其西方盟国的支持，在一定程度上代表了美国等西方国家的观念和利益。在中国没有获得核武器前，中国认为美国倡导的核不扩散机制是为了维护其核垄断的地位，阻止中国发展核力量。在中国获得核武器后，中国认为该机制是美国推行不合理的核裁军，并企图削弱中国核力量的工具。为了维护中国的国家利益，尽管中国实行的是核不扩散政策，但仍然反对国际核不扩散体制，批评它是维护美苏核垄断地位、对第三世界国家进行核讹诈的工具。[②] 在中美战略关系敌对的情况下，希望中国加入由美国主导的国际机制都是不现实的。后来，随着中美关系的缓和，中国才开始逐步考虑加入国际核不扩散机制。

随着1972年尼克松总统访华，中美关系逐步好转。1978年12月15日，中美两国《中美建交公报》发表，美国承认中华人民共和国是中国唯一合法政府。1979年1月1日，中美正式建交。1979年，苏联入侵阿富汗后，美国迫切地感到加强中美战略合作的重要性，中美准同盟的关系使中国的战略地位空前提高。作为联合国安理会常任理事国以及国际公认的核国家，中国感觉到长期游离于核不扩散机制体制之外不符合自己的身份。与此同时，国际社会中大多数国家要求进行核裁军、防止核武器扩

① 《中国政府关于第一颗原子弹爆炸成功及建议召开世界各国首脑会议讨论全面禁止和彻底销毁核武器问题的声明》，《人民日报》1964年10月16日。

② 《中国政府主张全面、彻底、干净、坚决地禁止和销毁核武器，倡议召开世界各国政府首脑会议的声明》，《人民日报》1963年7月21日。

散，中国政府对此十分重视。另外，通过与美国的交往，感觉到美国倡导的核不扩散理念有合理之处，有利于维护世界的和平与稳定。中美两国在核不扩散问题上有一些共同利益。可以说，中美两国关系的正常化极大地促进了中国对国际核不扩散体制态度的转变。

20 世纪 80 年代后，中国从对《不扩散核武器条约》的全面批评到开始强调该条约的合理成分，并指出中美两国在核不扩散问题上的共识。1984 年 1 月，中国总理访美时表示，中美两国在核不扩散问题上保持一些共同的基本原则①。1984 年 5 月，中国总理在第六届人大第二次会议上做政府工作报告时说，中国不参加“歧视性”的《不扩散核武器条约》，但中国不主张核扩散，也不搞核扩散，不帮助别的国家发展核武器。②1984 年 11 月，中国驻联合国裁军大使钱嘉东在联合国阐述中国对《不扩散核武器条约》的立场时说，中国支持这个条约的目标，但批评这个条约的歧视性。1987 年 9 月 23 日，吴学谦外长在第 42 届联合国大会发表声明时重申了中国关于核扩散的“三不”政策。③

随着中国对国际核不扩散体制态度的转变，中美两国和平利用核能的合作也逐步开展起来。两国的核合作在一定程度上促进了中国融入国际核不扩散体系的进程。1983 年，中美就和平利用核能达成一致，美国的前提条件是要求中国加入国际原子能机构，接受国际监督。中国于 1984 年 1 月加入了国际原子能机构，并与之开展了广泛的合作。1985 年，中国宣布自愿将部分民用核设施提交国际原子能机构实施保障监督。同年，中美两国就和平利用核能正式达成协议④。此后，为了更好地在国际原子能机构监督之下进行核产品贸易，并顺利进口美国的核电厂设备，1988 年中国与国际原子能机构签订了《全面实施保障监督协定》。1989 年政治风波后，美国对华出口管制加强，许多高技术合同被迫暂停或取消，中美核合

① 刘连第、汪大为编著：《中美关系的轨迹——建交以来大事纵览》，时事出版社 1995 年版，第 145 页。

② 《国际形势年鉴》（1985），上海国际问题研究所编，中国大百科全书出版社 1985 年版，第 204 页。

③ 《国际形势年鉴》（1988），上海国际问题研究所编，中国大百科全书出版社 1988 年版，第 230 页。

④ 刘连第、汪大为编著：《中美关系的轨迹——建交以来大事纵览》，时事出版社 1995 年版，第 182 页。

作的合同也被暂时搁置起来。美国国会通过议案，要求重新审查中美和平利用核能的协定[1]。

中美两国在20世纪80年代的核合作具有重要意义，为中国后来逐步融入国际核不扩散机制打下了坚实的基础。对中国而言，加入国际原子能机构，接受其保障监督，可以更好地和美国及其他国家进行核贸易，有利于提高中国的核技术并促进经济发展。1985年，李先念主席在接受美国记者采访时说，“中美签署了和平利用核能合作协定等4个文件，也是一个成果”。[2] 对美国而言，推动中国加入国际原子能机构及其他不扩散机制，把中国这个核国家纳入美国主导的体制中来，有利于维护美国的国家安全及全球霸权地位。通过一定程度的核技术出口和合作，还可以促进两国关系的发展。从国际军控与裁军进程的大方向看，作为联合国常任理事国和《不扩散核武器条约》所承认的五个核国家之一，中国融入国际核不扩散体系是大势所趋，长期游离于这个体系之外不符合中国的利益，也不利于树立负责任大国的良好形象。

为了促进中国加入国际核不扩散体系中，美国主要做了两方面的工作。一是努力推动中国加入两个核不扩散的基础条约——《不扩散核武器条约》和《全面禁止核试验条约》；二是对中国施加压力，要求中国加入国际出口管制多边组织中。在这一过程中，美国综合运用谈判、制裁、核合作、妥协等多种手段，努力达到自己的目的。中国面对美国的压力，结合自身的实际情况，逐步融入这些组织中去，并从中受益。

1992年，中国签署《不扩散核武器条约》是中国融入国际核不扩散体制的关键一步。在这一过程中，美国的影响是很大的。首先，通过签署《不扩散核武器条约》，谋求改变当时处于低谷的中美关系。1989年政治风波后，美国为首的西方国家对中国进行了制裁。1991年美国国务卿贝克访华时，除了讨论人权问题，也谈到了不扩散问题[3]。1991年8月10日，国务院总理李鹏在同来访的日本首相海部俊树会谈时宣布，中国政府

① 刘连第、汪大为编著：《中美关系的轨迹——建交以来大事纵览》，时事出版社1995年版，第278、282页。

② 《国际形势年鉴》（1986），上海国际问题研究所编，中国大百科全书出版社1988年版，第277—278页。

③ James A. Bader Ⅲ, *The Politics of Diplomacy: Revolution, War and Peace*, New York: G. P. Putnam's Sons, 1995, p. 391.

已原则决定参加《不扩散核武器条约》[①]。这表明了中国愿意在这个领域与美国进行合作。美国也注意到了中国的表态，双方的关系此后开始缓解。其次，签署该条约也是20世纪80年代两国在核不扩散领域合作的一个必然结果。在美国的推动下，中国加入了国际原子能机构并签订了《保障监督协定》，全面接受了该机构的保障监督，这就在事实上承担了《不扩散核武器条约》所规定的义务。1992年3月中国政府正式签署该条约，进一步从国际法的层面确定了中国对核不扩散的立场。尽管在签署该条约的过程中，美国没有对中国明显地施加压力，但美国在前期的工作还是为中国的加入条约打下了坚实的基础。签署《不扩散核武器条约》标志着中国接受了国际核不扩散的基础性规范，也为后来中国加入《全面禁止核试验条约》做了铺垫。

加入《全面禁止核试验条约》是中国融入国际核不扩散机制的又一重要步骤。围绕着该条约的谈判和审批过程，中美两国相互制约、共同合作，最大限度地维护自己的国家利益。就该条约而言，中美既有矛盾又有共同利益。中美的分歧主要体现在核禁试的范围、核查手段以及不首先使用核武器的安全保证问题。中美的共同利益主要体现在条约的生效机制方面。关于核禁试的范围，美国希望禁止所有的核试验，中国则认为为和平目的进行的核爆炸应不在禁止之列。根据《不扩散核武器条约》第5条规定，在国际监督下，缔约国可以进行和平核爆炸。但美国认为核爆炸没有和平与非和平之别。最后在美国的压力下，中国同意将和平核爆炸列入禁止范围。这个问题反映了中美两国在核技术上的差距，当时美国已经掌握了“次临界试验”和“电脑模拟”技术，可以进行低当量的核爆或完全用电脑模拟核爆，而且低当量的核爆不易被发现。中国当时这类技术还不成熟，只能通过大当量的普通核爆来取得数据。在核查手段和启动“现场核查”程序上，两国也是观点迥异。美国主张利用国家技术手段进行核查，而中国主张依据国际监测系统进行核查。国家技术手段主要是利用侦察卫星，以及海基和陆基的电子、水声、次声、地震侦收设施，探测

① 《中国关于核武器问题的立场及主要活动》，http：//www. info. xinhua. org/xhdb_ tripvisitor/frame. html。

目标辐射或反射的射线，以识别目标[①]。国际监测系统是由国际地震监测网、水声监测网、次声监测网、大气放射性核素监测网以及有资格的实验室和相关的通信手段组成，负责监测全球范围内的核爆炸迹象[②]。中国认为，先进的技术手段只有美国等少数国家拥有，不符合公平的原则，同时有可能被滥用。协商的结果是以国际监测系统提供的数据为主要核查信息来源，同时将国家技术手段作为有限的补充手段。在启动现场核查的程序上，美国主张简单多数或三分之二多数国家不反对就可以通过，但中国主张必须条约执行理事会三分之二多数通过才能启动。最后协商的结果是须条约执行理事会中的30个国家通过可以启动现场核查。这是美国提出的简单多数（26个国家）和中国提出的三分之二多数（34个国家）的折中方案[③]。关于不首先使用核武器的承诺，中国提出核国家对无核国家无条件不使用或威胁使用核武器，核武器国家之间不首先使用核武器。美国认为关于不首先使用核武器的安全保证无法核查，同时美国仍将核武器作为对付生物、化学和常规武器的手段。最终中国这一主张没有被写入条约。在条约的生效机制方面，中美两国观点一致。两国都主张除了五个核国家，还有44个具有核能力的国家批准后，条约才能生效。希望以此对有意发展核武器的核门槛国家施加压力，迫使它们向无核武器国家转化。印度坚决反对这一条款，认为以特定国家为目标的生效条款，是对国家主权的侵犯。由于中、美及其他多数国家的支持，这一条款最终以条约附件二的形式确定下来。印度也因此拒绝签署《全面禁止核试验条约》。

《全面禁止核试验条约》的批准可以说是并不顺利，中美两国在批约问题上相互制约、相互影响。1996年9月在联合国就该条约的谈判结束后，中美两国都签署了该条约。此后，中美两国都暂停核试验，为条约的国内批准做准备。1999年10月，美国参议院拒绝批准《全面禁止核试验条约》。2002年小布什政府冻结了《全面禁止核试验条约》的批准，美国还拒绝参加促进条约生效的会议。2002年，美国正式退出已生效30年的

---

① 军事科学院世界军事研究部主编：《中国军事百科全书（第二版）》国际军事安全（学科分册Ⅲ），中国大百科全书出版社2008年版，第971页。

② 同上书，第973页。

③ B. Jeffrey Smith, "Geneva Negotiators Clear Hurdle in Test Ban Talk: China, U. S. Agree on Nuclear Inspections," *The Washington Post*, Augrust 7, 1996, p. 24.

《限制反弹道导弹系统条约》（简称《反导条约》），打破了冷战时期形成的大国核均势态势。同年，美国国防部的《核态势评估报告》把中国列为七个核打击对象之一。2003 年 5 月，美国解除了长达 10 年的低当量核武器研发禁令。2005 年 2 月，美国宣布恢复核试验计划，主要研制小型低当量的核武器和钻地核武器。美国政府这些咄咄逼人的做法使得中国必须考虑维护自己核威慑能力的有效性，从而影响了中国全国人大批准《全面禁止核试验条约》的进程。2007 年 10 月，美国众参两院再一次拒绝批准《全面禁止核试验条约》。拒绝批准条约的理由有两条：其一，美国的核武器出现老化，一旦执行条约，武器更新将会受到限制；其二，该条约有关地区核试验、核武器扩散、核军备储存等规定难以核查落实，美国的对手可能通过低当量试爆发展核武器①。在五个核国家中，目前俄、英、法三国都已批准了该条约，中、美两国没有批准该条约。中国政府早在 1999 年就把该条约提交全国人大进行审批，但由于美国国会拒绝批准该条约，加上美国政府在核试验问题上的倒退，中国的批约工作也一直没有进展。在一定程度上，中国对《全面禁止核试验条约》批准已经与美国国会的批约进程及美国政府对核试验的态度紧密联系在一起。

为了推动中国加入国际出口管制多边组织，美国一方面对中国与伊朗和巴基斯坦的核合作进行批评和遏制，另一方面通过重启中美在 20 世纪 80 年代的核合作协议来促进中国进一步融入国际核不扩散机制。从 20 世纪 80 年代到 90 年代末，中国与世界上 20 多个国家达成过核技术方面的合作协议，其中包括英国、法国、俄罗斯、加拿大、伊朗和巴基斯坦等国。在这些合作中，中国与伊朗和巴基斯坦的合作引起了美国的强烈反应，也从客观上促进了中国融入国际核出口管制体系的进程。

中国与伊朗的核合作是在国际核不扩散框架下进行的。中国和伊朗都是《不扩散核武器条约》的缔约国，中国就出售伊朗核设备向国际原子能机构申请启动核查机制，而且 1992 年国际原子能机构的调查报告显示，中国为伊朗提供的核技术和核设备并没有被用于核武器计划。② 美国一直

① 军事科学院世界军事研究部：《美国军事基本情况》，军事科学出版社 2004 年版，第 902—903 页。

② Wendy Frieman, *China*, *Arms Control*, *and Nonproliferation*, New York: London: Routledge Curzon, 2004, p. 28.

怀疑伊朗有秘密的核武器计划，反对中国与伊朗进行任何形式的核合作。同一时期，伊朗与俄罗斯的核合作进展较快。1992 年伊俄签署《和平利用核能协议》等多项协定。1997 年俄援建的核电站动工，俄还答应再援助 5 座核电站，一大批俄核科学家被邀请至伊朗工作。鉴于伊朗在核合作上更多地转向俄罗斯，再加上美国的不断交涉，1997 年 10 月中国宣布"中国和伊朗的核合作因合同纠纷中止"①。不久，美国承诺要重新开启中美核合作协议。中国与伊朗核合作事件使中国认识到，有必要加入国际核出口管制组织（主要是桑戈委员会），从而使本国的核贸易得到美国及其他国家的认同。如果不加入相关的出口管制组织，中国的核出口行为就会受到美国等西方国家的怀疑，与别国的核合作也会阻力很大。中美 1985 就签署了和平利用核能的协定，但由于美国众议院对执行《中美和平利用核能合作协定》附加了条件，此后很长时间该协定都没能落实。

中国向巴基斯坦出售环形磁铁事件主要涉及核两用品的扩散问题。1995 年，中国向巴基斯坦一个实验室出售了 5000 条环形磁铁，这些磁铁既可用于民用也可用于铀浓缩②。由于该实验室不在国际原子能机构的核查范围之内，美国认为这些磁铁可能被用于铀浓缩活动。1996 年 2 月，美国国务卿克里斯托弗指示美国进出口银行暂停审批正常对华贷款业务。中国副外长李肇星称这是一次"和平核合作"。③ 1996 年 5 月，在中国做出了不向未接受国际原子能机构保障监督的核设施提供帮助的承诺后，美国宣布不对中国进行制裁，并恢复了进出口银行暂停审批正常对华贷款业务。中国承诺不向未受监督的核设施出售两用技术和设备，表明了中国开始注意到核两用品及技术扩散的重要性。这也为中国后来加入核两用品及技术出口管制组织——核供应国集团打下了基础。

美国重新启动中美核合作，引导中国逐步加入国际核出口管制多边组织中来。中美核合作协议早在 1985 年就签署，后因 1989 年的政治风波被美国国会中止。1995 年 4 月，中美开始就和平利用核能协定问题进行磋商的时候，美方要求中国方面制定核出口管制的相关法规，参加控制核出

---

① *Washington Times*, Oct. 22, 1997, p. A12.

② Bill Gertz, "China Nuclear Transfer Exposed," *Washington Times*, February 5, 1996, p. 1.

③ *Washington Post*, Feb. 8, 1996; *Washington Times*, Feb. 8, 1996.

口的有关国际机制，限制对巴基斯坦和伊朗的核援助。[①] 其中美国实际为重启核合作设置了三个前提条件，简单概括就是：立法、加入组织和限制合作。在1996年中国限制与巴基斯坦核合作以及1997年中国中止与伊朗核合作之后，三个前提条件实际只剩下两个，即立法和加入组织。1997年9月10日，中国政府颁布了《中华人民共和国核出口管制条例》，以法律形式确定了中国的核出口三原则——仅用于和平目的；接受国际原子能机构的保障监督；未经中国允许不得向第三国转让。该条例还规定，不向未接受保障监督的核设施提供任何帮助，核出口由国务院指定的单位专营，国家对核出口实行许可证制度。[②] 同时，参考国际上普遍接受的核出口控制清单制定了中国的《核出口管制清单》。该管制清单与"桑戈委员会"（又称"核出口国委员会"）的《触发清单》相同。1997年10月，中国加入桑戈委员会，这是中国第一次加入涉及出口管制的国际多边组织，开始了与国际不扩散出口管制体系的接轨。1998年3月，克林顿政府向国会证明中国不会进行核扩散，美国国会批准了重启中美核能合作的协议。美国国务院还向国会提交了保证书。根据中美核合作协议，美国政府会在个案审核的基础上允许转让核反应堆、核燃料和其他组成部分。1998年6月10日，中国颁布了《核两用品及相关技术出口管制条例》，规定国家对核两用品及相关技术出口实行"许可证管理制度"，核两用品及相关技术出口遵循核出口的三原则。[③] 同时公布的管制清单覆盖了核供应国集团控制清单的所有物项和技术。可以说，从1998年起，中国在核两用品及技术出口管理上已经与国际接轨，具备了加入核供应国集团的资格。之所以到2004年才加入核供应国集团，很大程度上是受这6年间中美关系的起伏变化影响。

尽管1998年中国颁布了《核两用品及相关技术出口管制条例》，但由于当时美国政府没有给向中国出口核能技术的美国企业发放许可证，中美核合作被暂时搁置。1998年12月，中国政府与国际原子能机构签署了加强机构保障监督的《附加议定书》（又称"93+2计划"），并于2002

---

① 吴心伯：《太平洋上不太平——后冷战时代的美国亚太安全战略》，复旦大学出版社2006年版，第93页。

② 《人民日报》1997年9月16日。

③ 宫力：《中美关系热点透视》，黑龙江教育出版社1996年，第216—217页。

年3月批准了该议定书。2003年，中美签署了关于核技术转让政府担保的外交换文①，对两国没有包括在1998年核合作协议以内的核技术转让的条件和保证达成的协议加以确认。2004年5月，中国正式加入核供应国集团。这样，连同1997年加入的桑戈委员会，中国已经全面融入了国际核不扩散出口管制体系当中，同时为中美核能合作扫清了最后障碍。2004年9月，美国政府宣布，颁发向中国出口核技术及部件的许可证，批准对华民用项目的核能技术转移，这样中美核合作才得以进入实质性阶段。纵观中美核合作的历程，可以清楚地看到美国通过核合作促使中国融入国际核不扩散体系的意图。当然，在这一过程中美双方相互博弈，维护了各自的国家利益。

中国融入国际核不扩散进程与中美关系的改善密不可分，当中美关系发展良好时，中美的核合作被提上日程，中国加入国际核不扩散体系的进程就较快；当中美关系发展遇到障碍、停滞不前时，中美的核合作会被搁置，中国加入国际核不扩散体系的进程就会停滞。这在一定程度上与美国对中国设置的核合作前提条件有关。中国与美国的核合作每前进一步，都是以融入国际核不扩散体系为基础的。20世纪80年代初，中美关系改善，为了开展中美核技术合作，美国希望中国加入国际原子能机构。结果中国1984年加入该机构，次年中美就签署了民用核合作协议。1995年以后，中美开始讨论恢复中美核合作事宜，美国希望中国能加入国际核材料及技术出口管制组织（当时主要指桑戈委员会）。中国于1997年加入了该委员会，次年美国国会就批准了中美核合作协议。1998年以后，美国政府希望中国加入核供应国集团，作为其对相关美国出口企业发放许可证的前提条件。但由于1999年的炸馆事件，以及后来小布什上台后，奉行对华不太友好的政策，中美关系一度陷入低谷，中国就没有申请加入核供应国集团。到了2003年，中美关系又进入了鲍威尔所说的“历史上最好的时期”，中国才于2004年5月加入核供应国集团。2004年9月，美国政府宣布向美国有关出口企业颁发许可证，从程序上开启了中美核技术合作的新阶段。中国融入国际核不扩散体系的程度越深，中美核合作的进展也就越快。从时间段看，当中美关系处于良性互动阶段，中国融入国际核

① 《中美代表签署“核技术转让政府担保意向性声明”》，URL，http：//news. sina. com. cn/w/2003－09－17/1430768195s. shtml。

不扩散体系的步伐就快；而当中美关系处于低潮阶段，中国融入国际核不扩散体系的步伐就很慢，甚至停滞不前。例如1996—2000年，美国执行对华接触战略，中美两国首脑实现互访，并建立了建设性战略伙伴关系。这一期间是中国加入国际核不扩散体系进程最快、成果最多的一个时期。1996年中国签署了《全面禁止核试验条约》，1997年颁布了《核产品及技术出口管制条例》及清单，同年加入桑戈委员会，1998年颁布了《核两用品及相关技术出口管制条例》及清单，该清单与核供应国集团的清单基本一致，表明中国在核产品出口管制方面已经与国际接轨，也为后来加入核供应国集团打下基础。相比而言，2001—2002年，小布什上台后，发生了中美撞机事件，美国退出《反导条约》并发展和部署国家导弹防御体系，冻结《全面禁止核试验条约》的审批，2002年的核态势评估报告还把中国列为七个核打击目标之一，中美关系一度陷入低谷。在这期间，中国全国人大搁置了《全面禁止核试验条约》的审批工作，对加入核供应国集团也没有积极性。

奥巴马政府在核问题上有了重大的进步，2009年5月奥巴马提出“无核世界”主张。在美国政府推动下，2010年的华盛顿核安全峰会和2012年的首尔核安全峰会汇集了全球大批的领导人，中国国家主席胡锦涛参加了两次峰会。中国领导人在两次峰会上均表明了中国重视国家核安全能力建设、严格履行国际义务、广泛开展国际合作的态度，并提出自己的核安全主张。中国的主张有利于增强中美两国在核领域的共识、推进两国核安全领域的合作，并对国际和平与安全做出贡献。

奥巴马上任后，中美两国在和平利用核技术方面的合作进展顺利。在民用核能领域，两国在核能技术、核保障与安保、环境与核废料管理、核应急管理以及辐射源安全等问题上进行了广泛的交流。在中国国家能源局和美国能源部的推动下，截至2013年4月，中美和平利用核能的会议共召开8次[①]。通过专题报告和讨论，中方学习了美方的先进经验，有利于促进国内核电安全技术的进步。中国与美国合作，在中国建立了国家核安保技术中心，用于提升中国的核安全保障水平，并在未来促进亚洲邻国的核安保。美国科学家和政府官员预计，该中心最晚在2015年可投入使用。

① US, China Hold Joint Meeting to Discuss Peaceful Uses of Nuclear Technology, Apr. 17, 2013, http://nnsa.energy.gov/mediaroom/pressreleases/punt041713, 2013-5-8.

未来，中美两国在打击核恐怖主义方面合作空间较大。有迹象表明，国际核恐怖分子考虑利用盗窃来的核材料对别国进行攻击。由于边境的管理总有疏漏的地方，如何减少核材料的流失意义重大。2010 年以后，中美两国进行了多方面的合作，包括降低反应堆中铀的纯度、加强边境检测与跟踪等。为提升中国的核出口管制水平，中国积极响应美国国家核安全管理局的“大港倡议计划”。该倡议希望在 2015 年前，在全球 100 个港口设立放射性检测设备，提升各国港口对核与放射性物质的检测能力①。中国海关成立了核辐射探测培训中心，并在大连和上海更新了新的检测设备，这对有效遏制核走私意义重大。

第三节　融入国际核不扩散机制后中美关系的评估

核不扩散问题在中美关系中的地位越来越重要，对中美关系的发展意义重大。中国通过在核不扩散问题上的一些做法和表态，有效地调解了中美关系。1992 年，中国加入《不扩散核武器条约》，就有改善因 1989 年北京政治风波受损的两国关系的考虑。1997 年中国停止与伊朗的核合作，希望以此修补因李登辉访美对中美关系造成的损害，并为随后江泽民访美做好铺垫。中美两国都认识到，尽管双方在意识形态、人权、经贸、售台武器等方面有不同观点，但在核不扩散问题上，双方还是有很多共同利益的。奥巴马上台后，提出了“无核世界”的主张，这与中国从 20 世纪 60 年代就一贯倡导的全面彻底干净地销毁核武器的主张本质是相同的。“中美关系的全面发展有赖于中国在美国极其重视的防扩散领域取得进展。”②如果中国一直拒绝与美国在核扩散问题上的合作，中美关系将很难有今天。中国融入国际核不扩散的进程就是中美关系走向良性发展的进程。反过来，中美关系的缓和与发展也自然而然地促进了中国融入美国主导的核不扩散机制。

---

① Megaports Initiative：Protecting the World’s Shipping Network from Dangerous Cargo and Nuclear Materials， http：//nnsa. energy. gov/aboutus/ourprograms/nonproliferation/programoffices/international-materialprotectionandcooperation/ -5，2013 -5 -8.

② ［美］佩里·卡特：《预防性防御：一项美国新安全战略》，胡利平、杨韵琴译，上海人民出版社 2000 年版，第 11、120 页。

中国融入国际核不扩散机制符合中美两国的安全利益。中国是核国家之一，长期游离于国家核不扩散机制之外是美国不希望看到的。随着"9·11"事件的爆发，美国认识到大规模杀伤性武器及其技术和恐怖主义的结合是对美国的巨大威胁。此后2003年巴基斯坦核专家卡迪尔·汗地下核走私网的曝光证明了美国的担心。随着中国加入有关国际核出口管制组织，签署相关的国际条约，并颁布了涉及核产品及技术的国内法规，中国的核出口更加透明，美国也就更加放心。对中国而言，不扩散机制有利于维护中国的安全。在中国加入《不扩散核武器条约》后，中国就同意制止无核国家获得核武器。20世纪60年代，中国台湾进行了秘密研制核武器的"新竹计划"，后在美国的压力下停止了该计划。20世纪70年代后，中国台湾重启核武器计划，被国际原子能机构核查后停止。1987—1988年，中国台湾地区又开始秘密发展核武器，被美国制止并拆除了设备。[①] 这使中国感到，国际核不扩散的机制是有效的，并且有利于维护中国的安全。中美两国在朝鲜核问题和南亚核问题上存在共同利益。在第一次朝核危机出现时，中国推动美朝1994年签署了《美朝框架协定》，并促成六方会谈的召开。1998年印度、巴基斯坦相继进行核试验后，中美共同推动联合国安理会通过了1172号决议，不承认印巴的核武器国家地位，随后美国还对两国进行了制裁。

中国融入国际核不扩散机制符合中美两国的经济利益。20世纪80年代以来，中国经济发展迅速，到2010年经济总量已跃升世界第二，随之而来的能源消费也不断上升。由于目前受全球变暖的影响，世界各国都在努力发展清洁能源，以减少温室气体的排放。作为清洁能源的核能，中国认为是应该大力发展的。加入国际核不扩散机制，在其框架内从事核产品及技术的贸易，可以减少美国的不必要干涉，也增加了中国在国际市场上进出口活动的合法性。美国与中国开展核合作，并不是为了帮助中国发展核能产业和提高核技术，主要是为了经济利益。作为新兴的大国，中国的核能市场潜力巨大。如果任由法国、加拿大、俄罗斯等国与中国合作，美国的核企业会损失很大。在这方面，美国的核企业也多次向国会和政府游说，希望放宽有关核两用品及技术的出口管制。在2004年之前，美国政

---

① 李铁城、钱文荣主编，《联合国框架下的中美关系》，人民出版社2006年版，第301—302页。

府尚未发放对华出口核设备的许可证，而美国著名核能企业——西屋公司，就曾多次来华考察，意图抢先占领中国市场。

中美在核不扩散问题上还有分歧，需要共同努力来化解矛盾。在一些原则上，如不首先使用核武器、安全保证等问题上，中美的观点大相径庭。美国一直坚持核威慑政策，拒绝中国提出的不首先使用核武器的主张。中国多次承诺在任何时候、任何情况下都不首先使用核武器，无条件地承诺不对无核武器国家和无核武器地区使用或威胁使用核武器①。中国还多次倡导核国家缔结互不首先使用核武器的国际条约。1995 年 4 月，中国承诺无条件向所有无核国家提供“消极安全保证”和“积极安全保证”。② 中美两国就不首先使用核武器和安全保证进行过多次协商，但美国始终不相信该承诺的有效性。美国认为对“不首先使用核武器”和安全保证没法进行核查，加上核威慑战略是美国国家安全战略的基础，所以拒绝做出同样的承诺。1997 年，美国关于核战略的总统指令提出在遭到生化武器的袭击下，美国将使用核武器进行报复。2001 年年底的美国《核态势评估报告》提到可能用核武器应付三种紧急状态，包括在台湾海峡发生军事冲突。③ 美国的这些做法引起了中国的强烈不满。2002 年 3 月 16 日，中国外交部副部长李肇星召见美国驻华大使雷德，向美国政府提出严正交涉。李肇星说，美国政府在向国会提交的所谓“核态势评估报告”中公然声称，美国准备在台海发生战事时使用核武器。在短短的时间里，美方做了一连串践踏《联合国宪章》精神和中美三个联合公报原则、干涉中国内政和伤害中国人民民族感情的坏事。中国政府和中国人民对此表示强烈愤慨和坚决反对。④ 美国新的核战略原则，表现出美国对

① 中华人民共和国国务院新闻办公室：《2006 中国的国防》，北京，2006 年 12 月，第二部分“国防政策”。

② 中华人民共和国国务院新闻办公室：《1998 中国的国防》，北京，1998 年 7 月，第 157 页。

③ See “Nuclear Posture Review [Excerpts]”, Submitted to Congress on 31 December 2001. http://www. Globalsecurity. Org/ wind/ library/ policy/ dod/ npr. htm.

④ 严久师：美国《核态势评估报告》评析，2002 年 4 月 24 日，http://bic. cass. cn/info/Arcitle_ ShowStudy_ Show. asp? ID = 2636&Title = % C3% C0% B9% FA% A1% B6% BA% CB% CC% AC% CA% C6% C6% C0% B9% C0% B1% A8% B8% E6% A1% B7% C6% C0% CE% F6&strNavigation = % CA% D7% D2% B3 – % 3E% BF% BC% B2% EC% D1% D0% BE% BF – % 3E% CE% C4% BB% AF，2011 年 11 月 10 日登录。

中、俄等大国依然具有深深的不信任感，是在战略安全领域对中、俄等国的挑衅性举动，也是世界在迈向无核化时代进程中的一大倒退。[①]

美国对核不扩散的双重标准也是中美分歧的一个重要方面。美国对以色列和印度核地位的默认与对伊朗和朝鲜核计划的打压形成了鲜明对比。1998 年，印巴核试验后，克林顿政府曾对两国进行了制裁。到了 21 世纪，美国从“扶印抑中俄”的战略出发，改变了对印度的策略。2001 年 9 月，小布什政府宣布取消对印度和巴基斯坦的制裁，随后其他西方国家纷纷仿效。2006 年 3 月，美国与印度签署民用核能合作协议，这个协议使得印度在没有签署《不扩散核武器条约》的条件下可以发展民用核能，并有权力获得国际核技术。美国把印度的核设施分为民用和军用，将其民用核设施置于国际原子能机构的监控之下，这等于承认了印度的核国家地位，也就推翻了安理会 1172 号决议对印度核国家地位的“不承认主义”。2008 年 9 月，在美国的软硬兼施下，核供应国集团成员国在一片静默中通过了取消对印度核禁运的决议。[②] 美国的做法对国际核贸易规则产生了严重的负面影响，对国际核不扩散机制产生了巨大的冲击，加深了无核武器国家的不满。

总之，中国融入国际核不扩散机制符合本国国家利益，促进了中美关系的健康发展。美国为中国加入国家核不扩散机制做出了积极的推动作用，尽管有其自身利益的考虑，但客观上有利于中国的经济发展和树立负责任的大国形象。中美在核不扩散问题上既有共同利益，又有矛盾分歧，今后双方的合作和斗争还将继续下去。

---

① 朱锋：《美国“核态势评估报告”：恐吓还是政策？》，《现代国际关系》2002 年第 4 期，第 23 页。

② Wade Boese, “NSG, Congress Approve Nuclear Trade with India”, http://www.armscontrol.org/act/2008_10/NSGapprove.

第六章　中美在导弹不扩散机制中的互动

第一节　导弹及其技术控制制度的形成和发展概况

导弹及其技术控制制度酝酿并创立于冷战后期，在冷战后得到了逐步的发展。20 世纪 80 年代，该机制处于设计和准备阶段。由于当时正值美苏冷战时期，所以该组织有西方对抗苏联的考虑。但当时中国已与美国建交，两国结成了针对苏联的准同盟关系，西方七国还是在谈判过程中把中国排除在外。这说明该机制也有防范中国的意图。① 1982 年 11 月，里根总统发布了一项旨在对美国的弹道导弹及其部件的出口进行限制的行政指令，决定发起控制导弹扩散的多边会谈。从 1983 年到 1987 年，美国、英国、加拿大、法国、意大利、西德和日本就此问题进行了连续的秘密会谈。1987 年 4 月 16 日，西方七国公布了“导弹及其技术控制制度”（Missile Technology Control Regime，简称 MTCR），并首次就控制大规模杀伤性武器（大规模杀伤性武器）导弹运载系统的扩散达成了协议。七国同意相互协商和分享导弹出口信息，对导弹供给国和需求国共同施压。②导弹及其技术控制制度的成员国的共同目标是：防止投掷核生化武器的无人操纵运载系统的扩散，在交换信息和协调国家出口许可证管理程序方面开展合作。③

为了对导弹和技术的扩散进行阻止，导弹及其技术控制制度制定了

---

①　Frederick J. Hollinger，“The Missile Technology Control Regime：A Major New Arms Control Achievement，” in Arms Control and Disarmament Agency，Daniel Gallik，eds，*World Military Expenditures and Arms Transfers* 1987，Washington D. C.：U. S. Government Printing Office，1988，p. 25.

②　Rachel Schmidt，*U. S. Export Control Policy and the Missile Technology Control Regime*，Rand：1990，p. 17.

③　参见 MTCR 网站，http：//www. mtcr. info/。

“准则”和“设备与技术附件”，把导弹及其分系统和部件、生产设施和有关技术划分为Ⅰ类和Ⅱ类两种限制项目。根据第一版（1987年版）的《设备与技术附件》，Ⅰ类是指那些最敏感的、能把500千克有效载荷运送到300千米以外的完整火箭系统和无人航空飞行器系统，以及为生产这些系统而专门设计的生产设施；上述运载系统使用的完整分系统，如各级火箭、载飞行器、火箭发动机、制导系统、推力控制系统和弹头的保险、解除保险、引信、点火装置，以及为生产这些分系统而专门设计的设备和生产设施。① Ⅱ类为军民两用项目，出口时要以许可证方式逐件审批，保证不被用于发展Ⅰ类项目的系统。它包括推进系统部件、导弹结构材料、惯性导航设备、航空电子设备，以及用以生产这些部件、材料和设备的设施。成员国在考虑是否对Ⅱ类项目的出口颁发许可证时，考虑的因素有：接受者是否有正在寻求大规模杀伤性武器计划的企图和获得大规模杀伤性武器的计划；接受者是否有获得导弹和太空计划的意图和能力；受关注的扩散物项对接受者发展运载大规模杀伤性武器是否有潜在贡献；有购买意向的接受者提供的最终用途是否有可信度等。这就是导弹及其技术控制制度防止导弹及其技术扩散的基础。

为了应对科学技术的进步和国际环境的变化，导弹及其技术控制制度的技术参数、控制目标和控制手段也在不断强化。1991年3月和11月的东京和华盛顿全体会议上，成员国商定将机制的目标范围扩大到可以携带生物和化学等所有大规模杀伤性武器的导弹产品。② 1992年导弹及其技术控制制度成员国经过协商，扩大了禁止导弹转让的范围：（1）在准则中加入：任何导弹，不管运载能力和射程大小，不得输出到有意把它用作投掷大规模毁伤性武器的国家；（2）不管有效载荷大小，只要射程达到300千米，任何完整的火箭系统、无人航空飞行器系统及其完整分系统都归入Ⅱ类项目。1993年，成员国对“准则”进行了修改，把1987年版本中的“控制核武器运载系统的转让”改为“控制大规模杀伤性武器运载系统的

① 刘华秋主编：《军备控制与裁军手册》，国防工业出版社2000年版，第382页。

② Plenary Meeting of the Missile Technology Control Regime, Tokyo, Japan, March 18—20, 1991. URL <www. mtcr. info/ english/ press/ tokyo91. html>. Plenary Meeting of the Missile Technology Control Regime, Washington D. C., United States, November 4 -7, 1991. URL <www. mtcr. info/english/ press/ washington. html>.

转让”。由于大规模杀伤性武器包括了核生化导弹等武器，所以这次修改等于扩大了禁止转让项目的范围。具体来说，不论有效荷载大小，只要射程等于或大于300千米，任何完整的火箭系统，无人航空飞行器系统都归入Ⅱ类项目；能用于项目Ⅱ，但不能用于项目Ⅰ的完整分系统（火箭各级和火箭发动机）以及为生产这些分系统而专门设计的设备也列入Ⅱ类项目。可见，1993年的修改扩大了进行控制的技术和产品的范围，对导弹及两用技术的控制更加严格。1996年以后，导弹及其技术控制制度开始寻求通过侦察和制止导弹的转运来加强对导弹出口的控制，以防止通过转运方式进行导弹扩散。

导弹及其技术控制制度虽属国际法范畴，但其与美国的国内法联系密切，可以说是美国国内导弹不扩散法规向国际的延伸。1982年，美国公布了第50号和第70号国家安全决议指令，规定了美国对外太空技术援助、技术合作政策以及导弹的不扩散政策，要求设法与弹道导弹在第三世界扩散的“危险趋向作斗争”。为了配合这两个国家安全决议，时任美国总统的里根于1983年在西方七国首脑会议上提出了导弹不扩散问题，开始了关于对导弹及其技术进行出口管制的国际多边谈判。1987年，导弹及其技术控制制度正式成立后，美国作为该机制的组织者和推动者，在召开会议，修改清单、交换情报和进行制裁方面，发挥了积极的作用。相比而言，美国的导弹技术的出口管制政策比导弹及其技术控制制度更严、更具歧视性。美国1979年制定了《出口管理条例》和《出口管制法》，1991年通过了《导弹技术控制法案》，这三者构成了美国国内控制导弹扩散的法律基石。1992年6月，美国商务部宣布对导弹技术的扩散加强控制。这一新的规定严格禁止美国商人在没有出口许可证的情况下出售有助于制造导弹的商品和劳务，对于违法者的惩罚包括长达十年的监禁和一百万美元的罚款。根据这一规定，从其他国家再出口的美国货物和技术也在限制之列。1994年，美国制定的“可驳回推定”原则规定，假若输入国是美国国务院认定的支持国际恐怖主义的国家，则任何导弹及其技术控制制度项目的贸易都认为是用于Ⅰ类系统的，禁止出口。假如出口商知道某项目是用于已公布的具有Ⅰ类项目的国家的导弹计划，这个国家又是非导弹及其技术控制制度成员国，那么“加强扩散控制倡议”要求美国的出口商对每个出口项目和服务出具许可证，而不管该项目是否在公布的管制清单上。美国从1990年开始，对违反上述规定的贸易实体（进出口商）

实行强制制裁。违反“制度”出口Ⅰ类项目的，最少在两年内不许获得美国弹药和军民两用项目的出口许可证，不得竞争同类项目的美国合同；违反“制度”出口Ⅱ类项目的，最少在两年内不许获得导弹及其技术控制制度附件规定项目的出口许可证。此外，美国国会还通过了《赫尔姆斯修正案》，对于非市场经济国家实体的制裁要扩大到包括政府所属的电子、航天和军用飞机的企业的活动。

冷战结束后，为了更好地发挥防止导弹扩散的作用，导弹及其技术控制制度开始有意识地扩大成员数量。美国等国希望通过把一些有导弹研发能力的国家纳入该机制中来，从而对导弹及其技术的出口进行控制。从1990年开始，美国开始敦促俄罗斯、中国加入导弹及其技术控制制度。这与导弹及其技术控制制度建立之初以意识形态画线，把苏联、中国等有意排除在外形成鲜明对比。美国态度转变的主要原因是考虑到俄、中两国的导弹研发能力。让这两个导弹研发能力很强的国家游离于导弹不扩散机制之外不符合美国的安全利益，对该机制也会造成不利的影响。在美国的劝说下，俄罗斯和中国对该机制的认识有了一定的改变。以俄罗斯为例，最初俄认为该制度会影响其出口导弹和经济收益，不愿加入该规制。后来俄认识到遵守导弹及其技术控制制度的一些规定，对自己也有好处，便成为该制度的“遵守者”。随着全球导弹扩散严重和美国压力的加大，再不加入，俄罗斯的国际威望将受损害，同时还要承受经济制裁，于是1995年俄正式加入导弹及其技术控制制度。2004年9月，中国正式申请加入导弹及其技术控制制度。中国在制定导弹出口管制条例和清单时，借鉴了导弹及其技术控制制度，有关出口管制的原则和规范与该制度基本一致。2007年11月举行的导弹及其技术控制制度全会上，该组织考虑了中国、克罗地亚等12个国家要求加入该组织的最新申请，但未就任何国家的申请达成一致，虽然从政治和技术两个方面对新申请加入的国家逐一进行了评估。[①] 截至2008年，导弹及其技术控制制度共有34个成员国。

导弹及其技术控制制度不是条约机制，而是一种松散的协调机制。它是以美国为首的西方发达国家内部制定的机制，有限地吸收其他国家加入，并由各国遵照国内立法自愿执行着，有技术垄断和歧视性的特征。导

① 斯德哥尔摩国际和平研究所：《SIPRI年鉴2008》，中国军控与裁军协会译，时事出版社2009年版，第679页。

弹及其技术控制制度虽然制定了看似严格的导弹技术出口禁令，但并不限制西方成员国大量出口能运载大规模杀伤性武器的有人驾驶飞机，以及成员国之间提供受控的导弹技术，这实际上是在执行双重标准。如美国在冷战后对英国转让的“三叉戟”战略导弹和“战斧”巡航导弹就违反了《导弹及其技术控制制度管制清单》的有关规定。导弹及其技术控制制度缺乏激励措施，多凭制裁措施阻止技术出口。在这方面，美国行使的制裁措施最多。

导弹及其技术控制制度只对导弹供给方的导弹供给行为进行了规范，缺乏对需求行为的规制。该机制不准其成员和非成员之间进行不符合清单要求的导弹贸易，这一点与核不扩散机制正好相反。这在一定程度上导致了导弹需求者数量的增加和需求者转化为供给者的危险性。比如伊朗、朝鲜和巴基斯坦不是导弹及其技术控制制度成员，但它们的导弹发展都得到了导弹及其技术控制制度成员不同程度的技术援助，均发展出了射程超过1000 千米的中程弹道导弹，并逐渐变为导弹供给者而非单纯的购买者。①

在和平利用太空技术方面，导弹及其技术控制制度的规定也不明确。导弹及其技术控制制度认同人类和平利用太空技术，但由于太空技术和导弹技术很难区分，如何做出判断该机制并没有给出明确的标准。在经济全球化和技术贸易日益密切的今天，如果一国和平利用太空技术被认定是导弹技术加以管制，这会给出口控制国造成巨大的经济损失。技术在本质上是一种商品，出口可赚取大量外汇。而导弹及其技术控制制度的技术阻碍在一定程度上是贸易壁垒的制造者。比较典型的事例是中国和美国在火箭领域的技术合作。美国的劳拉（Loral）公司向中国提供火箭发射技术援助，获得了巨额利润，但美国担心这会提高中国的弹道导弹生产能力，对这种技术合作设置重重障碍，使得劳拉公司损失了一笔本该到手的利润。1999 年 2 月，美国拒绝休斯（Hughes）公司把价值达 4.5 亿美元的卫星出售给中国公司，这种毁约行为使休斯公司损失了 9200 万美元。②

导弹及其技术扩散机制只限制弹道导弹的转让，而不同时限制作战飞

① Deborah A. Ozga, “A Chronology of the Missile Technology Control Regime”, http://cns.miis.edu/pubs/npr/vol01/12/ozga12.pdf.

② Shirley A. Kan, “China: Possible Missile Technology Transfers from U.S. Satellite Export Policy-Actions and Chronology”, http://www.fas.org/spp/starwars/crs/98-485.pdf.

机和导弹防御系统的转让是不全面的。战斗机可以携带大规模杀伤性武器，其破坏能力不低于弹道导弹，且可反复使用。同时，美国一直在研发的导弹防御系统也涉嫌扩散导弹设备及技术，该系统中的拦截导弹可改装为地对地弹道导弹。

第二节　中美在导弹不扩散领域中的互动

导弹及其技术控制制度成立之初，美国意图把中国排除在外。随着冷战的结束，美国的态度又发生了转变，希望中国遵守导弹及其技术控制制度的规定并建议中国加入该组织。鉴于中国与巴基斯坦等国存在导弹合作，如果中国加入该组织，其行为将受到一定的约束。此外，美国也希望借推动中国加入导弹不扩散制度，使中国在导弹出口方面的法制建设更加完善。21 世纪初，中国制定了自己的导弹出口管制法规及清单，并于 2004 年提出加入导弹及其技术控制制度。美国又百般阻挠，提出“中国在实施导弹出口管制方面还继续存在问题”,[①] 加入的时机不成熟。美国在中国加入导弹及其技术控制制度问题上虽然态度前后变化，影响了中国的加入进程，但客观上两国关于导弹扩散问题的博弈和争论，使中国加深了对该问题的重视和研究。

首先，通过 20 世纪 90 年代初，美国对中国的两次有关导弹问题的制裁，中美两国开启了在导弹不扩散问题上的对话，中国对导弹及其技术控制制度的态度也从反对到逐渐接受。

1989 年北京政治风波后，中美两国的主要矛盾一度是人权问题。1989 年 11 月，美国要求中国遵守导弹及其技术控制制度的有关规定，表明美国对这一问题的重视。从 1991 年到 1994 年，美国对中国进行了两次涉及导弹扩散的制裁，在中国的努力下，又两次解除了制裁。中美两国关于制裁与反制裁的博弈，推动了中国对导弹不扩散规范的认识和理解。

1991 年 3 月，美国指责中国向巴基斯坦出售导弹，并继 1989 年之后，第二次要求中国遵守导弹及其技术控制制度的规定。中方的回应是

---

① Paul Kerr, Wade Boses. China Seeks to Join Nuclear, Missile Control Groups [J]. *Arms Control Today* (Volume 34), 2004 (2), p. 37.

"中国没有义务遵守自己没有参加谈判的机制"。[①] 由于导弹及其技术控制制度的成员国在 1991 年 3 月 18 日在日本东京召开全体会议，没有邀请中国参加，有孤立和制裁中国的含义。中国对美国要求中国遵守该制度的清单及规则也就态度消极。1991 年 5 月，美国对中国进行了第一轮制裁，禁止美国公司同中国精密仪器进出口公司和长城工业公司的进出口合作，取消中美太空合作计划和向中国出口高性能计算机的合同。面对美国的压力，中国采取了比较灵活的态度。1991 年 11 月，中方向美方承诺，"在美方取消中止向中国出口卫星等制裁措施的条件下，遵守导弹及其技术控制制度的准则和参数"。[②] 1992 年 2 月，时任外交部长的钱其琛在给美国国务卿贝克的信中，再一次重申了中国将遵守导弹及其技术控制制度的准则和参数的承诺。这样，一个月后，美国解除了对中国的制裁。第一轮美国的制裁虽然只有 10 个月的时间，但它体现了美国对导弹不扩散问题的重视，美国希望利用制裁来迫使中国遵守导弹及其技术控制制度的有关规定，从而约束中国的军售行为。中国也通过这次博弈，开始真正认识和理解导弹及其技术控制制度，并把导弹不扩散作为中美关系中的一个重要问题加以考虑。

1993 年美国针对中国的第二轮制裁，进一步体现了两国对导弹不扩散问题的各自立场，并催生了 1994 年的《关于导弹问题的联合声明》。中国在 1992 年承诺导弹及其技术控制制度的准则和参数，实际上是遵守该制度 1987 年颁布的相关文件。根据这个版本的清单，1992 年 12 月中国向巴基斯坦出口导弹没有违规。但美国还是于 1993 年 8 月对中国进行了第二次制裁。[③] 其实，中国这次出口导弹是对美国向中国台湾出售 F－16 战斗机的报复。1992 年 9 月 2 日，布什在得克萨斯州沃尔斯堡的竞选集会上宣布了向台湾地区出售 F－16 战斗机的决定。布什政府的这一决定是美国对台政策中的严重事件，是其对"八·一七公报"的严重违反。9 月 3 日，外交部副部长刘华秋紧急召见美驻华大使芮效俭就此事提出强烈

① 钱其琛在七届全国人大四次会议后的新闻发布会上的评论，《人民日报》（海外版）1991 年 3 月 28 日。

② 钱其琛：《外交十记》，世界知识出版社 2003 年版，第 190 页。

③ Wendy Frieman, *China*, *Arms Control*, *and Nonproliferation*, New York: London: Routledge Curzon, 2004, p. 95.

抗议。美国官员也就此事向中方进行了解释，“这笔军售不是对着台湾来的，也不是冲着大陆来的，这是因为生产线在得克萨斯州，而该州对布什的总统竞选是十分重要的”。①

1993年的这次制裁比1991年的制裁要严厉，涉及十多家中国公司，约有上亿美元的高科技产品被禁止出口到中国。② 根据美国国务院发言人的话，美国的这次制裁属于第二类制裁，即禁止向受制裁国家出口敏感的高技术产品，为期两年。这一制裁将使美国公司无法向中国出口电子设备、太空系统技术及军用飞机，估计美国企业将每年损失4亿—5亿美元。1993年8月27日，外交部副部长刘华秋紧急召见美驻华大使芮效俭，就美国对中国的经济制裁提出抗议。刘华秋说，根据中美达成的协议，1992年2月，中国政府宣布按导弹及其技术控制制度的准则和参数行事，是以美方取消1991年6月对中国的制裁为前提的。现在美方恢复了对中国的制裁，迫使中国政府不得不重新考虑对导弹及其技术控制制度的承诺问题。③ 后来在1993年11月美国西雅图APEC峰会上，江泽民向克林顿提出了把中国遵守导弹及其技术控制制度和美国售台F-16战斗机的事情联系起来。这样，在中国的压力下，美国同意将中国导弹出口和美国售台F-16战斗机的事情一起作为两国对话的内容，但明确表示不会取消以前的售台武器交易。④ 为了不使中美关系受到更大的冲击，美国政府也采取了一些缓和的措施。老布什在1992年9月11日，宣布取消对中国出售卫星及其部件的限制。国务院解释说这一决定将为美国公司赢得6.5亿美元的出口，并带动更多的就业机会。克林顿在1993年年底，取消了利用中国火箭发射商业卫星的禁令。这样，中美两国开始重新对话，1994年1月和3月，两国进行了两轮对话。1994年10月，中国副总理兼外长钱其琛在美国与美国国务卿克里斯托弗签署了《关于导弹扩散问题的联

① 陶文钊主编：《冷战后的美国对华政策》，重庆出版社2006年版，第77页。

② Steven Greenhouse, “$ 1 Billion in Sales of High-Tech Items to China Blocked,” *New York Times*, August 26, 1993, pp. A1, A4.

③ 刘连第编著：《中美关系的轨迹——1993—2000大事纵览》，时事出版社2001年版，第14页。

④ Daniel Williams And Peter Behr, “U. S. Moves to Punish China Over Textiles; Beijing Said to Let Exporters Skirt Quotas; Progress Reported on Missile Proliferation Issue,” *The Washington Post*, January 7, 1994, p. A8.

合声明》。在该声明中，美国表示将严格遵守“八一七公报”的精神，取消1993年8月对中国的制裁，同时进行关于中国加入导弹及其技术控制制度成为正式成员的讨论。中国承诺不出口导弹及其技术控制制度所限制的地对地导弹，即有效荷载在500千克以上，射程超过300千米的地对地导弹。两国政府重申对《导弹及其技术控制制度》中的准则和参数的承诺，并将就此做深入探讨。①

这个联合声明的签署，表明中国在导弹不扩散问题上前进了一步。尽管距离美国的希望还有差距，但就中国的具体情况而言，在当时的历史条件下，能与美国签署这样一个声明体现了中国是一个负责任的大国。在这个声明中，中国遵守的是导弹及其技术控制制度1987年的首版管制清单，而不是1993年修改后的清单。该声明仅涉及导弹本身，对导弹部件、导弹技术及两用技术没有涉及。这体现了中美两国在导弹扩散问题上的博弈，也为以后两国的对话与合作打下了基础。另外，1994年，克林顿延长了对华最惠国待遇，使之和人权问题脱钩，中美关系处于相对友好的气氛中。这时美国政府还明确要求中国加入导弹及其技术控制制度，中国也开始认真考虑加入的事宜。1998年，中国政府发布国防白皮书《中国的国防》，明确阐述了对导弹及其技术控制制度的态度，还将中国在1992年和1994年对美国的承诺写入白皮书。② 这表明中国已将融入国际导弹不扩散机制提升到国家战略层面，这与美国的积极推动密不可分。

其次，美国通过利用中国火箭发射商用卫星，促进两国在空间技术上的合作，从而把中国引导到导弹及其技术控制制度的国际机制中来。

中国从1990年开始，使用长征系列运载火箭发射国外卫星。中国的火箭技术相对成熟，而且价格在国际市场上很有竞争力。在中国发射卫星，每发射一磅有效荷载仅需4000—5000美元，而使用美国国家航空航天局及其所属承包商或五角大楼的设施，则需1万—1.2万美元。因此，在中国发射卫星，能够给中美双方带来丰厚的合作利益。

其实，中美两国的空间合作从里根执政时期就开始了。1988年9月，里根政府批准了一项计划，准许美国向中国出口商业通信卫星，利用中国

---

① Elaine Sciolino, “U. S. and Chinese Reach Agreement of Missile Export: Clinton Eases Sanctions,” *New York Times*, October 5, 1994, pp. A1, A9.

② 中华人民共和国国务院新闻办公室：《中国的国防》，1998年7月。

火箭进行发射，以满足日益增长的美国卫星发射需求。1988 年 12 月，中美签署了第一份《卫星技术安保措施协议备忘录》，此后又于 1993 年和 1995 年签署了第二份和第三份《卫星技术安保措施协议备忘录》。通过这些协定，保证了美国卫星在到达中国后，到发射升空的时间段始终受到美国安全人员的监视，技术合作也始终受到美国官方的监视，从而保证了在中国发射卫星不会泄密。由于发射卫星的火箭技术和导弹技术之间联系密切，是否使用中国火箭发射卫星成为美国手中的一个工具，利用它来促使中国遵守导弹及其技术控制制度的有关规定。同时，与中国进行空间技术合作，可以把中国的注意力转向火箭而不是导弹，更多地与美国进行和平空间技术合作，而不是向其他国家——例如巴基斯坦出口武器技术。①

1989 年中国北京政治风波之后，美国对中国采取了制裁措施，1989 年 11 月，美国国会通过法案，禁止恢复或批准任何在中国境内利用中国火箭发射美国生产的卫星的出口许可申请。在 1991 年和 1993 年，由于中国向巴基斯坦出售导弹引发美国对中国的制裁中，都包含禁止向中国出口卫星的内容。在中国 1992 年和 1994 年承诺遵守导弹及其技术控制制度的有关准则和技术参数后，美国又取消了关于发射卫星的制裁。总体来看，老布什政府期间，美国 3 次解除发射卫星的禁令，共利用中国火箭发射 9 颗卫星；克林顿政府期间，美国 8 次解除发射卫星的禁令，共利用中国火箭发射 11 颗卫星。② 利用这些商业发射的合作，美国努力引导中国融入导弹不扩散的国际机制当中来。

1996 年，克林顿第二任期开始后，美国在导弹不扩散问题上的态度更加积极。美国希望通过与中国进行空间技术合作和商业发射合作，尽早使中国加入导弹及其技术控制制度的意图更加明显。美国有些媒体报道，如果中国建立自己的导弹出口管制机制、不向导弹及其技术控制制度非成员国出口禁止的物项和技术，中国就可以成为导弹及其技术控制制度的正式成员。同时，如果中国加入了导弹及其技术控制制度，美国会在有限的

① John Pike, "Export Controls Relating to Commercial Communications Satellites," http: // www. fas. org/ spp/starwars/congress.

② "General Scowcroft on Chinese Satellite Launches," *Congressional Record*, June 9, 1998, p. E1063. URL 〈http: //www. fas. org/spp/starwars/congress/1998/h980609 - prc. htm〉.

领域内扩展与中国的商业和科学的空间技术合作。[①] 1998 年 6 月底，克林顿对中国进行了正式访问，这是此前十年来美国在任总统第一次访华，双方同意在平等和相互尊重的基础上进行关于全球安全和防扩散方面的对话，[②] 美国向中国提出了加入导弹及其技术控制制度的要求，中国也表示要积极研究此问题。1998 年 9 月，唐家璇外长访美时，与美国国务卿奥尔布赖特举行会谈，双方同意就不扩散问题，包括导弹及其技术控制制度问题举行磋商。[③] 此后，经过双方多次谈判，2000 年 11 月，中美之间达成了导弹不扩散问题上的协定。根据该协定，中国承诺遵守《导弹及其技术控制制度》的技术参数，保证不以任何方式帮助任何国家研制能够投掷核武器的弹道导弹。而美国则取消对中国的制裁，恢复两国公司之间开展商业性空间合作的许可证审批程序，尽早恢复双方关于延长 1995 年签订的商业发射任务的国际贸易协定的讨论。[④] 随后，中国外交部发言人表示，中国将进一步完善有关导弹出口管制方面的法律建设，颁布包括双用途物项在内的导弹相关物项的出口管制清单。[⑤] 2002 年，中国颁布了《导弹及相关物项和技术出口管制条例》及《管制清单》，其控制范围和相关参数与导弹及其技术控制制度的附件基本一致。[⑥] 该条例的出台，标志着中国在导弹不扩散问题上向国际机制迈进了一大步，尽管中国从程序上没有加入导弹及其技术控制制度，但中国已经在实践上基本履行了这个机制的规定。

奥巴马上台后，中美在太空合作方面进展不大。2009 年，胡锦涛主席访美时和奥巴马总统曾谈到希望两国在探月计划、空间探测领域发展合作。但由于美国方面顾虑较多，该合作未能有实质性进展。由于怀疑中国的太空计划是对军事行动提供支持，2011 年 5 月，美国众议院在拨款法案中增加了美国宇航局和白宫科技办公室“不得使用联邦资金同中国或

---

① Howard Diamond, “U. S. Renews Effort to Bring China into Missile Control Regime,” *Arms Control Today*, March 1998, p. 22.

② 刘连第编著：《中美关系的轨迹——1993—2000 大事纵览》，时事出版社 2001 年版，第 215 页。

③ 同上书，第 225 页。

④ 陶文钊：《中美关系史 · 下卷（1972—2000）》，上海人民出版社 2004 年版，第 391 页。

⑤ 《就防扩散问题外交部发言人发表谈话》，《人民日报》2000 年 11 月 22 日第四版。

⑥ 外交部政策研究室编：《中国外交 2003》，世界知识出版社 2003 年版，第 73 页。

中国公司就太空项目进行任何合作或协调”的条款，并禁止在宇航局的设施中接待中国官方人员[①]。此外，在国际空间站建设问题上，美国继续坚持双重标准。一方面推动与俄罗斯进行国际空间站的联合建设；一方面引导国际社会拒绝中国参与国际空间站的建设。美国的防范体现了其保护知识产权和敏感技术的想法，也是两国缺乏战略互信的表现。

再次，在加入导弹及其技术控制制度问题上，美国不同政府的态度有所变化，中国在是否加入的问题上，也经历了由不想加入到要求加入的过程。

中国遵守导弹及其技术控制制度的准则和参数与正式加入这个组织是两个不同的问题。在1991年和1993年美国两次因导弹出口问题制裁中国时，都是要求中国遵守导弹及其技术控制制度的准则和参数，而没有进一步要求中国加入该制度。这是因为中国如果成为该国际多边组织的正式成员，就可以与美国等西方国家共享导弹方面的情报，还可以免受美国的制裁。而美国并不愿意与中国共享敏感的情报，也不愿意中国成为正式成员后免受来自美国的制裁。[②] 在1983年到1987年导弹及其技术控制制度成立之前，美国为首的西方七国就导弹不扩散问题进行了多轮会谈。而这期间中美关系缓和，为共同应付苏联的挑战结成了准联盟的关系。在此期间中美达成了和平利用核能的协定，1986年中国还加入了国际原子能机构。但美国没有邀请中国参加这些会谈，表明美国有意阻止向中国等发展中国家出口导弹及其技术，而西方国家之间却可以互相转让导弹和技术，其目的还是为了维护美国的国家安全和政治利益。可以说在导弹及其技术控制制度的筹备期和成立初期，美国对中国是有意排除在外的，而中国对它也是持怀疑态度，认为该机制是美国控制下的西方盟国的俱乐部。到了20世纪90年代，随着冷战的结束，美国认为导弹不扩散国际机制如果没有中国的参与，其有效性会大为降低，这时美国开始表示希望中国成为这一机制的正式成员。但这种表态主要是一种策略，其主要目的是促使中国遵

---

① Frank KlotzJul, China's Space Race is America's Opportunity, July 29 2012, http://www.theatlantic.com/international/archive/2012/07/chinas-space-race-is-americas-opportunity/260450/, 2013-5-9.

② Michael D. Swaine and Alastair Iain Johnston, "China and Arms Control Institutions," in Elizabeth Economy and Michel Oksenberg (ed.), *China Joins the World: Progress and Prospects*, New York: Council on Foreign Relations Press, 1999, p. 113.

守导弹及其技术控制制度的规定。中国那时对该机制也持谨慎的态度，并不急于加入。可以说，在1996年以前，无论中国和美国对中国成为导弹及其技术控制制度正式成员都处于观望之中。

1996年后，克林顿政府对华接触战略的出台使中美关系大为好转，美国对中国加入导弹不扩散机制的态度也发生了较大的变化。1997年9月，中国政府颁布了《中华人民共和国核出口管制条例》，10月，中国加入桑戈委员会①。1998年6月，中国颁布了《核两用品及相关技术出口管制条例》。中国在核出口管制方面的法制建设和融入国际核不扩散的进程，使美国认识到，在导弹不扩散问题上中国也会取得一定的进步。1998年6月克林顿访华前，美国政府希望利用这次访问，加强中美在空间技术方面的合作，包括出售商用卫星、利用中国火箭发射美国卫星等，并以此来促使中国加入导弹及其技术控制制度中来。

1998年国会的两党斗争和《考克斯报告》对克林顿的对华接触政策产生了一些不利的影响。1996年，中国长城公司为美国劳拉公司发射商用卫星失败，火箭在升空的过程中发生爆炸，同时将卫星炸碎，事后劳拉公司派专家到中国，与中方专家一起调查事件的原因。到了1998年，美国媒体和国会却利用此事大做文章，声称美国专家在调查事件的过程中向中国提供了关于制导系统的专门知识，从而大大提高了中国核导弹的可靠性，威胁了美国的安全。1998年克林顿访华前夕，以众院议长金里奇（Newt Gingrich）为首的152名众议员要求克林顿取消访华，其原因是美国有关公司向中国出口导弹技术问题尚未查清。在克林顿坚持原计划对中国进行访问后，共和党为了报复总统的行为，组成了以共和党参议员克里斯托夫·考克斯（Christopher Cox）为首的特别委员会，抛出了著名的《考克斯报告》（The Cox Report）。《考克斯报告》认为，劳拉公司和休斯公司为中国分析了1996年卫星发射失败的可能原因，认为中国此次发射失败的真正原因是“长征”火箭制导系统的一个特殊部件出现了问题，这种分析给中国提供了技术上的帮助，这种技术不仅可以用于中国商业和

① “桑戈委员会”于1971年成立，其宗旨是根据《不扩散核武器条约》第三条第二款，制定向未参加该条约的无核国家出口核材料、设备和技术的控制条件和程序。该委员会制定了核出口控制《触发清单》，规定出口清单项目须接受国际原子能机构保障监督。

军事上的空间发射计划，而且还可以用于弹道导弹方面。[①] 这样，中国导弹的精确度提高了，美国的安全也就受到了威胁。其实，“中国公司为美国发射卫星是由里根总统建议，由布什总统确定的政策，克林顿总统只是继承这一政策而已”。[②]

迫于国会的压力，克林顿在访华期间没有涉及两国在空间技术方面的合作，但美国仍提出了中国加入导弹及其技术控制制度的要求，中国方面表示积极考虑美国的建议。随后，中美两国就中国加入该制度进行了谈判。中国此时对加入导弹及其技术控制制度还有一些顾虑：一方面是担心加入美国主导的这一机制后，自己的主权会受到损害，影响国家的总体外交战略；另一方面中国也不愿意与美国等国分享自己的情报，以免对国家安全造成不利影响。到了 2000 年 10 月，美国同意中国在不加入的情况下，通过自己的有关导弹出口的法律。[③] 2000 年 11 月，中美之间达成了导弹不扩散问题上的协定。2002 年，中国公布了导弹出口管制的法规和管制清单。尽管在克林顿政府时期中国没有加入导弹及其技术控制制度，但中国国内导弹不扩散出口管制法律的完善为以后中国的加入打下了基础。

小布什上台后，美国的军控与裁军政策发生了较大变化，对中美关系产生了一定的负面影响。小布什政府推行的是一项威慑加防御再加打恐、反扩散的单边主义的军控政策，其战略目标是扩建军备，以取得绝对安全、绝对军事优势和绝对霸权。[④] 在不扩散方面，小布什政府更加强调通过制裁来促使中国遵守国际规则。从 2001 年起，美国重新开始了对中国涉及导弹贸易的制裁，而且美国对中国的这类制裁呈现常态化趋势，几乎

---

① 美国众议院特别委员会：《考克斯报告——关于美国国家安全以及对华军事及商业关系的报告》（中译本），新华出版社 1999 年版，第 19 页。

② 陶文钊：《坎坷途中求共识——影响中美经贸关系的非经济因素》，《国际贸易》1999 年第 3 期，第 9 页。

③ 刘连第编著：《中美关系的轨迹——1993—2000 大事纵览》，时事出版社 2001 年版，第 549 页。

④ 顾国良：《中国的军控应对策略：兼论小布什政府军控思想与政策的调整及变化》，《战略与管理》2002 年第 4 期，第 78—80 页。

每年都要对中国的公司进行制裁，涉及的公司也日益增多。[1] 此时，美国停止了与中国的商业卫星发射合作。对于中国加入导弹及其技术控制制度的问题，美国的态度也不如从前积极。而中国经过多年的与美国在导弹不扩散问题上的博弈，已经对导弹及其技术控制制度有了比较全面的认识。2002 年，中国公布了导弹出口管制的法规和管制清单，使国内的不扩散体制更加健全，同时也为加入导弹及其技术控制制度做好了技术上的准备。此后，中国要求加入导弹及其技术控制制度的态度更加明朗。2003 年，中国外长李肇星致函导弹及其技术控制制度的主席国表示，根据中国最新修订的国家出口管制条例，中国加入该机制不会有任何困难。这被该组织成员国视为中国要求加入的申请。2004 年 2 月，中国和导弹及其技术控制制度的成员国举行对话，该组织成员国对中国递交的国家出口管制体系文件进行评估并认定符合国际标准，但美国提出中国公司仍然有导弹项目和核项目的国际合作，认为中国在决定发放出口许可证和执行出口管制方面还存在问题。这实际上否定了中国的加入申请。[2] 2004 年 9 月，中国正式提出加入导弹及其技术控制制度的申请，但由于美国的反对，中国一直没有成为该组织成员。尽管如此，该组织的成员国还是鼓励非成员国自愿遵守其指导原则，中国和以色列就是这样做的。[3]

最后，中国是否加入导弹不扩散的国际机制，还与美国对台军售有一定联系，其中还涉及美国导弹防御计划的影响。

台湾问题一直是中美关系中的一个重要问题。美国售台武器对中美关系和中国加入导弹不扩散机制有着重要的影响。根据中美 1982 年签署的“八·一七公报”，美国向台湾出售的武器在性能和数量上将不超过中美建交后近几年供应的水平，并逐步减少它对台湾的武器出售。冷战结束后，在很长一段时间内，中国将美国售台武器的数量与质量同中国在军控和不扩散问题上的政策态度挂钩；美国将是否向台湾提供导弹防御能力同中国在沿海省份的导弹部署挂钩；中国将是否加入导弹及其技术控制制度

---

① US Arms Control/Nonproliferation Sanctions Against China, http://www.nti.org/db/china/sanclist.htm.

② 斯德哥尔摩国际和平研究所：《SIPRI 年鉴 2005》，中国军控与裁军协会译，时事出版社 2006 年版，第 977 页。

③ 斯德哥尔摩国际和平研究所：《SIPRI 年鉴 2006》，中国军控与裁军协会译，时事出版社 2007 年版，第 1081 页。

同美国是否向台湾提供导弹防御能力挂钩。[①] 在1991年到1992年联合国"五常"举行的中东军控会议上，中国反对将导弹作为大规模杀伤性武器加以限制，中国认为高性能战斗机比导弹具有更大的破坏性。[②] 中国的态度实际是要对美国可能向台湾出售战斗机进行限制。1992年9月，布什宣布向台湾出售F-16战斗机后，中国便退出了"五常"中东军控会议。1992年12月，美国指责中国向巴基斯坦出售导弹。中国官方承认曾向巴基斯坦出售过弹道导弹。1993年，在美国西雅图APEC领导人峰会上，克林顿总统向江泽民主席建议，如果中国遵守导弹及其技术控制制度的准则和参数，美国可能减缓制裁。江泽民回应道，不解决美国售台F-16战斗机问题，就不进行对话。[③] 为了缓和出售战斗机造成的中美关系的僵局，克林顿取消了利用中国火箭发射美国卫星的禁令。后经过谈判，1994年10月，美国取消了前一年对中国的制裁，中国也承诺接受导弹及其技术控制制度1987年版的控制清单。经过这次斗争，美国在很长时间内在售台武器方面比较谨慎，没有大规模的售台武器行为。

美国发展导弹防御系统，对中国融入导弹不扩散国际机制产生了负面的影响。克林顿政府后期，美国开始发展战区导弹防御系统和国家导弹防御系统，到小布什时期，将两类系统整合为统一的导弹防御系统。中国对美国发展导弹防御系统一直持反对的态度。导弹防御系统实际上违背了《导弹及其技术控制制度》的准则，扩散了导弹技术。根据《导弹及其技术控制制度》规定，禁止用于弹道导弹或巡航导弹的部件和技术的转让。而反弹道导弹的飞行速度达到五马赫以上，弹体的防热结构和材料完全可以用于制造远程弹道导弹。其他如制导系统、火箭部件和燃料等都可以转用在地对地导弹上。美国与台湾地区联合发展导弹防御系统，对中国的国家安全构成了一定的威胁。所以1998年6月克林顿访华时，中国对其建议加入导弹及其技术控制制度只表示积极考虑，没有直接答应。中国希望利用导弹出口这个手段对美国在台湾地区试验反导系统进行遏制。事实证

---

① 樊吉社：《中美军控：合作与分歧、动因和走势》，《国际经济评论》2001年第9—10期，第41—44页。

② Lee Feinstein, "Big Five Accomplish Little During Washington Talks," Arms Control Today, March 1992, p. 23.

③ Henry Sokolski, "U. S. Satellites to China-Unseen Proliferation Concerns," International Defense Review, Vol. 27, No. 4, April 1, 1994, p. 23.

明，中国的做法在当时的历史条件下还是有一定作用的。

尽管中美在对朝鲜制裁上取得一致，但两国在反导问题上还是出现了意见分歧。2012 年 12 月 12 日，朝鲜不顾国际社会的反对发射了“光明星 3 号”卫星。2013 年 1 月，联合国安理会通过决议，谴责朝鲜利用弹道导弹技术进行发射的行为，美国和中国都投了赞成票。2013 年 2 月，朝鲜又进行了第三次核试验，此举遭到联合国新的制裁。2013 年 3 月，美国国防部长查克·哈格尔（Chuck Hagel）宣布将在阿拉斯加追加部署 14 枚拦截导弹，以防止朝鲜核武器的威胁①。由于目前阿拉斯加的基地已有 26 枚拦截导弹，届时该处将有 40 枚拦截导弹。加上加利福尼亚州已有 4 枚导弹，未来美国西海岸的拦截导弹数量将达到 44 枚。

由于朝鲜的导弹技术有限，不可能对美国本土构成威胁，美国加强反导系统的计划使得中俄两国高度关注。美国在西海岸部署的拦截导弹规模，主要是针对奉行最低限度核威慑政策的国家，而中国正是这样的国家。此外，中国对美国在日本、韩国和菲律宾部署反导系统只为应对朝鲜的解释表示怀疑。2012 年 6 月上合组织新闻公报指出，个别国家或国家集团不顾其他国家的正当利益，单方面不受任何限制地加强反导系统，将对国际安全和全球战略稳定产生危害②。

第三节 对中美两国在导弹不扩散问题上的合作的评估和展望

中美两国在导弹不扩散领域中的合作主要涉及两个问题：一是中国加入导弹及其技术控制制度的问题；另一个是中美两国开展空间技术合作问题。中美两国在防止导弹扩散问题上，存在共同的战略利益。面对导弹以及相关技术的扩散对世界和平与安全的严重威胁，中国与美国取得了一些共识，并在很多国际场合加强了协调。像中美关系中的其他问题一样，两国在导弹扩散问题上存在分歧是正常的。如果双方能协调立场，通过谈判

① Amaani Lyle, Hagel: U. S. Bolstering Missile Defense, http://www.defense.gov/news/newsarticle.aspx? id = 119543, 2013 - 5 - 9.

② 《中国将杜绝中亚“阿拉伯之春”》，http://epaper.dfdaily.com/dfzb/html/2012-06/08/content_632364.htm#，2013 - 5 - 9。

和妥协，能很好地化解矛盾；但是如果处理不好，一方动辄进行批评和制裁，将严重影响到两国关系的正常发展。

中国在加入导弹及其技术控制制度问题上态度是明确的，但美国的态度对中国的加入进程影响巨大。加入导弹及其技术控制制度对中国来说，主要有三方面的意义：一是可以减少因导弹出口问题而受到美国的制裁，使得中国有能力影响这个机制未来的发展①，包括对其中一些游戏规则的修改；二是有利于中国参加国际太空技术合作，利用国外的先进技术推进本国技术进步；三是通过进入国际太空技术市场，利用中国的火箭发射国外的卫星，把技术转化为利润，实现经济效益。可以说，随着科学技术的发展，未来各国的竞争是太空领域的竞争。在国际太空领域取得优势地位，对于中国树立负责任大国的国际形象、保护国家安全和促进经济建设都是意义重大。中国2002年颁布的导弹及其技术出口管制法规和相关清单，已经与导弹及其技术控制制度的要求基本一致。中国尽管不是导弹及其技术控制制度的正式成员，但已经从实践上履行了导弹及其技术控制制度正式成员的职责，加入该机制在法律依据和技术上已不存在障碍。

导弹及其技术控制制度在接纳新成员方面，1997年是其政策的分水岭。在1997年前，该机制是在西方七国一致同意的基础上通过邀请的方式发展新成员。从1987年到1997年，为提高决策效率和机制合作的水平，导弹及其技术控制制度在机制领域执行一种限制成员数目的战略。其理论依据是小数量成员比大数量成员建立的多边安排更易进行深入合作。② 1997年，这个机制对发展新成员的标准进行了修改：申请国是否会加强现有的不扩散机制；申请国是否显示出对防扩散有一贯的承诺并将持续下去；申请国是否拥有一套以法律为依据且有效的出口管制体系，可以实施导弹及其技术控制制度的规范和规则；这套法律体系是否被有效地执行。③ 由于美国在该机制中起着至关重要的作用，所以申请国是否被接

① 吴心伯：《太平洋上不太平——后冷战时代的美国亚太安全战略》，复旦大学出版社2006年版，第94页。

② George Downs, Davis Rocke and Peter Barsoom, "Managing the Evolution of Multilateralism," *International Organization*, Vol. 52, No. 2 (Spring 1998), pp. 397 – 419.

③ Federation of American Scientists Database, The Missile Technology Control Regime: An Information Paper, November 1997, see: www.fas.org/asmp/campaigns/missiles/1997_plenary_info.html.

纳，美国的态度很关键。如果美国认为某一申请国符合了上述标准，那么这个国家在未来的加入过程中将很顺利。如果美国认为某一申请国不符合上述标准（尽管可能与事实不符），那么这个国家的加入进程将面临困难。

中国加入导弹及其技术控制制度的进程是循序渐进的，从遵守其准则和技术参数开始，到完善本国的法律体系，到与导弹及其技术控制制度成员国接触并正式提出加入申请。到目前为止，这一过程前后持续了20年，体现了中国对于加入国际导弹不扩散机制的诚意。1991年11月，中方向美方承诺，“在美方取消中止向中国出口卫星等制裁措施的条件下，遵守导弹及其技术控制制度的准则和参数”。[①] 这是中国第一次承诺要遵守导弹及其技术控制制度的相关规定。1992年2月，时任外交部长的钱其琛在给美国国务卿贝克的信中，再一次重申了中国将遵守导弹及其技术控制制度的准则和参数的承诺。1994年10月4日，中美两国外长签署了《关于导弹扩散问题的联合声明》。在声明中，中国承诺不出口导弹及其技术控制制度所限制的地对地导弹，即有效荷载在500千克以上，射程超过300千米的地对地导弹。[②]

在1994年中国接受了承担导弹及其技术控制制度的关键性义务后，中国的导弹出口控制政策还有进一步发展。1997年10月，中国颁布了《中华人民共和国军品出口管理条例》，正式确认了武器转让的三原则：（1）有助于接受国的正当自卫能力；（2）不损害有关地区的和世界的和平、安全与稳定；（3）不干涉接受国的内政。1998年6月，《中美关于南亚问题的联合声明》中提到了有关对印、巴的核和导弹出口加以控制的问题。声明中说，中美的政策是“防止出口可能会以任何方式帮助印、巴的核武器计划或运载此类核武器的弹道导弹计划的设备、材料及技术”。

2002年8月25日，中国政府依照承诺，颁布了《导弹及相关物项和技术出口管制条例》（以下简称《条例》）以及与之配套的《管制清单》。《条例》规定，中国在导弹出口控制方面实行“许可证”制度，在决定是

① 钱其琛：《外交十记》，世界知识出版社2003年版，第190页。

② Elaine Sciolino, “U. S. and Chinese Reach Agreement of Missile Export: Clinton Eases Sanctions,” *New York Times*, October 5, 1994, pp. A1, A9.

否发放出口许可证时，中国政府将考虑申请出口物项的“最终用途”和“最终用户”，中国政府对存在扩散风险的出口实行“全面控制”的原则。[①] 中国的这些规定和技术参数与导弹及其技术控制制度的原则和参数基本一致，中国已经具备了成为该机制正式成员的资格。2003 年，中国致函导弹及其技术控制制度的主席国表示，根据中国最新修订的国家出口管制条例，中国加入该机制不会有任何困难。这被该组织成员国视为中国要求加入的申请。2004 年 2 月，中国和导弹及其技术控制制度的成员国举行对话，该组织成员国对中国递交的国家出口管制体系文件进行评估并认定符合国际标准。但此时小布什政府的态度与克林顿时期变化较大，认为中国在决定发放出口许可证和执行出口管制方面还存在问题。这实际上否定了中国的加入申请。[②] 结果，尽管 2004 年 9 月，中国正式提出加入导弹及其技术控制制度的申请，但由于美国的反对，中国一直没有成为该组织成员。

美国之所以反对中国加入导弹及其技术控制制度，主要有三方面的考虑；第一，美国对中国执行出口管制的行为持怀疑态度；第二，美国担心中国加入该机制后会从内部制约美国，从而对美国不利；第三，美国不希望与中国开展太空合作。

美国对中国执行出口管制的行为一直持怀疑态度。在 2002 年中国颁布关于导弹及其技术出口管制法规之前，美国认为中国的出口控制法律体系不健全，在涉及导弹出口方面还不规范，不符合导弹及其技术控制制度的成员标准。在 2002 年中国颁布了相关法规后，美国认为中国在执行法规上还有漏洞，仍不适宜加入导弹及其技术控制制度。其实在克林顿时期，美国就对中国执行出口管制的情况表示怀疑。1997 年 4 月，美国负责不扩散问题的副助理国务卿罗伯特·埃因霍恩（Robert Eindhorn）在国会参议院做证时就曾对中国出口管制体系的有效性表示怀疑。[③] 2001 年，小布什上台后，美国政府对中国有关导弹出口的指控更多起来，并恢复了

① 中华人民共和国外交部，http：//fmprc. gov. cn/chn/33978. html。

② 斯德哥尔摩国际和平研究所：《SIPRI 年鉴 2005》，中国军控与裁军协会译，时事出版社 2006 年版，第 977 页。

③ Testimony by Robert J. Einhorn, Deputy Assistant Secretary of State for Nonproliferation, Before the Subcommittee on International Security, Proliferation, and Federal Services, *Senate Committee on Governmental Affairs*, 10 April 1997.

1994 年停止的对华制裁。2001 年 7 月，美国中央情报局透露，称中国出口了导弹相关产品。[①] 针对此事，2001 年 8 月，美国对中国施加制裁。一个月后，美国又提出了解除制裁的条件，其中包括中国必须再次确认自己在 2000 年 11 月中美导弹不扩散的协定中承担的义务，并尽快制定出本国的出口管制体制和法规。[②] 尽管中国在 2002 年出台了关于导弹及其技术的出口管制法规，并完善了自己在涉及核、生物、化学武器等大规模杀伤性武器出口管制方面的体制建设，但美国仍然根据自己的情报对中国的相关出口企业进行制裁。美国认为中国虽然制定了相关的法律法规，但在执行时力度不够，时常出现违反导弹及其技术控制制度的现象。由于美国的态度没有太大转变，中国加入导弹及其技术控制制度的申请被拖延至今。

美国担心中国加入该机制后会从内部制约美国，从而对美国不利。首先，美国担心中国一旦加入该组织，会推动组织规则的修改，把先进战斗机和反导系统也纳入防扩散范围中。中国政府曾表示，防扩散应该遵守公平合理、全面和均衡的原则，并从世界和平与安全的大局出发及照顾第三世界国家的利益。[③]《导弹及其技术控制制度》虽然对防止导弹扩散起到一定的作用，但是并不能从根本上保障发展中国家的安全，因此无法得到广大发展中国家的真正支持。在 1991 年到 1992 年联合国“五常”举行的中东军控会议上，中国反对将导弹作为大规模杀伤性武器加以限制，中国认为高性能战斗机比导弹具有更大的破坏性。[④] 而一旦将高性能战斗机作为大规模杀伤性武器加以管制，对美国的经济利益将影响巨大。中国认为，美国建立导弹防御系统，违反了导弹及其技术控制制度的规定。根据该机制的规范，禁止用于弹道导弹或巡航导弹的部件和技术的转让。而美国与其盟友合作开发反导系统，实际上是扩散了导弹相关物项和技术。美国为了维护其国家安全和全球战略，是不会轻易放弃该系统的建设的。其次，美国不希望与中国在该组织内共享情报，也不愿意解除对中国的技术

① Bill Gertz, “Beijing Arms Pakistan,” *The Washington Times*, 6 August 2001.

② Alan Sipress, “U. S. Lists Conditions for Lifting Sanctions,” *The Washington Post*, September 2, 2001.

③ 中华人民共和国国防部：《中国的国防》白皮书，人民网，2011 年 1 月 7 日，http://www.mod.gov.cn/affair/2011-01/07/content_4249944_5.htm，2011-11-10 登录。

④ Lee Feinstein, “Big Five Accomplish Little During Washington Talks,” *Arms Control Today*, March 1992, p. 23.

封锁。根据导弹及其技术控制制度的有关规定，成员国在机制内可以共享敏感情报，也可以进行技术合作。美国是该组织最大的情报提供国，很多国家判断出口行为的最终用途和最终用户等重要信息都是通过美国的信息。尽管美国的情报来源都是保密的，而且有时候是不完整的，但美国也不愿与中国分享，对中国的戒备心理是非常明显的。

为了确保美国在太空领域的优势地位，美国不希望与中国开展太空合作，以此对中国加入导弹及其技术控制制度持消极态度。

中美能否开展太空技术合作，在很大程度上受美国政府的对华战略影响。以小布什上台为分水岭，美国在这方面的政策变化较大。在里根、老布什和克林顿时期，中美在商业卫星发射和空间技术合作方面取得一些成绩；2001 年小布什上台后，中美双方在这一领域的合作基本停止。1988 年 9 月，里根政府批准了一项计划，准许美国向中国出口商业通信卫星，利用中国火箭进行发射，以满足日益增长的美国卫星发射需求。1988 年 12 月，中美签署了第一份《卫星技术安保措施协议备忘录》。老布什政府期间，美国 3 次解除发射卫星的禁令，共利用中国火箭发射 9 颗卫星；克林顿政府期间，美国 8 次解除发射卫星的禁令，共利用中国火箭发射 11 颗卫星。① 里根时期，出于防范共同战略对手的考虑，中美两国结成了准战略联盟的关系，就是在这一时期，中美签订了核合作协议，开展空间技术合作也顺理成章。老布什和克林顿时期，美国政府希望通过与中国的太空技术合作引导中国加入导弹不扩散的国际机制中来。美国的这些政策起到了积极的作用，中国在 1991 年以后多次承诺遵守导弹及其技术控制制度的准则和参数，1994 年两国首次达成了导弹不扩散问题的协定，2000 年 11 月两国第二次达成了导弹不扩散问题的协定，第二个协议比第一个协议更前进了一步。美总统国家安全事务助理伯杰（Samuel Berger）认为，由里根总统首先制定，得到布什和克林顿总统继续执行的这项政策，对美是好的政策，有利于刺激中国帮助制止导弹技术扩散，提高美在全球卫星生意中的竞争力。国会某些议员试图通过立法，禁止美公司用中国火

① "General Scowcroft on Chinese Satellite Launches," Congressional Record, June 9, 1998, p. E1063. URL, http://www.fas.org/spp/starwars/congress/1998/h980609-prc.htm.

箭发射卫星，这不仅有损美国家利益，且将损害美中关系。[①]

小布什上台后，中美两国的太空技术合作基本停止。2001 年 8 月，美国政府以中国出口导弹相关物项为由，恢复对中国的制裁，中美两国的太空技术合作和商业卫星发射合作因此被搁置。2006 年 4 月，胡锦涛访美期间，小布什曾承诺开展双方在民用太空技术领域的合作，但后来美国又以中国进行反卫星试验为借口，重新评估刚刚开始的双方在民用空间技术领域的合作。[②] 由于美国政府认为中国试验反卫星武器违反了两国在太空领域进行合作的宗旨，因此中止了双方在太空技术领域的合作。小布什政府之所以在太空技术合作问题上态度发生了较大的转变，主要有两方面的原因：一是要阻止中国加入导弹及其技术控制制度；二是要确保美国在太空技术领域的优势地位。

首先，减少或停止两国太空技术合作是把中国拒于导弹及其技术控制制度之外的一种手段。导弹及其技术控制制度是国际进行太空技术合作的行为规范，该制度支持民用太空技术的国际合作，国际上的太空技术大国都是该制度的成员国。中国如果进入该组织，将更加顺畅地与该组织的成员国进行太空技术贸易，包括利用中国的火箭发射商业卫星和出口火箭及相关技术，从而在国际空间技术市场占据一席之地，为中国的经济建设服务。同时，中国也可以利用国际市场引进西方先进的太空技术，提高本国航天技术和通信卫星的水平，促进中国的技术进步。而这些结果将极大地冲击美国对华技术封锁和制裁。如果美国能够成功地将中国加入导弹及其技术控制制度的进程向后推移，也就等于把中国技术进步的速度放缓。美国则可以利用这段有利时机，加快自己在太空领域的技术研发，从而在未来太空争夺中占据一定的先机。

其次，确保美国在太空技术领域的优势地位对美国至关重要。21 世纪世界大国的军事竞争主要体现在太空领域，谁控制了太空，谁就在某种程度上控制了战略制高点。军事卫星的发射和运行、导弹的发射、反导系统的运转，都离不开先进的太空技术。美国的太空战略在其国家安全战略

---

① 刘连第编著：《中美关系的轨迹——1993—2000 大事纵览》，时事出版社 2001 年版，第 207 页。

② Kerry Dumbaugh, "China-U. S. Relations: Current Issues and Implications for U. S. Policy," *CRS Report For Congress*, Updated June 14, 2007, p. 5.

中地位非常重要，随着美国导弹防御系统的完善，美国谋求在太空技术和太空战略上的超强地位更加重要。中美两国由于军事上的不信任，美国一直将中国作为战略防范的对象，小布什上台后还一度将中国列为七个核打击的对象国。尽管中国在太空技术领域还落后于美国等西方发达国家，在一些具体的技术环节上还差距较大，但美国防范中国技术进步的警惕性却一直没有放松。1996 年中国火箭发射美国卫星失败，美国休斯公司技术人员来华调查失败原因。1998 年的《考克斯报告》就声称这次调查帮助中国提高了火箭的精度。中国在太空技术领域的一点进步，都是美国不愿看到的。如果这些进步逐步累积起来，就会形成大的技术跨越，而太空技术的发展会促进中国太空战略的变化。中国本身就是公认的核武器国家，如果在太空技术和太空战略上再取得长足的进展，无疑对美国的太空优势地位会形成挑战，这是美国不愿看到的。通过减少或中止两国的空间技术合作，虽然不能从根本上阻止中国发展太空技术，但却可以延缓中国发展太空技术和相关战略的步伐。

加入导弹及其技术控制制度是中国的既定目标，由于美国的阻挠，中国的加入进程并不会顺利。为了加入这一制度，今后中国还要在以下三个方面更加努力。

第一，加强出口管制的执行力度，让美国抓不到把柄。中国在 2002 年就制定了导弹及技术出口管制的法规，但在具体的执行过程中不免出现各种问题。中国的市场化进程促进了企业的出口发展，但个别企业缺乏法制观念，只追求经济效益，对相关的出口法规了解不多，在出口产品（尤其是军民两用产品）时容易出现问题。为此，中国的相关部门要加强相关的教育和培训，使更多的企业了解中国的出口管制法律法规，增强法律意识。就导弹出口的法规来说，由于中国的法规和国际是接轨的，遵守了中国的相关法规就等于遵守了国际的法规。对于美国强加于中国的出口违规行为，中国还要据理力争，维护自己的利益。另外，中国也可以适当提高在军售方面的透明度，让事实说话，减少美国对中国的疑虑，以自己的行为表明中国是一个负责任的大国。

第二，利用中美关系的缓和期，推动融入国际导弹不扩散机制的进程。纵观冷战结束到目前的 20 多年时间，我们会发现，当中美关系缓和时，中国融入导弹不扩散机制的进程就快；当中美关系紧张或处于低谷时，中国融入导弹不扩散机制的进程就缓慢甚至停滞。中美关系的好坏在很大程度上取决于美国的对华战略。在克林顿政府时期，美国对华奉行接触战略，中美达成了“建设性战略伙伴关系”的共识。美国不但促使中国遵守导弹及其技术控制制度的准则和参数，而且邀请中国正式加入该制度。其实在克林顿时期，美国政府内部也有批评中国在导弹出口上的疏漏。但由于中美关系的总体局面向好，也不会影响中国融入导弹及其技术控制制度的步伐。在1998年，中国对导弹及其技术控制制度的认识还不深入，觉得加入时机不成熟，另外考虑到美国当时在与台湾地区研究合作开发战区导弹防御系统（NMD）的问题，就没有加入。如果当时中国真的接受了美国的邀请，应该说加入该组织是没有问题的。小布什上台后，美国对华战略大幅度调整，中美关系一度非常冷淡。美国政府开始阻止中国加入导弹不扩散机制。尽管在这一时期，中国出台了导弹物项及技术的出口管制法规和清单，完善了自己的不扩散出口管制体系，与导弹及其技术控制制度的成员国举行双边对话，并于2004年正式提出加入申请，但美国还是反对中国加入该组织。如果从控制导弹扩散的出口管制机制看，中国在小布什时期的管制水平要明显高于克林顿时期。只是这一阶段两国的总体关系不如克林顿时期，所以中国加入导弹及其技术控制制度的步伐基本处于停滞状态。由此可见，中美关系的大局好坏直接影响着中国加入国际导弹不扩散机制的进程。

第三，自力更生，在太空技术上全面发展。21世纪的竞争，很大程度上是在太空领域的竞争。如果中国能独立自主地开发太空技术，并取得一定的突破，美国就会主动与中国进行这方面的技术合作，这时中国再提加入导弹及其技术控制制度就容易解决了。从历史上看，20世纪60年代初，中国在苏联撤走全部设备和专家的情况下，自力更生研制出了原子弹，成为世界公认的五个核国家之一。到了21世纪，随着中国经济建设取得的巨大进步，中国在空间技术领域有能力投入更多的研发资金，推动中国在太空技术领域的全面发展。近年来，中国已经建立了先进的太空工业和研发体系。中国载人航天工程（“921工程”）取得巨大成功，2003年、2005年和2008年，中国自行研制的“神舟”载人飞船先后三次将6名中国宇航员送入太空。在2008年的载人飞船发射后，中国宇航员还出舱活动，中国成为世界上第三个掌握空间出舱活动技术的国家。中国探月工程也取得初步成果。2007年和2010年，嫦娥一号卫星和嫦娥二号卫星成功发射并传回了月面图像。中国在太空技术和太空能力方面的发展，必将为中国的经济建设和国家安全提供有力的支撑。届时，美国不仅会放弃对华技术禁运和制裁，还会努力与中国合作，共同开发太空资源。

美国希望通过技术封锁和拒绝与中国进行空间技术合作来阻止中国在太空领域的发展是违背历史发展潮流的。中国航天技术的发展有目共睹，美国的高技术封锁最后只能是作茧自缚，最后受伤的还是美国的出口企业。随着中国国力的增强和中国在国际舞台上扮演越来越重要的角色，未来中国在国际和地区安全领域将发挥更大的作用。美国要实现其国家安全战略目标，很多方面需要中国的配合。中美关系的缓和对包括导弹不扩散在内的全球安全将会起到至关重要的作用。

第七章　中美在国际贸易机制中的互动：从复关入世到运用 WTO 争端机制解决中美贸易争端

GATT/WTO 是重要的全球多边贸易机制。融入世界贸易体系是中国改革开放进程中最大的外部需求之一。从 1986 年正式提出加入关税与贸易总协定到 2001 年成为世界贸易组织（WTO）成员，中国经历了 15 年的艰苦谈判，最终实现加入世界贸易体系的目标。在这一进程中，中美进行了激烈的互动，美国对中国加入世界贸易组织的进程产生了重大影响；中国入世以后，中美贸易争端日益增多，除其他外交途径和多边机制外，中国寻求在 WTO 多边机制内有关规则解决中美贸易争端。本章在介绍国际贸易机制的基础上，探讨中国在加入世界贸易体系的进程中与美国进行的互动，以及在中美贸易争端频发的背景下，中美为寻求以 WTO 争端解决机制妥善解决两国贸易争端而进行的互动。

第一节　国际贸易机制：从关贸总协定（GATT）到世界贸易组织（WTO）

国际机制是国家之间为了在无政府的国际社会中实现持续的合作而创立的。在国际政治中，国际机制通过降低交易成本和克服交易的不确定性，从而促成理性国家之间协议的达成，实现国家之间的合作。[①] 国际机制形成的基础是国家之间所具有的共同利益。多边国际贸易机制则是国家为了在无政府的国际社会中，实现国家之间稳定的贸易而创建的，多边贸易机制通过降低和克服国家在无政府社会中进行贸易的高昂成本和不确定

① ［美］罗伯特·基欧汉：《霸权之后：世界政治中的合作与纷争》，上海人民出版社 2001 年版，第 122 页。

性，来保证国际贸易正常、有序地进行。就自由贸易而言，各个国家存在着共同的利益，即通过贸易互通有无，为国家增加财富和提高福利。在没有多边国际贸易机制的条件下，国家之间实现正常和有序的贸易往往具有很大的不确定性，当遇到各种危机或者经济波动的时候，国家之间往往会采取贸易保护政策来维护自己的利益。而多边国际贸易机制可以有效地减少这种国际贸易中的无政府性或不确定性，使得国家按照国际普遍接受的规则在各种情况下进行贸易活动，使得国家的贸易行为更具有可预见性。

这种多边国际贸易机制并非本来就有。人类经历了惨痛的教训之后，认识到国家之间按照共同确认的规范和规则从事贸易活动的重要性，以此认识为基础，当今以世界贸易组织为核心的多边国际贸易机制逐步得以创设、演变和发展。

20 世纪 20 年代末爆发的经济危机严重打击了整个世界的经济。在危机中西方各个国家为了自保纷纷提高自己的关税税率，保护本国市场。英国还于 1932 年 8 月，与它的殖民地和自治领共同组建帝国特惠区，相互之间进行关税优惠，并共同对特惠区之外的国家提高关税。各个国家还纷纷将本国货币贬值，对外倾销自己的商品，世界上出现了“英镑集团”“美元集团”“金本位集团”等，一时间关税战、货币战和倾销战此起彼伏。多边国际贸易机制的缺失使得世界经济秩序缺少必要的管理和协调，各个国家各自为政，推行以邻为壑的贸易保护政策，这阻碍了世界经济复苏的进程，刺激了德、意、日等国国内战争体制的建立和兴起，对第二次世界大战的爆发产生了直接的诱导作用。

第二次世界大战的切肤之痛使得战胜者在构建战后国际体系的时候，充分考虑了历史的惨痛教训。它们设想通过建立开放、自由的经济贸易体系来促进世界经济的繁荣和发展，彻底消除世界战争的根源。1944 年的布雷顿森林会议除了决定建立国际货币基金组织和世界银行之外，还决定推动建立国际贸易组织。在美国提议下，1946 年联合国经济社会理事会在国际贸易与就业会议上通过决议成立了筹备委员会。这个委员会起草了《国际贸易组织章程》，也就是后来所称的《哈瓦那宪章》，并推动了多边和双边的关税减让谈判。后来，由于《哈瓦那宪章》没有获得足够多的国家的签字和批准，成立国际贸易组织的计划流产。但是，各方就关税问题进行的谈判已经达成了很大的成果，为了将这些成果付诸实施，参会各方就将所达成的关税减让的多边协议与《哈瓦那宪章》中的贸易政策条款相结合，构成一个独立的协定——《关税与贸易总协定》（General Agreement on Tariffs and Trade，GATT）（简称《关贸总协定》），作为成立国际贸易组织的过渡性步骤，先行签字生效，来解决战后各国在关税和贸易方面须处理的问题。

1948 年《关贸总协定》正式生效。《关贸总协定》并不是国际贸易组织，而是在创立国际贸易组织的过程中，在多边谈判的基础上就关税问题和成员国之间贸易关系达成的一个多边协定。这个多边协定是一个包括多边谈判进程的贸易协定，它包括关税减让表条款、最惠国待遇条款、商业政策规则和适用范围等，签署国不断地就关税减让表的内容以及其他一些内容进行谈判。我们通常把 1947 年起草《关贸总协定》的日内瓦谈判，称为关贸总协定的第一轮谈判，从《关贸总协定》生效开始到 1995 年世界贸易组织建立，《关贸总协定》一共进行了八轮多边谈判，前五轮的谈判主要集中在货物贸易关税减让的问题上，从第六轮起开始涉及非关税壁垒的规范和监督问题、发展中国家问题、服务业问题、农产品问题、纺织品和服装等问题。《关贸总协定》的规模不断发展扩大，加入《关贸总协定》的国家越来越多，到乌拉圭回合结束时加入《关贸总协定》的国家已经达到了 128 个，《关贸总协定》所辖的贸易量也从 1950 年的 607 亿美元增长到 1995 年的 43700 亿美元。①

《关贸总协定》作为一个存在了近半个世纪的“临时适用”的协定，极大地促进了国际贸易的发展和规模的扩大，并且形成了一套国际贸易法体系。但是，随着经济全球化的加速发展，《关贸总协定》的框架日益不能适应国际贸易现实的需要。首先，《关贸总协定》所针对的主要是货物贸易，而自 20 世纪 70 年代后期开始，服务贸易和知识产权贸易在国际贸易中的比重逐渐增大。即便是货物贸易领域，诸如农产品与服装产品等特定领域也长期游离于《关贸总协定》的框架之外。其次，《关贸总协定》的主要目标是通过消减关税壁垒，来促进自由贸易，但是针对日益增多的非关税壁垒、技术性贸易壁垒、卫生标准等，《关贸总协定》却缺少明确的规范和管理规则。还有，《关贸总协定》的争端解决机制，虽然几经变革，仍远不能适应贸易争端日益增多的现实，悬而未决的贸易纠纷有增

① 解俊贤、张瑛编著：《世界贸易组织概论》，中国经济出版社 2006 年版，第 11—17 页。

无减。

《关贸总协定》框架的局限和新的国际贸易现实的需要，很快就在《关贸总协定》的多边谈判中反映出来。1986 年 9 月开始的乌拉圭回合（也就是关贸第八轮谈判）刚开始时并没有提出建立世界贸易组织的设想，只是设立了一个关于修改和完善总协定体制职能的谈判小组。但是，随着谈判的深入进行，有关服务贸易和知识产权贸易的重大谈判成果很难在《关贸总协定》的框架内落实，于是，欧盟、美国、加拿大、瑞士等国都提出建立一个多边国际贸易组织的建议，体制小组接受这些建议，并起草了《建立多边贸易组织协定》的草案。1994 年 4 月，在摩洛哥的马拉喀什召开的《关贸总协定》部长会议上，这个协定作为乌拉圭回合谈判的“一揽子”成果，经过 123 个参加方政府代表签署，于 1995 年 1 月 1 日生效，世界贸易组织（World Trade Organization，WTO）也在 1995 年 1 月 1 日正式成立。①

世界贸易组织是《关贸总协定》的高级阶段，是国际自由贸易发展的必然结果。《关贸总协定》虽然事实上是一个国际组织，但是它实质上还是一个“临时适用”的协定，从国际法上讲，它并不具有国际法人资格。而世界贸易组织则是依据国际法建立的一个正式的国际组织，它与国际货币基金组织、世界银行一样，都是具有正式法人地位的国际经济组织。世界贸易组织的建立基本解决了《关贸总协定》在当前国际贸易形式下的局限性。它管辖的范围，不仅包括货物贸易的各个方面（包括农产品和纺织品），也包括了服务贸易和知识产权贸易等，而且它的管辖范围还在不断扩大。世界贸易组织反对在《关贸总协定》框架下的任择性的协定，要求成员方必须无选择地以“一揽子”方式签署乌拉圭回合达成的协议，维护多边贸易机制的完整性。世界贸易组织的争端解决机制在《关贸总协定》的基础上大大完善了，其有效性得到确保。从世贸组织建立到 1999 年 11 月，WTO 受理的贸易争端就已达 144 起，相当于《关贸总协定》50 年受理的贸易争端的二分之一。② 世界贸易组织还正式建立了贸易政策审议机制，促进各国政策的透明度，确保国际自由贸易的正常

---

① 沈四宝主编：《世界贸易组织法教程》，对外经济贸易大学出版社 2005 年版，第 17 页。

② 刘军、李自杰、屠新泉主编：《世界贸易组织概论》，首都经济贸易大学出版社 2002 年版，第 12—13 页。

进行。

作为一个国际经济组织，世界贸易组织拥有完善的组织结构。世界贸易组织的最高权力机构是部长会议，它由所有成员国主管外经贸的部长、副部长组成，至少每两年举行一次。部长会议拥有立法权、准司法权、批准和接纳观察员和新成员等广泛的权力。在部长会议休会期间，主要是由总理事会执行部长会议的各项职能，总理事会也是由各成员方的代表组成，它拥有的权力主要有负责召集各种范围的会议、履行设立争端解决机构的职责、履行设立贸易政策审议机构的职责等。总理事会下面还设有货物贸易、非货物贸易、与贸易有关的知识产权三个理事会，以及民用航空器贸易委员会、政府采购委员会、国际奶制品理事会、国际牛肉理事会等根据多边协议设立的各种机构。如果说，总理事会是在部长会议闭会期间的常设决策机构的话，那么秘书处与总干事则是部长会议任命的负责世界贸易组织日常事务的办事机构，总干事由部长会议选定，秘书处的工作人员则由总干事指派，并按照部长会议通过的规则履行自己的职责。除了总理事会外，部长会议下还设立了贸易与发展委员会、国际收支限制委员会、预算财务与行政委员会、贸易与环境委员会、区域贸易协定委员会等机构用来处理特定的贸易及其他有关事宜。①

第二节 中国融入国际多边贸易机制：中美各自的战略考虑

中国融入世界贸易体系是中国国内经济体制改革的重大外部需求，也是中国融入世界的原动力。中国经济改革的实质就是从计划经济体制向市场经济体制的自主转型，通过改革国内的经济体制和建立市场运作规则来确立市场经济的框架。改革开放初期，中国还没有意识到加入世界自由贸易体系的重要性。随着改革的深化，融入世界自由贸易体系越来越成为中国经济体制市场化改革的首要日程，中国也越来越主动和迫切地要求加入世界自由贸易体系中来。中国努力融入世界贸易体系的进程却充满了曲折、坎坷，在经历 15 年艰苦谈判后，2001 年中国才最终成为世界贸易组

① 解俊贤、张瑛编著：《世界贸易组织概论》，中国经济出版社 2006 年版，第 17 页。

织成员。之所以如此艰难，其主要原因在于：美国从自身的战略利益出发来左右中国融入的进程，中国也从自身的利益出发与美国进行了针锋相对的斗争，中美双方围绕着中国融入世界贸易体系展开了激烈的互动。

一　WTO 的加入机制以及美国在中国融入国际贸易体系中的重要作用

国际机制包括两个层次的含义：一是规范层面，二是实践层面。规范层面指的是国际机制的原则、规范，也就是订立国际规则的指导精神、指导原则。实践层面就是根据规范层面的精神而制定的一系列的规则和条款，是将国际机制的原则和规范得以实现的程序和步骤。国家在实践互动中就某一领域的合作达成了一致的认知，形成了共同的原则和规范，然后根据这些原则和规范来确定合作的规则和程序，这样国际机制就形成了。国家融入国际机制中有两个层次的内涵：一是国家从程序上加入国际机制，接受国际机制规则的约束，二是国家在接受这些国际机制规则的约束时，也融入指导这些规则的国际规范和原则中去。这两个层次也就是程序性融入和规范性融入。中国融入世界贸易组织中去也包括程序性融入和规范性融入两个层次，严格意义上来说，中国签署加入世界贸易组织的议定书等文件都是从程序上加入世贸组织，中国与美国等世贸缔约方进行的谈判也是在解决程序性的问题，但是在这一谈判过程中，中国也在不断地根据世贸规范调整国内的政策，将世贸规范融入改革的进程中，推动国内的市场化改革，这也是一个规范性融入的过程。因此，中国复关入世的谈判进程既是一个程序性的融入也是一个规范性的融入，中美之间围绕着中国复关入世进行的互动既是解决中国复关入世的程序性问题，也在推动中国从规范上融入世界自由贸易体系中去。中国复关入世的谈判进程既推动着中国接受国际贸易规则的管理，改变着中国的行为，也推动着中国国内的市场化改革。

世界贸易组织的成员分为创始成员和加入成员。根据《建立世界贸易组织协定》第 12 条规定，申请加入的步骤有两个：一是与世贸组织达成加入议定书；二是必须在部长会议上由三分之二成员方表决通过。第一个步骤在实际操作中可以分为以下几个阶段：首先，提出申请和提交对外贸易政策备忘录，第 12 条规定申请加入的主体包括主权国家和单独关税区两种。世贸组织针对申请成立专门的工作组对申请方的贸易政策进行审议，在审议过程中申请方可以对其贸易政策进行补充说明。其次，在贸易政策审议的同时，世贸组织成员可自主提出要求与申请方进行双边谈判，就履行世贸组织各项协议做出承诺，达成双边协议。根据非歧视性原则，申请者在这些协议中的承诺同时适用于其他成员方。最后，在以上程序完成之后，工作组将起草申请方最终加入的议定书。至此，第一个步骤结束，申请程序进入部长会议的审议和表决阶段。如果获得表决通过，申请方就正式成为世贸组织的加入成员。

如果说，中国的市场化改革是中国融入世界贸易体制的内部决定因素的话，那么美国的作用就是决定中国能否融入世界贸易体系的外部因素，这是由以下三个原因决定的。第一，加入世界贸易组织的程序规则使得美国能够决定中国的复关入世进程。世贸组织是一个契约组织（A Contract Organization），而不是一个宪章组织（A Charter Organization），只有与要求谈判的缔约方达成协议之后，中国才能成为世贸组织中的一员。世贸规则规定，任何一个世贸缔约方都可以提出与申请方的谈判要求，美国作为世界贸易组织的成员，从自身的战略利益出发，对中国加入世界贸易组织自然会发挥作用。第二，美国在世界贸易体系中的重要地位和影响也使得它有能力成为决定中国复关入世进程的国家。美国是世界上最大的经济体和最大的市场之一，如果不能进入美国市场，那么加入世界贸易组织的意义就会大打折扣。同时，美国在世界贸易组织中具有举足轻重的影响力，能够影响其他国家的谈判立场，任何一个国家要想加入世界贸易组织都无法绕过美国。第三，对中国提高加入的门槛也符合已经加入世贸组织成员的利益，在中国的复关入世谈判过程中，主要的西方国家都与美国进行了配合和协调。中国经济规模巨大、人口众多，经济发展迅速，又是一个从计划经济向市场经济转型的发展中国家，这使许多国家感到担忧，中国对它们来说既是机遇也是挑战。在应对中国加入世界贸易组织的过程中，美国成了与中国讨价还价的领导者和代表。“在中国加入关贸总协定和世界贸易组织的谈判中，国际组织基本上听从美国的领导。”①

由于美国在中国融入世界贸易体系中的决定性作用，中美双方的战略

---

① Margaret M. Pearson, “The major Multilateral Economic Institutions Engage China,” in Alastair Iain Johnston and Robert S. Ross eds., *Engaging China: The Management of an Emerging Power*, London, New York: Routledge, 1999, p. 208.

考虑和中美关系的发展对中国融入世界贸易组织的进程产生巨大影响。

二　融入和接纳：中美双方的战略考虑

冷战后，中美双方围绕着中国复关入世进行的互动是双方战略大博弈的一个缩影。中国选择融入世界贸易体系有中国的战略考虑，美国是否接受中国融入世界贸易体系中也有美国的战略考虑。

从战略上分析中美双方围绕中国复关入世进行的互动实际上是在回答这样一个问题：中国为什么要入世，以及美国为什么会接纳中国加入世界贸易组织中来？此问题涉及两个方面的内容：中美双方战略逐渐形成的过程和双方的战略目标。

中美双方的战略形成。战略决策关系着国家的未来，做出战略抉择对中美双方来说都是一个审慎和逐步的过程。从中国来看，融入世界经济体系是中国在经济改革深化过程中逐渐形成的战略。当中国在 1978 年从农村开启改革进程的时候，并没有提出要加入《关贸总协定》中来。1984 年中国的经济体制改革的重点从农村转移到城市，建立有计划的社会主义商品经济提上改革日程，改革向着市场的方向突破了一步，这也推动着中国在 1986 年提出了复关的申请。但客观地说，由于当时还处在改革初期，《关贸总协定》对改革和发展的重大战略意义还没有显现出来，中国并没有把复关提升到战略的高度，中国提出复关主要的目的就是促进对外贸易，体现出“经济利益导向的特征”,[①] 复关谈判对于中国也并不是一项紧迫的议程。一直到 1992 年，中国确立了建立社会主义市场经济体制的改革目标，国内掀起了新一轮的市场化改革热潮，融入基于市场经济的世界贸易体系才成为国内市场化改革的迫切需求，复关才上升到战略的高度。

从美国来看，冷战后对华接触战略的出台也是美国对华政策逐渐演变的结果。苏联解体后，中美之间战略合作的基础消失，再加上中国国内发生的 1989 年北京政治风波，使得美国相信只要从外部再施加足够的压力，中国也会出现类似东欧国家的剧变，所以，在冷战刚刚结束的一段时间内，美国奉行了强硬的对华政策。在老布什政府时期，美国对中国进行了

---

① 门洪华：《构建中国大战略的框架：国家实力、战略观念与国际制度》，北京大学出版社 2005 年版，第 253 页。

严厉的制裁，克林顿入主白宫后仍然保持对中国的高压政策、推行以压促变的战略，以最惠国待遇为着力点，以人权为杠杆，向中国施加压力。[①]在这种情况下，美国把是否支持中国复关作为对中国施加压力的手段，在双边的贸易谈判中捞取好处，比如1992年的中美市场准入谈判和保护知识产权的谈判。不过，美国的“以压促变”的战略并没有达到预期的目的，中国的经济仍然保持了高速增长，国内呈现出国泰民安的景象，而中美关系却因人权和不扩散问题而不断下滑。在此情况下，克林顿不得不将其对华政策做了策略性调整，于1993年秋提出了“全面接触”的方针。[②]美国开始解除一些在1989年对中国施加的制裁措施。在中国复关谈判的问题上，中美两国于1993年恢复双边谈判，但美国这种调整并没有从战略上决定将中国纳入世界贸易体系中，所以，在关键时刻美国还是提出中国无法承受的条件来将中国阻拦在《关贸总协定》的大门之外，比如1994年在日内瓦举行的两轮复关谈判中，美国坚持要求中国以发达国家的身份复关。或者，直截了当地拒绝中国，比如在1995年7月的复关谈判中，美国代表虽然承认中国为复关做出了让步和承诺，但却以没有得到国内授权为由，拒绝起草中国复关议定书。这一时期由于美国战略上没有做出接纳中国的决定，所以中美双方的复关谈判不可能达成协议。1996年之后，随着对华接触战略的出台，美国确立了将中国引入国际体系来改变中国的战略，将中国接纳到世界贸易体系中来是美国接触战略的重要一环，美国开始考虑接纳中国融入世界贸易组织中去。战略问题解决后，中美之间的谈判也就有了成功的希望。进入1997年之后，美国对中国复关的态度明显趋于务实，中美两国真正做到了在“商业有意义”的基础上进行谈判，经过两年多的谈判，在双方首脑互访的推动下，双方终于在1999年就中国加入世界贸易组织达成协议。

中美双方的战略目标　对于中国融入世界贸易体系，中美双方都有自己长远的战略考虑。从中国方面来看，积极努力融入世界贸易组织主要有三点战略考虑。第一，确保国内的改革获得成功。中国融入世界贸易组织是内部市场化改革不断推动的结果，内部改革的深化也是在不断开放的条

① 楚树龙：《冷战后中美关系的走向》，中国社会科学出版社2001年版，第10、15页。

② 吴心伯：《太平洋上不太平——后冷战时代的美国亚太安全战略》，复旦大学出版社2006年版，第84页。

件下取得的。市场的本质属性也要求中国的国内市场必须与国际市场融合，如果不能与整个国际市场融为一体，中国的市场化改革就不会取得成功。所以中国加入世贸组织的最现实的战略考虑就是确保国内市场化改革的成功。第二，实现中国的发展目标。实现三步走发展战略，建设社会主义现代化国家是中国的长期发展战略。中国融入世界贸易组织，为国内的生产能力提供更广阔的市场，确保较高的经济增长率，也是为了实现这个发展战略。实现发展战略对中国有多重的意义：改善人民的生活、确保现有政权体制的安全、维护社会主义制度、实现国家崛起和民族复兴，等等。第三，实现融入世界的目标。经济全球化的发展要求每个国家都要参与到全球大分工中来，这是一个不可抗拒的趋势。改革开放之前中国一直是一个封闭的国家，与世界缺少应有的联系。改革开放后，成为国际体系中的一员就成为中国的核心利益。中国加入世界贸易组织是融入世界和顺应经济全球化的一个最好的途径，也是成为国际体系正常一员的便捷途径。

美国做出接纳中国加入世界贸易体系的决策也有其战略考虑。第一，进入中国市场。美国政府把中国列为“十大新兴市场”之首，通过将中国纳入世界贸易组织来打开中国市场获得商业利益是美国的一个重要考虑。第二，实现对华接触战略。克林顿第二任期内形成的对华接触战略是通过把中国引入国际体系来塑造中国未来的行为和意图，从而达到维护美国全球领导地位的战略目的。美国把接纳中国融入世界贸易组织作为手段，鼓励、引导和敦促中国也融入国际人权、国际不扩散等全球机制中去，从而将中国全面纳入国际体系，接受国际规则的约束和管理，规范中国的内外政策和行为。1999 年当中美之间就中国入世达成协议的时候，中国已经在与美国的互动中融入许多国际人权和不扩散机制中去。所以，接纳中国加入世贸组织是美国实现接触战略的重要一环。第三，推动中国的市场化改革，引导中国的发展，促使中国内部发生变化，直至建立“西方式民主”。中国是一个有巨大潜力的、经济迅速发展的大国，同时中国的发展和未来还有很大的不确定性，既有可能成为美国的敌对国，也有可能成为美国的朋友。美国通过接纳中国融入世界贸易组织，来推动中国的市场化改革，培育民主政治的土壤，推动中国内部的民主化。美国认为，只有中国建立了西方式的民主，才不会对美国造成威胁和挑战。

中美两国对中国加入世界贸易组织各有自己的打算，双方都着眼于未来，都认为中国加入世界贸易组织有利于自己。双方的战略考虑有相互一致的地方，也有针锋相对的地方。比如中国的战略考虑是实现自己的发展，从而实现中国的崛起和国内政治的稳定，而美国则希望中国内部发生变化，建立“西方式民主”。美国希望把中国拉入国际体系的主要考虑是维护自己的霸权。

第三节 中美就中国复关入世进行的互动

中国的复关进程最初进行得异常顺利，到 1989 年 5 月中国已经接近恢复《关贸总协定》缔约国地位的边缘。此后，以美国为首的西方国家纷纷指责中国违反人权，对中国进行严厉的制裁，其中包括停止与中国就复关进行的双边谈判。《关贸总协定》本是一个经济组织，但此时中国的复关谈判却受到了政治因素支配，原定于当年 7 月 10 日召开的中国工作组第八次会议被推迟。美国等西方国家对发生在中国国内的事件普遍有一种受挫感，开始怀疑中国的经济体制改革。在 1989 年 12 月和 1990 年 9 月，关贸中国工作组第八、第九次会议上，它们要求重新审议中国的外贸体制，中国的复关进程实际上停顿下来。不过在这一阶段，中美双方都在谋求更有利的条件，中国使各关贸缔约方接受了自己提出的台湾入关两项原则，而美国则推翻了以前给予中国的各项口头承诺，包括说服国会给予中国无条件的最惠国待遇等。

中国共产党第十四次全国代表大会确立了建立社会主义市场经济体制的改革目标，这为中国融入世界自由贸易体制注入了强劲动力，中国开始主动积极地推进复关的进程，中美围绕中国复关入世的互动拉开序幕。从 1992 年到 1999 年中美达成协议，中国的复关入世进程一共分为两个阶段，或者说，中美之间进行了两个回合的较量：第一回合就是中国复关回合，这一回合伴随着《关贸总协定》转变为世界贸易组织而结束，所以本书称其为复关回合。在这一回合中，中国没有达到复关的目的，但也取得了一些收获。第二回合的较量就是中国入世回合，在这一回合中，中美相互不断出牌、相互让步、各有所得，并最终达成了协议。

一 复关回合的互动

在冷战结束前，中美之间的贸易逆差问题和知识产权问题并不是十分突出。冷战结束后，在贸易问题上，美国于1991年4月向中国提出了市场准入谈判的要求。并在“特别301条款”年度报告中，将中国确定为违反知识产权保护的“重点外国”，[①] 这样市场准入和知识产权问题同时成为中美之间除人权冲突之外的另外两个冲突点，双方围绕这两个问题进行了激烈的谈判。美国为了向中国施加压力，获得更大让步，将这两个谈判与是否支持中国复关联系起来。在申请复关的背景下，中国也结合着《关贸总协定》的规则来确立自己与美国谈判的立场。1992年5月，在中美市场准入第六轮谈判时，美国的谈判代表梅西表示，如果谈判成功，美国有可能会更加积极和热心地支持中国申请加入《关贸总协定》。[②] 在知识产权的谈判中，美国要求中国按照美国的标准来进行知识产权的保护，中国认为这超出了自己的实际承受能力，拒绝美国的要求，谈判面临破裂的危险，中美双方都提出了贸易报复清单。正在这个时候，《关贸总协定》乌拉圭回合达成了《与贸易有关的知识产权协议》，这为陷入贸易战边缘的知识产权谈判提供了谈判的参考依据，1992年1月中美达成了第一个关于知识产权保护的协议，中国开始利用国际贸易的规则来处理中美之间的谈判。

在美国将中国复关作为向中国施压手段的时候，中国也将获得美国对中国复关的支持作为谈判的一个目的。在1992年10月双方达成的中美《关于市场准入的谅解备忘录》中，中国承诺在一定时间内在外贸政策的透明度、进口替代和进口许可证等方面按照国际贸易规范进行改革，而美国则在协议中明确承诺支持中国复关。美国是国际上唯一将支持中国复关写入双边协议的国家。中国通过这两个谈判获得了美国的书面承诺，为恢复和推动陷入停滞的中国复关进程起到了积极的作用。1993年3月美国助理贸易代表纽柯可（Newkirk）访问北京，同以经贸部副部长佟志广为首的中国复关谈判代表团就中国复关进行了磋商，同年7月，中美双方在美国又进行了第二轮磋商。[③] 通过在市场准入和知识产权方面的互动，中美恢复了中止三年多的有关中国复关的双边磋商。此外，美国要求中国以

① 陶文钊：《中美关系史（1972—2000）》，上海人民出版社2004年版，第九章。

② 巩小华、宋连生：《中国入世全景写真》，中国言实出版社2001年版，第21页。

③ 刘连第编著：《中美关系的轨迹：1993—2000年大事纵览》，时事出版社2001年版，第318、320页

发达国家身份复关，使得中国没有实现成为世贸组织创始成员国的目标，但是中国通过这一回合的较量，实际上获得了以发展中国家身份加入世贸组织的条件。

关贸中国工作组第九次会议后，中国的复关进程停滞下来。1992 年 2 月关贸中国工作组在日内瓦召开第十次会议，在审议中国外贸制度的同时，开始了议定书的谈判，就中国复关的市场准入条件进行谈判。从 1992 年 10 月到 1993 年 10 月，关贸中国工作组在日内瓦一共举行了 5 次会议。1992 年 10 月的工作组会议起草了一份议定书可能涉及的问题清单，随后的两次工作组会议主要就这个清单提出的问题进行谈判，1993 年 5 月的第十四次工作组会议上，中国承诺将农产品的关税减让和乌拉圭回合谈判的标准挂钩，并承诺在技术性贸易壁垒的问题上也坚持关贸的规则，将双轨的汇率交换体制统一起来。1993 年 9 月的第十五次工作组会议通过了对中国经济和贸易体制的审议，结束了长达六年的政策审议。至此，中国复关谈判恢复了 1989 年之前的程度。

在 1993 年 11 月的亚太经合组织领导人西雅图非正式会议中，克林顿再次承诺，坚定地支持中国复关。① 中国国内迅速深入的改革以及中美之间就中国复关达成一致都增加了中国在复关问题上的信心，乌拉圭回合在 1993 年年底的结束最终促使中国做出了在 1994 年年底实现复关的决定，因为世贸组织框架下的贸易范围更广泛，也就意味中国入世的门槛比复关更高，将要面临更艰难的谈判和做出更多的承诺与让步，在世贸组织成立之前加入《关贸总协定》是中国的一个机遇。

确定了在世贸组织成立前实现复关的目标后，中国从 1994 年年初开始与各方进行了密集的谈判和磋商，在这一年，关贸中国工作组一共进行了四次会议，中国还分别同美国、欧共体（欧盟）等缔约方进行了双边的谈判，以推动关贸中国工作组的多边谈判。1994 年 3 月，关贸中国工作组第十六次会议在日内瓦举行，这是乌拉圭回合结束后，关贸中国工作组第一次会议。在这次会议之前，中国首先与美国进行了两次会谈，第一次是 1 月 21 日，中美召开了联合经济委员会第八次会议，这是自 1989 年

① Margaret M. Pearson, "The Case of China's Accession to GATT/WTO", in David M. Lampton eds., *The Making of China's Foreign and Security Policy in the Era of Reform*, 1978 – 2000, California: Stanford University Press, p. 341.

以来首次召开这样的会议，双方就中国复关、最惠国待遇以及中美知识产权、劳改产品和市场准入三个谅解备忘录的执行情况交换了意见，为中国复关谈判热身；一个月后，中美在北京就中国复关问题进行了第三轮磋商，美国表示准备开始与中国进行关税谈判，并重新考虑议定书的框架和内容。中方表态准备在各缔约方关心的问题上表现出灵活性。①

在与美方进行沟通之后，中国于第十六次工作组会议期间在关税和非关税等问题上做出一系列的让步，将关税降低至 36.4%，消除了钢铁等一系列产品的进口配额和许可证等。另外，中国表示将考虑接受特殊保障措施，这被许多国家视为谈判将要获得突破的迹象。但是，在这个时候，美国却表示中国复关的关贸多边议定书不能自动地适用于中美双边，美国只能根据国内法，而不能根据中国复关的议定书给予中国最惠国待遇。第十六次会议举行期间正处在美国国会一年一度审议是否给予中国最惠国待遇的关键节点上，而此时克林顿政府还没有将最惠国待遇和人权问题脱钩。在 1993 年 3 月中美恢复中国复关的双边谈判的时候，美国就向中国提出了特殊保护条款问题，并且拒绝承诺在中国恢复关贸缔约国地位后，无条件地给予中国最惠国待遇。② 美国在多边谈判中再次提出这一问题最终使得第十六次会议无果而终。6 月召开的第十七次中国工作组会议是在克林顿宣布将人权与最惠国待遇问题脱钩之后，中国最惠国待遇问题在这次会议上并没有成为主要关注点，但是美国又要求中国在恢复关贸缔约国地位时，立即承担《关贸总协定》的义务，消除各种具体的非关税壁垒，不能享受过渡期，这实际上是要求中国“以发达国家身份复关”。在美国的带动下，其他缔约方也纷纷向中国提出很高的要价，其中许多要求都不属于《关贸总协定》义务的范畴。面对这种情况，在 7 月召开的第十八次中国工作组会议上，中国提出了十个不准谈判的问题，③ 希望能制止谈判中普遍对中国提高要价的趋势，但是中国和美国等其他缔约方之间的分歧并没有缩小的迹象，各缔约方只是表示了年内结束中国复关谈判，使中国成为世贸组织创始成员国的愿望落空，第十八次会议也没有取得突破。

① 巩小华、宋连生：《中国入世全景写真》，中国言实出版社 2001 年版，第 26 页。

② Lincoln Kaye, “Slow Boat for China, Peking's Application to Join GATT Appears Stalled”, *Far Eastern Economic Review*, March 11, 1993, pp. 56 – 57.

③ 巩小华、宋连生：《中国入世全景写真》，中国言实出版社 2001 年版，第 34—35 页。

此后，中国以何种身份复关就成为中美之间争议的主要问题，中国方面不断地通过各种渠道释放出信息：中国将坚持以发展中国家的身份复关，而美国则不断表示，中国不能期望得到发展中国家的待遇，只有在达到一定的标准后，美国才会支持中国恢复关贸缔约国地位。双方的立场针锋相对，双边的谈判也在进行着。为了实现复关的目标，中国一方面在1993年8月底再次承诺大幅地实质性减让关税，另一方面又表示这是中国最后的条件，如果关贸中国工作组拒绝这个条件，那就没有进一步谈判的空间。而美国也为年底进行的第十九次会议积极运作，9月上旬，美国与欧、日、加三方在洛杉矶召开四方贸易部长会议，协调它们在中国复关问题上的立场。美国表示支持中国年内复关，但中国离符合条件仍有一段距离。9月下旬，美国与中国在日内瓦举行双边磋商，但仍然在国际收支、知识产权、投资措施、补贴条款、保障条款等问题上与中国存在巨大分歧。根据各方的商定，在12月20日召开关贸总协定第十九次会议正式大会，最终决定是否结束中国复关谈判。事实上，从11月28日开始，中方与各主要缔约方就已经启动双边谈判，12月12日之后，进入多边磋商和双边谈判交叉进行的阶段。

在双边谈判一开始，中国代表团团长龙永图就向各方通报了中国政府将在1994年年底结束实质性谈判的决定，超过这一期限中国不再提出新的出价，也不再主动要求举行双边和工作组会议。中国的这一决定引来了美国的强烈抵制，中美双方的谈判代表在双边谈判中一相遇就围绕着这个问题展开了激烈的交锋，随后在市场准入谈判和议定书谈判中，中美之间也围绕着一系列的问题发生了激烈的舌战。综观中美之间的分歧，本质上还是属于中国是否以发达国家实现复关的范畴。美国要求中国承担一个发达国家承担的义务，而中国实际的承受能力和国内的改革进程使得中国无法接受美国的要求，中美谈判中无法达成一致。中国的复关进程自1989年之后再次陷入僵局。

1994年12月31日，中国宣布实现复关期限的最后一天，中方通知美方将停止解除155类进口美国商品的关税，暂时中止中美之间在1992年10月签署的市场准入协议，理由是美国违反了自己在协议中白纸黑字的“支持中国复关”的承诺。中国的主要目的并不是想要中美双边的贸易关系破裂，而是迫使美国主动与中国继续进行复关入世的谈判。所以，在正在进行的知识产权谈判上，中国表现出了灵活性，在双方都威胁要进行的贸易制裁生效的前一天，中美之间达成了协议，从而结束了双方在知识产权问题上的对抗。这场知识产权的冲突是由美国挑起的，中美之间达成协议也表明中国满足了美国的某些要求，向美方显示了合作的诚意。中国此举也推动了中美双方的市场准入谈判的恢复，美国虽然坚持知识产权争议的解决和恢复中国复关入世的双边谈判并没有联系，但也承认为恢复谈判创造了良好的气氛。中国在市场准入上的强硬压力和在知识产权谈判中的灵活合作迫使美国也开始在中国复关身份的问题上表现出灵活性。1995 年 3 月，美国贸易代表坎特（Kanior）率领美国谈判团到北京签署双方达成的知识产权协议，并且就中国恢复履行市场准入协议进行谈判，中美之间达成八点共识。美国同意给予中国特殊的发展中国家地位身份，而中国同意恢复履行 1992 年的市场准入备忘录。在这次谈判中，中美双方都做出了让步，尤其是美国的立场有所突破。美国承认中国是发展中国家，但中国是特殊的发展中国家，是介于发达国家和发展中国家之间的一种身份，按照美国的要求，中美之间复关入世的市场准入谈判将逐个按照产品进行谈判以决定是否给予过渡期，这比美国先前的顽固立场是大大进步了，而且美国表示要在更现实、更灵活的基础上与中国进行复关入世谈判。

世贸组织建立后与《关贸总协定》有一年的并存期，所以从理论上来说，中国仍然有可能成为世贸组织的创始成员国。但是，中美双方达成八点共识后，并没有立即打破中国复关多边谈判的僵局。中国方面坚持在 1994 年 11 月 28 日做出的决定，不再提出新的出价和主动寻求恢复多边和双边的谈判。中国外交部的发言人否认中国将在 4 月中旬返回日内瓦恢复多边谈判。而美国贸易代表坎特也表示，美国对中国复关的立场没有改变。在当时的情况下，谁主动寻求恢复谈判就意味着谁要做出新的让步，在原有的谈判立场上恢复谈判是不可能的。此时，中国复关工作组主席吉拉德（Girard）发挥了作用，在他的邀请下，中国代表团在 5 月和 7 月与关贸缔约方进行了两次“非常不正式的谈判”（very informal talks），西方媒体普遍将这两次非正式的、偶然的和象征性的谈判称为“试水”（water-testing）谈判。事实上，在两次的谈判中，中国在原有的出价框架下也提出了一些新的让步，这得到了欧、日、加等缔约方的欢迎。但是，美国代表以没有得到国内在过渡期和无条件给予中国最惠国待遇的授权为由，拒绝了中国的提议，中国在 1995 年年底实现复关的愿望再一次被美国破灭了。

1995年10月在纽约举行的纪念联合国成立50周年的世界首脑会议给中美两国的领导人提供了一次会晤的机会。在这次会晤中，克林顿再次表示美国支持中国成为世贸组织的成员。作为这次高峰会议的成果，1995年11月28日，美国通过驻华大使馆向中国递交了中国入世的路线图。这个路线图是美国对中国复关入世条件的清单，它包含着一些积极的因素，比如它承认了中国的不发达国家的地位；允许通过逐个问题的谈判（case-by-case-negotiation）后，中国在一些行业领域享受发展中国家的待遇。当然它对中国的要求仍然是偏高的，不过美国的举动表明它愿意在现实的基础上与中国进行谈判。在中美关系改善的背景下，美国在路线图中的某些条件有所软化，从中国入世谈判来看，美国基本上还是围绕着这个路线图的精神来开展与中国的谈判。

1995年12月，中国复关工作组改为中国入世工作组，中国复关回合的互动结束。虽然中国没有实现复关的目标，但是中国最终获得了过渡期的权利，也就是说，中国实际上获得了以发展中国家的身份复关的条件，这是中国在此轮互动中获得的重大收获；而美国则通过复关回合的谈判，获得了中国更广泛的市场准入承诺。

在复关回合的谈判中，美国成功地将谈判议题从政策审议和货物贸易的关税减让扩展到服务业、知识产权、农产品和纺织品等领域。议题的扩大也就意味着中国市场开放的扩大。打开中国市场是美国在谈判中最重要的目的，美国希望通过中国的复关谈判，不仅要打开中国货物贸易的市场，还要打开中国服务贸易的市场。1993年6月，美国通过它的驻华大使邀请中国派遣一个高层代表团去美国进行第二轮有关中国复关的谈判，在中方看来，这是美国做出的一个积极姿态。① 可是，当中国代表团到达华盛顿的时候，却发现和他们进行谈判的是一张新面孔，这就是美国的贸易代表助理德沃斯金（Dwoskin），她在开场白中首先表示她是中美谈判的新手，需要熟悉中美谈判的程序和情况。在随后的谈判中，她将银行、保险、电信等一系列的新问题带到谈判中来。美国通过这种手段转变了以前的谈判立场，在拖延谈判的同时，不断扩大谈判议题。此后，在美国的

① P. T. Bangsberg, "China Amends Proposal, Expects on GATT Entry", *Journal of Commerce*, July 27, 1993, p. A3.

带动下，在多边谈判过程中，各缔约方纷纷提高要价，中国的复关谈判进程出现了问题越谈越多的情形。

从中国方面来说，以最小的代价复关当然是最好的选择。中国做出在世贸组织成立之前实现复关的一个重要考虑就是因为入世比复关的门槛更高，需要做出更多的市场准入承诺。世贸组织框架不仅涵盖了《关贸总协定》下的货物贸易，还包括服务贸易、知识产权、农产品和纺织品等。所以，美国在中国的复关回合谈判中，不断地将乌拉圭回合谈判进程中的服务贸易的市场准入、知识产权保护、农产品和纺织品贸易、政府采购协议等一系列的议题纳入中国的复关谈判进程。虽然中国宣布了不准谈判的十个问题和做出了复关最后期限的决定，但是这并没有阻止美国等缔约方不断提高要价的势头，直至中国宣布复关失败。

尽管中国没能实现在 1994 年年底复关的目标，但是在与美国的谈判和博弈中，中国的改革进程明显加快了，从这个意义上来说，这也是中国的成功和收获。中国融入世界市场的根本目的促进国内的市场化改革。中国在谈判中，不断地推进国内的市场化改革，这既是改革的既定日程，也是复关谈判带来的推动效应。

二　入世回合的互动

1995 年 11 月，美国主动向中国提交了所谓的中国入世的“路线图”，中国认为这个“路线图”在中国以发展中国家身份入世的问题上，表现出了灵活性，同意参加 1995 年 12 月在日内瓦举行的中国入世工作组的正式谈判，也正是在这次谈判中，中国复关工作组正式改名为中国入世工作组。但是，在 1996 年 2 月的中美双边谈判中，中国仍然表示美国的“路线图”对中国的要求太高。1996 年 3 月，龙永图率团参加中国入世工作组第一次正式会议，这标志着中国复关失败形成的僵局被打破。但是，整个 1996 年都不是达成协议的最好时机。一方面因为台海危机之后，美国的中国政策处于辩论和调整之中，另一方面是因为 1996 年是美国的大选之年，美国在中国入世的立场上没有做出实质性的调整。在 1996 年 10 月底的第二次入世工作组会议上，谈判仍然没有出现突破，不过美方在谈判中表现出了灵活和正面的态度，而中方也正式表示，愿意就中国的入世过渡期逐个产品地进行谈判，而且放松了对外国金融机构的限制，有条件地允许外国银行经营人民币业务。中美双方都在进行调整，为即将到来的谈判突破进行准备。美国在进行总统选举，对华战略也正在进行深刻调整，而中国也在为即将举行的十五大做准备，进一步加快了改革的进度。

在中美谈判难以突破的情况下，中国通过扩大开放争取其他国家更广泛的支持，分化以美国为首的缔约方，为入世创造条件。中国虽然坚持不在谈判中提出新的出价，但在1995年11月的大阪APEC会议上宣布大幅降低一揽子关税，此举为中国的入世赢得广泛支持。这次降税是中国1979年经济改革以来最大的一次贸易自由化改革，被西方媒体视为自1979年实行经济改革以来的一次重大突破。① 1996年4月中国兑现了降低关税的承诺，并于12月1日再次做出重大开放举措，实现了人民币在经常项目下的可兑换，将国内外市场沟通起来。这样，中国这个巨大的市场不再是一个前景，而是摆在各国面前的一个现实机遇。美国和欧洲在这个巨大机遇面前的分歧就日益明显地暴露出来。在复关入世的谈判中，美、欧、日、加四个缔约方常常通过定期的对话机制来协调立场共同对中国施压。中国冲关失败后，欧、日、加三方认识到将中国排除在世界贸易组织之外并不符合它们的利益，所以它们对美国的僵硬立场也颇有微词。欧盟在许多问题上都比美国持有更灵活的立场，比如中美之间达成一致的过渡期问题，其实就是由欧盟提出的。在中国贸易自由化改革所提供的巨大机遇面前，欧盟和日本也开始不断地向美国施加压力，要求美国改变它的僵硬立场。欧、日的立场是对美国的压力，美国至少开始在表面上协调它与盟国的立场。欧、日、美之间的分歧以及欧、日对美国的压力，对美国承诺给予中国永久性正常贸易关系地位也产生了推动作用。

获得美国的永久性正常贸易关系地位和以发展中国家身份加入世界贸易组织是中国在谈判中最想得到的两项承诺。在复关回合的互动中，中国实质上得到了以发展中国家身份复关的条件，但是永久性正常贸易关系地位问题并没有解决。永久性正常贸易关系地位待遇问题自始至终都是中国复关入世谈判中最具争议性的问题。在1989年之前，美国谈判代表就告诉中方，美国政府只能尽量解决这个问题，但不能担保中国复关后就一定享有无条件的最惠国待遇（永久性正常贸易关系地位）。1989年之后，美国推翻了原先的承诺，声称美国的国内法高于国际法，拒绝无条件地给予

---

① Shada Islam, "It's Not That Easy", *Far Eastern Economic Review*, December 21, 1995, p. 58.

中国永久性正常贸易关系地位，坚持根据杰克逊—瓦尼克修正案对中国的最惠国待遇进行年度审议。在复关回合的谈判中，美国一直拒绝与中国进行关税减让谈判，直到 1994 年中期中国同意美国的不适用条款。[①] 当时中美关系还处在严重的人权对抗时期，解决永久性正常贸易关系地位的时机还不成熟，所以中国采取了比较现实的做法，首先实现年底复关的目标，然后等到中美关系改善的时候，在世贸组织的框架下解决永久性正常贸易关系地位问题。1994 年年底中国复关失败后，中国改变了自己的策略，将中国入世与永久性正常贸易关系地位捆绑起来。从此之后，永久性正常贸易关系地位问题就上升为中国入世谈判中的一个重要问题，中国通过双边和多边的各种场合来推动这个问题的解决。

克林顿的连任为中国入世谈判获得突破创造了条件，美国开始奉行将中国引入国际体系的接触战略，而这与中国融入世界的取向达成了一致。双方首先在纺织品协议谈判中获得了突破，1997 年 2 月中美签署了第五个纺织品协议，美国维持了对中国纺织品出口商所处的罚款，并且获得了中国纺织品市场的准入。[②] 中国获得了以《纺织品和服装贸易协议》(ATC) 创始成员国的身份加入世界贸易组织。纺织品贸易是中美之间一直存在摩擦的领域，中美之间就此达成协议是一个好兆头，中国开始做出让步来推动入世进程。紧接着在 3 月的中国入世第三次工作组会议上，中国继续做出重大让步，承诺入世三年内给予包括国内私有公司和外国公司在内的所有公司贸易权，并且遵守世贸知识产权贸易协议，不再要求在知识产权上的过渡期，中国入世进程开始出现突破，并赢得了欧盟的支持。随后，中国开始通过各种渠道强调世贸非歧视性原则必须得到维护，永久性正常贸易关系地位和中国入世不能分割，中国有权获得世贸成员国的永久性正常贸易关系地位。在 5 月的第四次工作组会议上，与会各方终于就入世议定书中关于非歧视性原则和司法审议两项条款达成协议，美国事实上接受了这两项条款，中美在永久性正常贸易关系地位问题上也事实上达成了一致。随后，中国在这个问题上继续不断地做出努力，在会见美国有

---

① James M. Montgomery, "China' Entry to the WTO and the Jackson-Vanek Amendment", *Journal of Northeast Studies*, Vol. XV., No. 3 (Fall 1996), p. 67.

② 刘连第编著：《中美关系的轨迹：1993—2000 年大事纵览》，时事出版社 2001 年版，第 383 页。

关官员时，中方不断强调这个问题对中美两国的重要性，使得美方也认识到如果美国不给予中国永久性正常贸易关系地位，那么它也不能得到中国的永久性正常贸易关系地位，无法进入中国市场。在 1997 年之后的中美双边谈判中，克林顿政府同意在中美协议达成后，说服国会通过修正案，给予中国永久性正常贸易关系地位。

美国同意给予永久性正常贸易关系地位标志着美国在中国入世博弈中的战略性转变，表明美国已经从战略上决定接纳中国为世贸组织的成员。在这之前，美国虽然一直与中国进行着谈判，但是美国掌握着战略主动权，即便是中国入世协议已经达成，美国仍然可以根据自己的需要来宣布谈判协议不适用于美国，从而把中国排除在美国市场之外。但是，接触战略出台后，引导中国融入世贸组织成为美国对华接触战略的重要组成部分，美国终于决定给予中国永久性的正常贸易关系地位。还有，随着中国经济的发展，中国的市场日益开放和扩大，这对美国也意味着巨大的商业利益，美国同意给予中国永久性最惠国地位也是为了实现美国的利益。其次，在市场准入的谈判中，美国打开了中国市场，获得了包括服务业和农业等在内的市场准入，而中国最终实现了入世的目标，并在谈判的过程中加快了改革的进程。

当美国被迫同意中国以发展中国家地位实现入世的时候，双方商定这种地位将通过逐项的谈判来获得，也就是说中美之间将通过一项一项的谈判来确定每种产品或行业的过渡期。中国入世的僵局被打破后，由于 1995 年到 1996 年中美之间发生了李登辉访美、台海危机等一系列的事件，再加上美国处于大选之年，所以中国入世谈判没有取得大的进展。1997 年 3 月中国入世工作组召开第三次会议，这是克林顿连任后召开的首次会议，会议在贸易权方面取得了突破，随后在 5 月召开的第四次工作组会议又在非歧视性原则和司法审议方面取得突破。但是美国等西方缔约方并不满意，它们希望在市场准入尤其是服务业的市场准入等方面也能取得进展。在中美双方就入世原则趋向一致的时候，服务贸易和农产品的市场准入成为中美之间市场准入谈判中的角力点。

在第四次工作组会议上，中国代表表示将会在第五次会议上提出新的服务贸易的谈判承诺清单。中方的考虑是尽量赶在中美高峰会议之前达成协议，以便在关贸 50 周年的时候成为世贸组织的一员。但是在 8 月 1 日召开的第五次工作组会议上，中国并没有提出新的有关服务贸易的谈判承诺。中方向工作组解释说，中国内部的讨论还没有结束，不准备在这次会议上谈判服务贸易的问题。虽然龙永图宣布了中国在进一步降低关税、消除非关税壁垒和取消农产品出口补贴等方面采取的重大步骤，而美国的助理贸易代表卡西迪则强调，美国希望中国提出“内容更广泛的建议”。[①] 显然，美国对中国没有提出服务贸易的承诺清单表示失望。与此同时，各谈判方仍然向中国施压，要求中国在汽车、纸制品、家用电器和农产品等方面继续让步。克林顿指示巴尔舍夫斯基 8 月中旬再次来华进行双边谈判，紧接着在 9 月再次谈判，但是中国仍然没有在服务贸易等方面做出新的让步。由于在 9 月的双边谈判中中美在服务业上仍有分歧，所以美方称，还不具备新一轮多边谈判的基础，原定于 10 月早期举行的第六次工作组会议被推迟了。但是中国仍然于 10 月 13 日在日内瓦与一系列国家举行了双边谈判，推进了中国入世的进程。

12 月，在中国提出了服务贸易的准入条件后，中国工作组第六次会议召开了。在这一次的承诺中，中国提出要逐步地取消服务业的某些地域和数量的限制，美国认为中国又向前迈进了一步，但还不够。因为这份承诺并没有包括它们所关注的电信业的开放。这一时期，中美两国元首对促进双方的谈判起了重要的推动作用，在 1997 年 11 月温哥华 APEC 会议前夕，中国又一次宣布降低工业品和农产品的关税，为江泽民和克林顿的会谈创造了良好条件，两国元首指示双方的谈判代表继续进行谈判，克林顿表达了他个人对中国入世谈判的关注。在 1998 年 3 月的第七次工作组会议上，中国提交了 1997 年 11 月减税声明的具体清单，中国承诺到 2005 年将平均关税降低到 10.8% 的水平。但是，美国和欧盟仍然表示失望，因为中国没有在服务贸易方面提出新的承诺，它们甚至认为中国是在有意放慢谈判步伐。

尽管中国在关税减让、农产品贸易等领域做出了巨大的让步，但在服务贸易方面并没有与各缔约方展开深入的谈判。在第七次工作会议后，中美之间开始就这个领域进行认真的谈判。为了使谈判更容易获得成功，中国首先选择在流通、司法服务和会计服务等在国内阻力较少的领域进行谈判，将金融服务、电信等准入谈判放在最后阶段进行。在克林顿总统访华

① 刘连第编著：《中美关系的轨迹：1993—2000 年大事纵览》，时事出版社 2001 年版，第 387 页。

前夕，中美之间进行了密集的谈判，但是双方在服务业和农业领域仍然存在着巨大的分歧，在克林顿访华期间，双方并没有达成协议，中美两国的元首做出了相同的承诺，在商业可行的基础上尽早达成协议。到1998年7月的第八次中国工作组会议，中国已经完成了入世议定书谈判的主要部分，但是还剩下农业、金融服务、保险、电信业等其他一系列的问题需要进一步的双边谈判，而在这些问题上的分歧主要存在于中国与美国和欧盟之间，而中国与美国之间的谈判将决定着这些问题是否能够达成一致。中美首脑互访后，两国关系得到较大改善，中美双方都有意尽早达成协议，为此双方展开了积极的互动。

1999年1月，朱镕基在会见来访的，并不主管贸易事务的美联储主席格林斯潘时，向他透露：尽管中国经济发展速度放缓，但中国最终决定开放电信、银行、保险和农业，以加入世贸组织。这一重大信息当然会传递给美国相关部门。27日，中国宣布放宽外资银行在中国设立营业性分支机构的地域限制，从现有的允许经营的城市，扩大到所有中心城市，试点经营人民币业务。两天后，外经贸部有关人士又介绍了中国贸易体制改革的重大进展，并表示中国入世的热情不变。[①] 2月23日，克林顿派出了一个庞大的代表团来到北京与中方进行了一个多月的密集谈判。在朱镕基访美前夕，中美双方已经在许多问题上都达成一致或者缩小了分歧，双方仿佛都在寻找一个合适的时间来结束这场谈判，这也就成了朱镕基访美的主要任务。虽然，朱镕基访美期间双方没有达成协议，但是双边在农业方面仍然获得了重大进展，签署了《中美农业合作协议》，这也是中国入世谈判一揽子协议的重要组成部分。

中美之间的谈判因“炸馆事件”中断后，美国急于同中国恢复谈判，一方面通过修复中美关系来促使中国回到谈判桌上来；另一方面希望重开的谈判以朱镕基访美时美国单边公布的四月协议为谈判起点。在中美关系恢复的过程中，美国仍然急切地通过各种手段来敦促谈判尽早进行，美国贸易副代表甚至威胁中国，美国不会为了满足中方要求而推迟台湾地区的加入进程。中国大陆和台湾地区申请加入不必要有先后顺序。[②] 美国还不

① 巩小华、宋连生：《中国入世全景写真》，中国言实出版社2001年版，第89—90页。

② 刘连第编著：《中美关系的轨迹：1993—2000年大事纵览》，时事出版社2001年版，第429页。

断地提醒中国不要利用“炸馆事件”来为谈判获取好处。面对美国急切的敦促，中国加快了与其他国家的谈判，在7月先后与日本和澳大利亚达成协议，这令美国更加着急。中美奥克兰首脑会晤为恢复谈判提供了契机，奥克兰谈判主要集中在四月协议的问题上，对于美方要求以四月协议为基础进行谈判，中方表示没有所谓的四月协议，那只是美方提出的片面要求，其中很多项目现在和将来中国都不会同意。中方坚决打掉美国以四月协议为谈判基础的念头。9月底在华盛顿举行的双边谈判中，中国首席谈判代表龙永图以要参加世界财富论坛为由没有随团出访，这表明中国只是来听听美国将会提出何种谈判条件，中国并不准备与美方在四月协议的基础上进行谈判，结果谈判不欢而散。中美双方在四月协议的问题上陷入僵持局面，此时谁主动寻求谈判就意味着将要在四月协议的问题上做出让步。11月6日，克林顿通过电话与江泽民商定，美国谈判代表团出访北京，中美重开谈判。11月10日至15日，经过6天的谈判，中美之间终于达成了一个非常像“四月协议”的协议。[①] 在最后的协议中，中国承诺入世后在一定的期限内开放中国的服务贸易市场，五年内消除所有非关税壁垒。但是中国仍然坚持了关系国计民生的领域的国家控制，坚持在电信等重要领域的主导权。中美协议的达成标志着中美在入世回合中的互动基本告一段落，中国虽然开放了国内的市场，但却克服了加入世界贸易组织最大的外部障碍，为进入世界市场铺平了道路。

在入世回合中，伴随着美国对华战略的调整和中美双方的良性互动，经过激烈的谈判，双方在中国入世议定书中的其他一些原则问题上互相妥协，达成一致。在1994年复关回合的互动中，中美在许多问题上都存在巨大分歧，不能达成妥协，前面我们论述的发展中国家身份问题和永久性正常贸易关系地位问题就是两个最大的、最根本的分歧。在其他一些问题上，中美之间也进行着互动和谈判；伴随着美国对华战略的调整和中美关系的改善，双方相互妥协让步，最终就中国入世的原则问题达成一致。在关税和非关税壁垒、工业品和农产品的关税减让、服务业等方面中美之间都在相互让步的基础上达成了一致。由此可见，中美协议的达成也是双方

① Margaret M. Pearson, “The Case of China’s Accession to GATT/WTO”, in David M. Lampton eds., *The Making of China’s Foreign and Security Policy in the Era of Reform*, 1978 – 2000, California: Stanford University Press, p. 345.

相互妥协、相互让步的结果。

2006 年 12 月 11 日是中国入世五周年，也是入世过渡期结束的日期，在这五年中中国严格履行了自己的承诺，获得了各方的肯定。数据显示，这五年是中国经济贸易发展得最快、最平稳的一个阶段。中国的改革无论在宏观层面的行政管理体制改革、市场开放的扩大、涉外经济法律体系的调适方面，还是在中微观层面，如中介组织的建立、企业改革与企业主体的培育和确立等，均取得了阶段性成果。中国日益成为国际体系中负责任的一员，中国在世界上的影响力也日益增强。另外，入世以来，中美经贸争端不断增多，中美围绕其经贸争端展开多层次、多渠道的互动，并开始利用 WTO 的争端解决机制来解决有关争端。

第四节　中国入世以来的中美贸易关系：中美贸易争端及特点

2001 年 12 月 11 日，中国正式加入 WTO，以发展中成员方的身份更加广泛深入地参与国际竞争。中国认真履行入世承诺，降低农产品、化工产品、通信产品、汽车等工业制成品的进口关税，并大幅度消除非关税壁垒，加大国内市场开放的力度。国际投资者对中国市场的信心倍增，中国在跨国公司全球布局中的地位更加提高，从而大大促进了中美双边经贸关系的发展。

互补性强是中美贸易关系的重要特点。中国主要向美国出口劳动密集型产品，很多是美国不生产或生产成本很高的产品，包括鞋子、服装、玩具、家电、五金产品、灯具和家具等；美国向中国出口的主要是农产品和附加值较高的工业品，如飞机、电站设备、石油设备、化工产品和机械设备等。[①] 随着贸易额的增加，美国对华贸易逆差也连年增长。迅速增加的贸易逆差加之美国国内的政治、外交、利益集团等多方面因素影响使得中美贸易争端越来越多。一方面，美国指责中国利用不合理的汇率政策向美国低价倾销，增加了美国的失业，损害了美国经济的良性发展，进而向中国政府施加强大的压力，促使人民币升值；另一方面，美国政府开始采取

① 夏明国：《合理看待中美贸易摩擦》，《理论与现代化》2005 年第 7 期，第 62 页。

一些贸易保护主义的政策，如对中国的彩电、家具以及纺织品提高关税或者实行进口配额。中美贸易争端规模迅速扩大，遍及纺织品、服装、农产品、反倾销、知识产权保护、人民币汇率等诸多领域，美国成为与中国发生贸易争端最多、最激烈的国家。

一　中国入世以来的中美重大贸易争端

中国入世后中美贸易争端主要围绕以下问题展开。

知识产权保护问题　美国的高新技术产业在世界上具有最强的竞争力，因此知识产权保护也是美国政府和公司最关注的问题。版权产业在美国国民生产总值中具有重要地位。保护美国在国外的知识产权是美国对外贸易政策的重要目标。早在20世纪70年代就制定了相关法律，其中最著名的是特别301条款。《1988年综合贸易与竞争法》增加的作为《1974年贸易法》的第182节，也就是特别301条款，专门对知识产权保护和市场准入的国家以及从上述国家中确定重点国家做出明确规定。只有下列国家才可成为重点国家：（1）对知识产权拒绝提供充分有效保护、对依赖知识产权保护的美国人拒绝提供公平公正的市场准入的具有最苛刻、最严重的立法、政策或做法的国家；（2）上述立法、政策或做法对相关的美国产品具有最不利的影响；（3）提供充分或有效的知识产权保护没有进行有诚意的谈判，或在双边或多边贸易谈判中没有取得明显进展。①

根据该条款，美国贸易代表（USTR）呈送一份年度报告，列出拒绝有效保护美国知识产权的国家并注明其中的重点国家；在确定重点国家后30天内，美国贸易代表（USTR）开始对这些国家的知识产权保护情况进行调查，在半年内做出采取报复措施的决定，即实施进口限额、提高进口关税甚至取消贸易优惠国待遇。尽管在WTO框架下，各国间对于知识产权法律、管理和执法的纠纷完全可以通过WTO知识产权理事会解决，但美国仍然没有放弃对特别301条款的使用。美国每年都要发表一份年度特别301报告，多次把中国列入重点观察国家名单。美国认为中国存在大范围生产、销售和使用盗版产品、商标与技术的普遍问题，特别是在音像、出版、软件、药品、化学品、信息技术、专利产品、电器设备、汽车零部

① 韩立余：《美国外贸法》，法律出版社1999年版，第364页。

件以及消费产品领域盗版侵权现象严重。而且，中国缺乏有效的执行力度是中国履行知识产权保护承诺的主要障碍。美国提出要促使中国有效地执行知识产权保护的关键是降低刑事处罚的门槛，提高罚金，加强对侵权行为起诉与处罚的意识，扩大执法培训，建立司法与检察机关间有效的对话机制。

事实上，近年来中国所采取的一系列措施已经证明了在解决争端上的诚意和力度。中国对知识产权的保护工作起步较晚，但迄今已经取得了很大进展，已加入了《保护工业产权巴黎公约》《商标国际注册马德里协定》等重要公约，中国已经初步建立了一个比较完善的知识产权保护体系，并已经承诺履行 WTO《与贸易有关的知识产权协议》（《TRIPS 协议》），涉及知识产权的法律已基本符合 WTO 协议的规定。2004 年 4 月，国务院副总理吴仪率中国代表团赴美，代表中国政府做出承诺，对知识产权法律和法规做出具体改进；加强知识产权的宣传教育和执法工作；批准加入世界知识产权组织数字公约；建立中美知识产权联合工作小组，以解决执法问题；出台关于刑事责任标准的司法解释，内容覆盖起诉、定罪和量刑三个方面。从 2004 年 10 月到 2005 年 9 月，中国政府已用一年时间严厉打击侵权行为，保护知识产权。

但美国却始终指责中国知识产权保护工作的问题。在美国年度特别 301 报告中，把中国列入"重点观察国家"。2004 年 5 月 3 日，美国贸易代表办公室（USTR）发布的关于知识产权保护情况的报告中，中国被列入了置于 306 条款下的监察名单，这意味着，如果到 2005 年上半年监察表明中国回避执行先前与美国达成的关于知识产权的协议，美国贸易代表（USTR）可以直接对中国实施贸易制裁。

美国以国内法为依据针对国外侵犯美国知识产权的行为建立了较为完善的预防和保护法律体系。不仅如此，美国关税法中还涉及对其他国家的知识产权保护情况的"监管"，因为进口国对知识产权保护不力可能对美国出口到该国的专利产品造成损害。随着知识产权在世界贸易中的地位逐步提高，美国在知识产权方面的优势在经济贸易方面逐步体现，知识产权已逐渐成为美国遏制中国出口产品的一个有力武器。

针对 1988 年之前的美国《1930 年关税法》第 337 节规定，外国进口产品在进口当中或在美国境内销售中的不正当竞争方法和竞争做法，如果具有破坏或实质损害国内产业的有效运营、阻止该产业的建立或限制或垄断美国贸易和商业的效果或倾向，即是非法的。[①] 337 条款仅适用于侵犯了美国专利的进口产品。为了抑制中国不断增强的贸易竞争力和对已有国际市场格局的冲击，美国近年来频繁对中国企业发起“337 调查”，有关知识产权的纠纷成为目前中美贸易争端的重要表现形式。

中国加入 WTO 后，中美知识产权争端更多地在《TRIPS 协议》的实施上展开。《TRIPS 协议》的制定，已经充分反映了美国在知识产权保护上的标准和要求。监督包括中国在内的世界各国认真而充分地执行《TRIPS 协议》，将最大限度地实现美国让其他国家保护其知识产权的愿望。就知识产权争端解决程序而言，“301 条款”的程序总是用 WTO 争端解决机制来解决争端，如果中美两国达成协议，或者 WTO 争端解决机构（DSB）做出了有利于美国的裁定，美国都会以美国贸易法中的“306 条款”监督中国执行协议或者裁定。如果中国不执行协议或裁定，美国仍然会诉诸贸易法“301 条款”的制裁措施。[②]

纺织品问题　中美两国的贸易具有很强的互补性。中国在劳动密集型产品的生产领域具有比较优势，美国在资本与技术密集型产品上具有比较优势。纺织品则是中国对美国出口中具有明显比较优势的产品，也是引发双方贸易争端的重要原因。入世以来，中美纺织品贸易争端一直此起彼伏。

2003 年 11 月 18 日，美国纺织品协议执行委员会（CITA）做出了对从中国进口的针织布、胸衣、袍服三种纺织品提出磋商请求的决定，对这三种纺织品设立新的配额限制。2004 年 10 月 22 日，美国纺织品协议执行委员会（CITA）正式做出对原产于中国的 11 个税号的袜类产品采取特别限制措施的决定。2005 年，随着纺织品出口配额全部取消，全球纺织贸易进入自由贸易时代，中国长期受到压制的纺织品出口能力得到了短暂的释放。此后，美国启动 WTO 特别保障措施、纺织品特殊限制措施等手段重新对纺织品进口设限。2005 年 4 月 4 日，美国启动纺织品设限第一步，美国纺织品协定执行委员会（CITA）宣布，对中国棉织衬衫及上衣、棉质长裤以及棉质和人造纤维内衣三类产品展开调查。2005 年 5 月 13

① 韩立余：《美国外贸法》，法律出版社 1999 年版，第 317 页。

② 李明德：《“特别 301 条款”与中美知识产权争端》，社会科学文献出版社 2000 年版，第 94 页。

日，美国商务部长宣布，决定对棉质裤子、棉织衬衫和内衣裤三个类别的中国服装重新实行配额限制，进入美国市场的数量今年最多只能增长7.5%。2005年5月17日，美国以“今年以来中国纺织品出口美国剧增、扰乱美国市场”为由，先后对中国棉质裤子等7种纺织品实施限制。同时，美国政府还对中国的合成纤维布等6种产品进行设限调查。这次纺织品问题涉及六七十亿美元的出口，是近年来中美之间最大的一次贸易争端，不仅与双方业界利益相关，也受到社会和新闻界的普遍关注。[①]

此后，中美双方先后进行了六轮磋商均未达成一致。在第七轮磋商中，中美两国政府在伦敦达成《关于纺织品和服装贸易的谅解备忘录》。该协议于2006年1月1日正式生效，于2008年12月31日终止。中美双方同意在协议期内对中国向美国出口的棉质裤子等21个类别产品实施数量管理，包括11个类别服装产品和10个类别纺织产品。根据协议，对协议外产品，美国将克制使用242条款。美国对协议签署日之前因242条款设限个案造成的卡关货物立即放行，不计入协议量。

中美纺织品贸易争端在中国入世后呈现“特别保障措施”与“纺织品特殊限制措施”“反倾销调查”并存的特点。美国对中国纺织品实施特别保障措施的法律依据是《中国加入WTO议定书》第16条，“特定产品过渡性保障机制”（Transitional Product Specific Safeguard Mechanism）。根据该条规定，如原产于中国的产品在进口至任何WTO成员领土时，其增长的数量或所依据的条件对生产同类产品或直接竞争产品的国内生产者造成或威胁造成市场扰乱，则受此影响的WTO成员可请求与中国进行磋商，以期寻求双方满意的解决办法，包括受影响的成员是否应根据《保障措施协定》采取措施。如在这些双边磋商过程中，双方同意原产于中国的进口产品是造成此种情况的原因并有必要采取行动，则中国应采取行动以防止或补救此种市场扰乱。如磋商未能使中国与有关WTO成员在收到磋商请求后60天内达成协议，则受影响的WTO成员有权在防止或补救此种市场扰乱所必需的限度内，对此类产品撤销减让或限制进口。如一措施是由于进口水平的相对增长而采取的，则该措施持续有效期限为2年。如一措施是由于进口的绝对增长而采取的，则该措施的持续有效期为3

① Http：//news. xinhuanet. com/fortune//2005 -11/08/content_ 3751196. htm.

年。第16条还规定了“贸易转移”的情况即如某WTO成员认为根据前几款采取的行动造成或有造成重大贸易转移的可能，则该成员可请求与中国和有关的WTO成员进行磋商。

2006年6月23日，三家美国聚酯短纤制造商同时向美国国际贸易委员会（ITC）和商务部（DOC）递交立案起诉书，要求对从中国进口的部分聚酯短纤进行反倾销调查，并征收101.52%的反倾销税。由于中国全年出口美国聚酯短纤产品近3亿美元，该案成为中美纺织品贸易史上最大的反倾销案件。美国对中国聚酯短纤反倾销调查期为2005年10月1日至2006年3月31日，此案调查期内中国出口金额约为9500万美元，涉及的企业上百家。

纺织品反倾销与“特别保障措施”和“特殊限制措施”相比，启动程序相对比较复杂。“倾销”的认定有严格的限制，即：如果一项产品从一国出口到另一国，其出口价格低于在该出口国正常贸易中用于消费的相同产品的可比价格，该出口产品即被视为倾销产品。“损害的确定”是指对进口国国内相关产业造成实质损害、实质损害之威胁或实质性阻碍相关产业的建立。反倾销调查中不仅要证明出口商存在倾销行为，而且还要证明有实质损害或损害威胁并且要求二者之间存在因果关系，而启动“特别保障措施”和“特殊限制措施”不需要证明出口商存在倾销行为，在出口商主观上没有过错的情形下就可以对其实施贸易限制措施。“特别保障措施”实施的期限为2001年12月11日至2013年12月11日。“特殊限制措施”对象单一仅限于纺织品和羊毛产品，“特殊限制措施”允许当年进口数量有一定幅度增长，对中国出口纺织品影响时间短，该条款的有效期截至2008年年底。

此外，中美还因美国海关进口程序、纺织品进口标签要求等产生纺织品贸易争端。以海关进口程序为例，美国海关对纺织品、服装的进口要求提供详细信息，有时还包括提供保密的加工程序信息，即使很多信息与海关统计无关，例如，对外表超过一种材料构成的服装，必须提供相关重量、构成价值和每一部件的表面积，采取此类做法从客观上导致了成本增加。

农产品问题　农产品贸易争端发生的领域广泛，但涉案领域的集中度较高。国民待遇方面、实施动植物卫生检疫措施协议与保障措施是发生争端最频繁的三个领域。[①] 在全球逐步削减农产品关税之后，利用检验检疫手段和对国内农产品出口提供补贴逐渐成为全球农产品贸易最主要的非关税壁垒。复杂的检验检疫程序、缺乏科学依据的检验检疫标准，或对检验检疫的滥用乃至歧视性做法一定程度上增加了农产品进口的成本，也限制了正常贸易的进行，成为非关税壁垒的主要表现形式。中美农产品贸易争端也集中体现了这样的特点。美国在食品安全方面的技术措施非常先进，因此对发展中国家利用检验检疫措施达到限制进口的目的相对容易。检验检疫措施正日益成为主导中美农产品贸易争端的主要方面。最受美国关注的另外两个问题是中国采用有争议的转基因生物标准和关于农产品关税配额的发放。对于后者，美国认为中国并未完全按照在 WTO 中的承诺开放农产品市场。由于中国采用不合理的进口许可证程序、配额的分配量不切实际，以及关税配额的分配和管理缺乏透明度，使美国出口商，尤其棉花产品的出口商，在进入市场方面受到阻碍。中美作为全球的农产品生产和贸易大国，在农业领域的贸易也将在动态的争端中发展，目的是保护各自的本国市场，开拓对外贸易，同时保障与农产品生产相关的国内经济和政治利益。

中国农业产业薄弱，农产品的国际竞争力还较低。为了保护国内农业和食品安全，根据 WTO 的有关条例规定，中国于 2002 年开始对进口的转基因大豆实施安全审查，这影响到美国对华农产品出口，美国认为农产品问题是“美国和中国之间特别有争论的问题”。虽然经过谈判双方最终就该问题达成协议，推迟安检条例的执行，简化有关申报和审批手续，但由于双方在农产品贸易问题上仍然存在较大的分歧，中美农产品贸易争端的前景不容乐观。

钢铁问题 近年来由于中国钢铁对美国出口数量的迅速增加，钢铁问题正在成为继纺织品之后中美贸易争端的又一焦点问题。为了保护国内已经衰退的钢铁产业，美国自 2002 年 2 月起对来自多个国家的钢铁产品征收保护性的进口关税。直到 2003 年 12 月，迫于 WTO 的裁定和涉案国家要采取报复措施的压力，美国才取消了该关税。就美国 2002 年 3 月的钢铁措施而言，中国外经贸部于 5 月 21 日接连发布三个公报，宣布进行报

---

① 翁曼莉:《农产品国际贸易争端解决的特点及对中国的启示》,《闽江学院学报》2005 年第 6 期，第 50 页。

复：将对从美国进口的废纸、豆油和压缩机等三项产品加征关税；对钢材进口采取临时限制措施；还宣布了对美国、日本等的甲苯二异氰酸脂进行反倾销调查。2005 年 8 月 3 日，美国 7 家钢管生产企业和 2 家行业协会向美国国际贸易委员会提出申请，要求对自中国进口的环状焊接非合金钢管进行“特别保障措施”调查，即根据《中国加入 WTO 议定书》第 16 条实施数量限制。2005 年 10 月 3 日，美国国际贸易委员会认定来自中国的非合金焊缝钢管对美国市场造成扰乱。11 月 11 日，5 家钢铁制造商向美国商务部和国际贸易委员会提出申请，要求对来自中国的进口碳合金盘条进行反倾销调查并征收 330% 的反倾销税。在《中国加入 WTO 议定书》第 15 条“确定补贴和倾销时的价格可比性”和《中国加入工作组报告书》之“影响货物贸易的政策”——“反倾销税和反补贴税”中明确记载：一些 WTO 成员认为中国正处在向完全市场经济转型的过程之中，对于原产于中国的产品进行反倾销、反补贴的价格调查可能存在特殊困难；中国则对一些 WTO 成员将中国视为非市场经济国家，在未确定标准、未给予充分提供证据的机会就裁定倾销价格而对中国出口产品征收反倾销税的做法非常关注。中美谈判的结果是：如“受调查的中国生产者能够明确证明，生产该同类产品的产业在制造、生产和销售该产品方面具备市场经济条件，则该 WTO 进口成员在确定价格可比性时，应使用受调查产业的中国价格或成本；如受调查的生产者不能明确证明生产该同类产品的产业在制造、生产和销售该产品方面具备市场经济条件，则该 WTO 进口成员可使用不依据中国国内价格或成本进行严格比较的方法”。[①] 这场结构型钢反倾销调查，涉及中国数十家钢铁企业，马钢和潍坊钢管应诉并取得胜利，是中国运用 WTO 规则处理贸易争端的成功案例。

二　中国入世后中美贸易争端的特点

中美贸易争端的领域和范围扩大　中国入世后，中美贸易争端涉及的进出口产品范围、数量、领域都逐渐扩大。以往中美贸易争端涉及的范围主要是纺织品、农产品、轻工产品等中国具有传统出口优势的方面，现在涉及一些高新技术产品，主要表现在美国在对中国的高新技术

---

① 方杰：《中美钢铁贸易争端解析——WTO 规则研读札记》，《安徽警官职业学院学报》2002 年第 3 期，第 69 页。

及其产品的出口上限制过重，对中国引进其高新技术设置种种障碍；争端领域逐步由货物贸易向服务贸易领域扩展，从劳动密集型产品向其他产品扩展；产业从传统的农业和纺织业等向电子信息、通信、飞机制造、生物等高科技产业领域升级。这种转变首先冲击的就是中国的彩电业，目前美国对中国的彩电业反倾销力度很大，严重阻碍了中国彩电对美出口。WTO 框架下中国面临“非市场经济地位条款”“特别保障措施条款”和“过渡性审议条款”的挑战。由于上述三个重要条款适用期较长，分别是 15 年、12 年和 8 年，已经成为美国对华贸易保护的新手段，并成为中美贸易争端的新焦点。这些只针对中国的条款，使中国企业出口很容易受到限制。据统计，入世以来，在不到两年的时间里，美国和欧盟分别以年均 712 件和 214 件的速度对华反倾销，导致对华反倾销的数量激增。

引发中美贸易争端的焦点问题发生了转变 一直以来，反倾销、技术壁垒等手段都是引发中美贸易争端的主要焦点。近来，美国开始转向利用“非市场经济地位问题”（Non-market Economic Status）、特别保障措施（special safeguard measures）及保障措施（safeguard measures）和美国外贸法 337 条款、质量、技术、卫生和环保标准等手段来限制中国的出口。而“非市场经济条款”也被称作“中国的非市场经济地位条款”，是《中国加入 WTO 议定书》中专门确定中国出口产品是否具有倾销或补贴行为的条款。

对于“市场经济地位”的定义或判定标准存在于欧美等世界主要贸易体的国内贸易法中。美国《1988 年综合贸易与竞争法》对“非市场经济国家”进行了最为明确的定义，即所谓非市场经济国家，是指“不以成本或价格结构的市场原则运转的，产品在国内的销售不反映产品的公平价值的任何国家”。如果一个国家被确定为非市场经济国家，那么它的出口产品的正常价值就要按照“替代国”（市场经济国家）的价格予以确定。此后，随着多数原非市场经济国家从计划经济体制向市场经济的转轨，美国法律中引入了“市场导向型产业”（MOI）的概念，允许来自原非市场经济国家的企业在反倾销案件中申请所在行业为“市场导向型产业”。即使被调查企业所在国被视为非市场经济国家，但如果某一产业被确认为“市场导向型产业”，则仍可使用企业自身数据确定正常价值，而不使用替代国方法。①

受"非市场经济条款"束缚，中国在15年内不能获得市场经济地位，其对外出口企业必须单独证明自己是完全自负盈亏的市场主体并且不受任何政府的补贴与划拨，否则，进口国将以第三国即替代国（市场经济国家）价格或者是生产要素计算法（成本加利润及包装箱、覆盖物和其他费用等）作为参照来核算原产于中国的产品的正常价值，来判断中国企业是否构成倾销。在中美"彩电反倾销案"中，美国就是把印度作为替代国来计算原产于中国彩电的正常价值，由此判定中国彩电对美构成倾销的，而这样做对中国来说很不公平，因为印度的彩电业垄断程度高、生产规模小，从世界范围来看无足轻重，而中国目前是第一大家电生产国，该行业市场化程度较高，两国在该问题上根本没有可比性，而中国的彩电出口为此受到很大影响。

此外，同一产业引发贸易争端的形式也发生了新变化，贸易保护手段也出现多样化的趋势：一是表现在农产品贸易争端上，主要是美国对中国出口农产品实行技术性壁垒；二是表现在纺织品上，中国入世前美国对中国采取配额和原产地规定方面的限制，入世后主要是采取"特殊限制措施条款""特别保障措施条款"及技术性壁垒等方面的限制措施。

宏观经济争端成为入世后中美贸易争端的新焦点　宏观经济争端是指由于贸易收支不平衡，由一方巨额的贸易顺差或逆差而引发的两国宏观经济政策的争端。其主要表现在两个方面：一是货币政策与人民币升值，表现为美国主张中国实行浮动汇率制，并要求人民币升值，而中国认为，应该实行稳定的汇率政策，保持人民币的稳定；二是贸易政策与市场开放，主要是美国指责中国实行贸易保护主义，声称要实行公平贸易战略，要求中国进一步开放市场。人民币汇率问题成为中美主要矛盾焦点问题。虽然中国在2005年7月21日进行了人民币汇率形成机制改革，实行以一揽子货币为基础的有管理的浮动汇率制，将人民币升值2%，暂时缓解了美国方面的压力，但随着中美贸易逆差的进一步恶化，人民币升值论还会燃起。②

---

① 潘悦：《反倾销摩擦》，社会科学文献出版社2005年版，第276页。

② 刘伟、凌江怀：《人民币汇率升值与中美贸易失衡问题探讨》，《国际金融研究》2006年第9期，第4页。

三 中国入世后中美贸易争端日渐频繁的原因

美国贸易保护主义 美国贸易政策乃至外贸法的制定归根结底是以保护本国的国家利益为中心的，因此无论是主张自由贸易还是主张贸易保护均是从特定时期的经济环境出发，目的都在于扩大出口，保护国内产业，维护国内消费者的利益。贸易保护主义政策成为中美贸易争端加剧的首要根源。如美国贸易法301条款，是美国奉行贸易单边主义的典型代表。1974年正式出台，虽经多次修改，但其措施完全是基于美国对外国有关贸易立法和做法的单方面评价，所采取的行动并不以WTO协定为依据，因此，不可避免地会与WTO的规则有矛盾，但美国宪法规定，国际条约和国会立法二者是平等的。但20世纪70年代以来，美国国会在批准国际协定时明确规定，若协定规定与美国国内法冲突时，适用美国法。对影响美国经济的不合理、不正当的进口限制用301条款进行报复。此外，美国还维持对某些产品的高关税壁垒或者用关税配额加以限制，并继续使用技术性壁垒以及在其政府采购中对某些外国产品采取歧视性政策等。美国各种贸易联合会要求政府以制裁相关国家的措施保护本国贸易，敦促美国消费者抵制进口产品等不断掀起贸易保护主义浪潮。受这股浪潮的影响，自然加大了对从中国进口产品的各种限制措施。

美国对华贸易逆差 中国入世后，美国对中国的贸易赤字不断扩大，中国在对美贸易中持续处于顺差地位，中美贸易严重不平衡且存在扩大趋势。美国政府认为，中国对美国的出口迅速增长是造成美国贸易逆差的重要原因之一，认为中国政府操纵人民币汇率，实施鼓励出口限制进口的措施，利用不公平的竞争优势在中美贸易中获得巨额利润，损害了美国企业的利益。因此，美国在对中国的贸易中采取种种手段限制中国的进口，谋求其自身在对华贸易中利益的扩大。同时，美国对高新技术出口管制很严，这些都加大了中美贸易争端发生的可能性。对于中美贸易不平衡问题，尽管双方在顺逆差的统计上数值差距很大，美国在一定程度上夸大了中国对其出口，但客观分析中美贸易不平衡的确较为严重，这就使得贸易争端的发生在所难免。

制度原因 依据贸易争端的主体和起因来区分，贸易争端大体上可以区分为微观争端、宏观争端、制度争端三个层次。微观贸易争端一般是由一方对另一方出口激增和进口限制造成的，表现为贸易国产业或企业间的冲突。如中国与主要贸易国的贸易争端集中在农产品、纺织品、工业产品、高新技术产品和知识产权等领域。宏观贸易争端是贸易国之间由于巨额顺差或逆差所引发的冲突，表现为当事各国宏观经济政策上的争议。制度性贸易争端是指由贸易各方制度不协调而引起的争端，它所体现的是不同国家贸易政策、交易习惯等方面的冲突。如美国贸易代表（USTR）在其1999年度《中国贸易壁垒》中指出中国的规章制度“严重限制了美国对中国的服务出口”。[①] 需要指出的是，这三个层次贸易争端往往是相互渗透的。以纺织品贸易争端为例，它既涉及相关企业，也牵涉到中国的汇率制度和知识产权保护体制。

四　处理中美贸易争端的途径

中美两国元首多次举行会晤并着重讨论经贸问题，双方贸易、财政、金融、能源、环保等部门官员频繁互访，并且积极推动WTO新一轮多边贸易谈判。通过经贸对话也取得积极成果，如通过建立打击跨境知识产权犯罪刑事执法合作机制和电影版权保护机制等，使知识产权方面的部门合作得到加强；中美纺织品协议的签署，化解了历时近一年的纺织品贸易争端；人民币汇率形成机制的完善，也使外界对人民币汇率的炒作大大降温。由此可见，这些热点问题没有成为两国贸易关系发展的障碍。目前，中美两国处理双边贸易关系的途径依旧是以双边渠道为主，通过多边渠道解决贸易问题的模式还有待探索。目前中美之间的对话正出现一个新的变化，对经贸等不同领域问题的沟通，已经从全局框架下分别进入相对专项化的磋商之中，贸易、军事、外交，各方面的问题有形成不同领域的对话渠道和机制。这反映了中美全局战略对话和专题性高级对话同时推进的新现实。现在的中美战略与经济对话不仅有利于两国经济合作和双边关系的发展，对于世界经济的发展，全球经济的稳定与安全，都将产生积极影响。此外，中国开始注意和利用WTO争端解决机制来处理中美之间的贸易争端。

---

① 沈丹阳：《冷静观察　主动出击——当前中国对外贸易争端多发的原因、面临的形势与对策》，《今日中国论坛》2005年第12期，第47页。

第五节 利用 WTO 争端解决机制处理中美贸易争端：中美在 WTO 多边机制中的互动

中美贸易争端对美国而言，不利于美国企业的对华投资和高新技术转让。反倾销、特别保障措施的使用，会损害美国的社会福利水平，不利于消费者的利益实现，也将使美国零售商面临巨大市场风险和损失。对中国而言，中美贸易争端的频繁发生不利于对外贸易发展和吸引外资。因此，利用 WTO 提供给成员方可寻求救济的规则来合理解决中美贸易争端，符合中美双方利益，是中美在 WTO 多边框架内进行互动的重要内容。

一 WTO 争端解决机制

WTO 的一个重要职能是协调解决成员方之间的货物贸易、服务贸易和与贸易有关的知识产权领域出现的贸易纠纷与争端，在 GATT 乌拉圭回合谈判过程中，各成员方经过长时间讨论与协商，拟定出《关于争端解决规则与程序的谅解》（Understanding on Rules and Procedures Governing the Settlement of Dispute，DSU），设立了常设性的争端解决专门机构，使 WTO 的争端解决更具明确统一的程序、规则和时间限制。

WTO 争端解决机制是 WTO 所包含的协议得以有效运作的核心，是保证世界贸易组织这一多边贸易体制沿着其宗旨健康发展的基石，也是各缔约方依据该组织的协议享有权益和纠正其他缔约方违约行为的必要手段。① 当某一成员方根据 WTO 有关协议本应获得的利益，由于另一成员方采取的措施而直接或间接地受到损害时，该成员可诉诸 WTO 争端解决机构，解决它们之间的争议，以维护其根据协议本应获得的利益。WTO 争端解决机制为 WTO 多边贸易体制的法律义务或规则得以遵守、规则得以正确解释、澄清和适用乃至整个国际贸易体制得以有效的运转，提供了有利的保障，是 WTO 的核心。

WTO 争端解决机制的职能及管辖范围 DSB（Dispute Settlement Body），即争端解决机构，是争端解决机制的核心。它建立在乌拉圭回合

① 徐军华：《WTO 争端解决机制价值刍议》，《理论月刊》2005 年第 3 期，第 136 页。

谈判所达成的《马拉喀什建立世界贸易组织协定》附件 2《关于争端解决规则与程序的谅解》（DSU）的基础上，负责管理有关争端解决的规则与程序以及适用，涵盖贸易争端的磋商和解决。DSB 的设立使 WTO 争端解决机制为全球经济稳定做出了最独特的贡献，并构成多边贸易体制的主要支柱。也正因为 DSB 的存在，使得 WTO 协定的法律效力显得格外有力。DSU 是 WTO 争端解决机制的主要和直接的法律依据，它总共包括 27 条和 4 个附件，主要内容涉及 WTO 争端解决机制的作用、适用范围、一般原则、管理机构和基本程序等方面。

根据 DSU 第 1. 1 条及附件 1 的规定，DSB 的管辖范围包括涉及以下协定的争端:《建立世界贸易组织协定》《货物贸易多边协定》《服务贸易多边协定》《与贸易有关的知识产权协定》（《TRIPS 协议》）、《关于争端解决规则与程序的谅解》（DSU）等。由于乌拉圭回合谈判达成的各项多边贸易协定中大都规定有适合其内容的争端解决的特殊或补充规则和程序，因此，它们可能与 DSU 中的一般规则和程序不完全一致，而且各项具体协定中所规定的特殊规则和程序之间也不尽相同。为此 DSU 规定，一般规则和程序的适用，应从属于特殊规则和程序；当二者之间发生冲突时，特殊规则和程序具有优先效力；当争端不仅涉及某一个单独协定规定的规则和程序，且这些规则和程序相互冲突，而争端当事方未能在专家组成立后的 20 天内就适用何种规则和程序达成一致时，则 DSB 主席经与有关争端当事方协商，应在任何一方提出请求后的 10 天内，确定应遵循的规则和程序，DSU 所规定的一般规则和程序只有在为避免冲突所必要的范围内适用。

WTO 争端解决机制的基本程序　DSU 综合了 GATT 以来在解决贸易争端方面逐步形成的原则与程序，规定了一整套相对独立而又自我完备、自行运转的司法体制，形成了独特的模式。与 GATT 的争端解决体制相比，新的 WTO 争端解决机制从一开始就更有力、更自动、更可靠。特别是其中 DSB 的设立为 WTO 解决争端的规范化、法律化和法院化创造了必要的条件。有了独立行使司法审查权且专司解决争端的机构，WTO 成员之间发生的贸易争端就可以随时告上临时“法庭”——专家组以及常设“法庭”——常设上诉机构，从而为及时化解矛盾，促进国际贸易顺利发展提供了保障。[①]

当某一 WTO 成员方采取了一项贸易政策措施或某些措施，被一个或多个 WTO 成员认为违反了 WTO 协定或未能履行 WTO 规定的相关义务时，争端即告产生。第三方成员可以宣布它们与此案有关并享有一定权利。根据 DSU，WTO 解决争端机制的一般过程是：磋商，斡旋、调解和调停，专家组，上诉，执行。

磋商——是争端解决的必经程序，也是被鼓励在任何阶段都可以采取的解决方式。争端各方在采取任何行动之前，都必须进行磋商，以寻求自行解决彼此间的贸易争端。如果磋商失败，争端各方可以要求 WTO 总干事进行调解，但这种调解并不具备强制性效力。

斡旋、调解和调停——是传统国际法中和平解决国际争端采取的方式，体现了主权国家在争端解决过程中的独立自主性，即通过权衡利弊，一方或几方做出妥协或让步，以获得争端的和平解决。在这一过程中，争端方不受任何第三方的强制约束，完全是在自愿的情况下来解决争端，是一国独立自主处理国际事务的重要表现，也是一国主权权力的体现。DSU 第 5 条规定了 WTO 成员方采取这三种方式的时间和条件：争端任何一方可以在任何时间提出斡旋、调解、调停的请求。这些程序可以随时开始、随时终止。一旦斡旋、调解和调停的程序中止，则投诉方可以提出设立专家组的要求。如果争端各方共同认为斡旋、调解和调停的程序不能解决该争端，则投诉方可以在 60 天内要求成立专家组。WTO 总干事也可以依其职权进行斡旋和调停。

专家组——如果争端双方磋商达不成协议，从磋商之日起 60 日内或一方对提出磋商的请求 10 日内未予答复的情况下，经争端任何一方申请即可进入专家组程序。DSU 第 6 条规定，除非争端解决机构各方一致反对成立专家小组，否则应成立。这就意味着被诉国无权阻止专家组的成立。专家组对争端的事实进行审理，并做出裁决或提出建议。由于专家组的报告在 DSB 只有经协商一致才能被否决，因此其结论是很难被推翻的。

上诉——在专家组向 DSB 提交调查报告后，争端中任何一方当事国均有权对调查报告提出上诉。上诉阶段是完整的司法过程的一部分，为各

① 金奇男：《DSB——一个使 WTO 更具法律效力的机构》，《人民司法》2002 年第 2 期，第 67—68 页。

成员方在解决争端的最后阶段说明其立场并寻求更完满的解决结果提供了机会。常设上诉机构仅审理专家组报告所涉及的法律问题和法律解释问题，而不能重新审查事实争议、现有证据或审查新证据。常设上诉机构的报告在 DSB 中除非以协商一致被否决，否则即应通过，争端各方应无条件接受。

执行——专家组或常设上诉机构的报告通过并生效后，便进入执行程序，有关成员方应及时将其执行 DSB 建议或裁决的意图通知 DSB。如果情况表明立即执行并不现实，可以规定一个合理期限。当有关成员方在合理期限内未执行建议或决议，或者不欲全面执行有关建议或裁决时，则可授权进行补偿，或授权相对方中止减让或其他义务。DSB 负责对建议或裁决的执行进行经常性的监督。

二　WTO 争端解决机制的法律特点

WTO 争端解决机制的形成，是一个不断规范化、法律化和法院化的过程。它尝试着在国际组织的内部实行分权制，建立一套相对独立的司法制度，使 DSB 拥有独立履行司法职能的全部权力，成为一个并非法庭的“法庭”。

强制管辖权——“反向一致”模式　基于作为国际法基础的国家主权观念，传统国际法在涉及与本国有重大利害关系的问题上，要一国接受国际司法审查必须要征得该国同意才可。也就是说，“不得强迫任何国家违反其本身意志来进行诉讼”。现行国际法院规约因大国反对写入强制管辖条款而被迫采取了选择性模式。现在，虽然在经济全球化的大趋势下出现了国际海洋法庭的强制管辖，但一般国际组织包括联合国国际法院在内，诉讼仍然是经争端当事国“自愿同意”，国际法院才有权受理的。而 WTO 中的 DSB 却冲破传统桎梏，在管辖机制上取得了重大的突破性进展。

DSB 的强制管辖权主要是通过其“反向一致”的决策模式来实现的。其基本含义为，在就提交事项作决定的会议上，与会成员只要无人正式提出反对，就视为该机构以“协商一致”做出决定。它的弊端在于给与会的每个国家代表以否决权，即任何一方的反对都将阻止决定的通过。而 DSB 把这种“协商一致”颠倒过来，表现为：争端如经协商不能解决，只需一个当事方（一般为原告）请求，DSB 就应设立专家组受理该案，除非 DSB 以“协商一致”决定不同意设立；对专家组和上诉机构的报告，除非 DSB 以“协商一致”决定不通过，否则该报告即被通过。换句话说，在 DSB 讨论设立专家组或者通过专家组和上诉机构的报告时，只要有一票赞成即可。任何想要阻止专家组的设立或者专家组和上诉机构的报告通过的成员方，都必须设法说服其他所有 WTO 成员（包括争端中的对方）一致反对才行。这显然是不可能的，至少在争端中的对方是行不通的。因此，实际上等于授予 DSB 审理案件的强制管辖权，并使之成为国际法上的一项重大突破。

严格的诉讼时限——详尽的时间表 严格的程序和时限是司法活动的重要特征。DSB 不是司法机关，但其程序上的明确和严格极其类似司法机关。同 GATT 时争端解决程序没有确定的时间表，导致许多案件久拖不决相比，WTO 引入了一个结构上更健全、各阶段界定更明确的程序，对解决案件的时间作了更严格的规定，对程序中各阶段规定了灵活的截止日期：一个案件经过全过程直到做出首次裁决，一般不应超过 1 年；如果上诉，则不应超过 15 个月；如果案件被认为是紧急的（如涉及易腐货物），则不应超过 3 个月。具体如下：第一阶段：磋商、调解。最长可达 60 天，在紧急案件中（如涉及易腐货物）为 20 天。第二阶段：专家组。争端方提出申请后，DSB 在 45 天内建立并任命专家组。专家组在 6 个月内做出裁决，在紧急案件中（如涉及易腐货物），期限缩短为 3 个月。最终报告提交各方 3 周后提交全体 WTO 成员。DSB 须在 60 天内通过报告（如无上诉）。第三阶段：上诉。一般情况下上诉不应超过 60 天，最长不能超过 90 天。DSB 须在 30 天内通过上诉机构报告。第四阶段：执行。败诉方需在 30 天内表明遵守专家组或上诉机构裁决的意向。如果立即执行不切实际，可在合理期限内完成。如无法执行，须与起诉方在 20 天内议定满意的补偿。如议定不成，DSB 应在合理期限届满后 30 天内授权报复制裁。

专家组与上诉机构——准司法机构 尽管 DSU 中并未使用“司法”（judicial）一词，但 WTO 中确实存在着一个司法体制。该司法体制包括 DSB、专家组和上诉机构，各机构各司其职。DSB 负责实施 DSU 规则、设立专家组、通过上诉机构和专家组报告、对成员方履行经其通过的报告进行监督（见 DSU 第 2.1 条、第 6.1 条、第 7.3 条、第 16.4 条、第 17.4 条、第 21.6 条）。从 DSU 的有关条款可以看出乌拉圭谈判者意图将专家组、上诉机构和成员方隔绝，避免成员方的干预。这些独立性体现在专家组成员的选取、专家组从其认为合适的渠道获取信息的权利、专家组和上诉机构审理案件的自主性以及专家组、上诉机构报告的准自动通过等方面。①

具体而言，首先，在人员组成上，专家组由3名（或5名）来自不同国家的专家组成。DSU要求对专家组成员的选择应以保证各成员的独立性、完全不同的背景和丰富的经验为目的进行。专家组成员一般是在与争端各方磋商后选定的，只有在双方不能达成一致的情况下，才由WTO总干事任命。专家组成员以个人身份任职，不代表任何政府或组织，不能接受任何政府或组织的指示和影响。专家组的这种人员组成及职能目标均体现着一种强烈的“司法化”倾向，类似法庭或仲裁庭。上诉机构是DSB的一个常设机构，依照DSU的规定，由7人组成，任期4年，可连任一次。这7名成员的遴选程序是：各成员方代表团提名；在提名的基础上由WTO总干事、DSB主席、总理事会主席以及货物贸易理事会、服务贸易理事会和知识产权理事会的主席联合提出建议名单；经DSB正式任命。他们必须是在法律、国际贸易和有关涵盖协议内容方面卓有专长和公认权的权威人士，不隶属任何国家的政府。上诉机构人员的产生和资格，保障了其独立的司法主体地位，使其能够在排除各国政府外界干扰的情况下，相对独立地行使DSU所赋予的司法审查权。

其次，在职能上，DSU在第7条和第11条分别就专家组职能作了如下表述：根据争端各方援引的适用协定的名称中的有关规定审查一方向DSB提交的事项并做出客观评价，包括对案件的事实、各有关协定的适用和提交事项是否与协定一致的判断，并做出其他调查结果以协助DSB按照各适用规定提出建议或做出裁决。

上诉机构的职能：只有争端当事方才有权就合议庭报告向上诉机构提起上诉。上诉范围仅限于专家组报告所涉及的法律问题及其法律解释。由此可见，DSU在常设上诉机构职能的设置上具备司法化特征，使对上诉案件的审理更近似世界上大多数国家国内法院的上诉审理。上诉机构可以维持、修改或推翻专家组的裁决并且上诉机构的复审具有终审性质，上诉机构的报告应由DSB通过并由争端当事各方无条件地接受，除非DSB以

① 程红星：《WTO司法哲学的能动主义之维》，北京大学出版社2006年版，第21页。

协商一致决定不予通过。DSU 对上诉机构的设立、成员资格以及职责的规定都具有十分鲜明的司法色彩，它是 WTO 争端解决机制最权威最具有说服力的证据。

强有力的执行——交叉报复措施 DSB 通过建议或裁决后，执行问题就成为考验 WTO 新的争端解决机制是否有效力的标志。在以往 GATT 的历史上，曾多次出现某些缔约方故意拖延采取专家组报告所建议的补救行动的事例，而 GATT 因缺乏有效的执行机制失去了不少缔约方对它的信任。WTO 新的争端解决机制确立了特殊的监督执行措施，即交叉报复措施。根据 DSU 规定，当败诉方未能在合理期限内有效地执行专家组的建议或裁决，且情势严重到足以有理由采取行动时，经起诉方申请，DSB 应在合理期限结束后 30 天内授权对不执行裁决或建议的成员方进行一定的报复制裁——起诉方中止履行减让或其他义务。原则上这种报复制裁应限制在发生争端的同一部门或门类范围内。但 DSU 为了强化这一威慑性手段，把采取报复措施的范围扩大到可以做跨部门甚至跨门类的交叉报复。具体讲，首先，起诉方应在专家组或上诉机构已认定其利益受到损害或被取消的部门内寻求中止减让或其他义务；其次，若起诉方认为在同一部门内中止减让或其他义务的做法不切实可行或者无效力，则可寻求在同一协定项下的其他部门中止减让或其他义务；最后，若上述做法也不切实可行或无效力，且情况十分严重，则可在另一适用协定项下的部门内实行中止减让或其他义务。通过授权进行交叉报复，有关当事方可挑选更有效的方式对违反协议的情况进行报复，因而被视为提高 WTO 争端解决机制效力的有力措施之一。

给予发展中成员国和最不发达成员国的特殊待遇 WTO 争端解决机制总的原则仍对发展中国家和最不发达国家作了特别考虑，在一般程序和特别程序中都给予发展中国家和最不发达国家特殊优惠待遇。如 DSU 第 4.10 条规定，各成员国在协商期间应对发展中成员国的特殊问题和利益给予特别注意；第 7.10 条规定，当某一争端系一发展中成员国与一发达成员国之间的争端，如果该发展中成员国要求，该专家组应至少包括一名发展中成员国的成员。第 24 条则专门规定了与最不发达成员国有关的特别程序。如 DSU 第 24.1 条规定，当争端涉及一个最不发达国家时，WTO 成员方应该对在争端解决机制中向最不发达国家提出问题、要求补偿、寻求贸易报复授权或行使其他权利保持适当的克制。WTO 实体法中给予发展中国家和最不发达国家的特殊待遇可以归纳为五类：较低水平的义务；更加灵活的实施时间表；发达国家“最大努力”的承诺；对最不发达国家的更优惠的待遇；技术援助与培训。[①]

综上所述，WTO 的争端解决机制除继续坚持了 GATT 的有效做法外，进一步完善了原有的机制，弥补了原有机制存在的缺陷，而且在某些方面还有重大的突破和创新。显然，WTO 的争端解决机制更具合理性、科学性、公平性和有效性。

三　运用 WTO 争端解决机制处理中美贸易争端

尽管在过去的半个多世纪里，WTO（GATT）的争端解决机制为整个多边贸易体制的良好运作提供了有力的保障，但如何使发展中国家充分有效地参与和利用该机制，却一直是影响该机制作用充分发挥的最为突出的问题。发展中国家积极参与争端解决机制可以更好地融入多边贸易体制。中国作为 WTO 成员方，熟悉 WTO 庞大体系所涵盖的各种机制，并研究出相应的对策，对引导中国的国际贸易活动有重要的作用。入世以来，中国在熟悉 WTO 争端解决机制并适当参与维护依 WTO 协定享有的权利方面做出了积极的努力。

美国钢铁保障措施案　美国钢铁保障措施案是中国在 WTO 中解决中美贸易争端的第一案，是中国成为 WTO 成员后，运用 DSB 解决中美贸易争端，保护自己合法贸易利益的具体体现。本案标志着中国未来解决与美国的贸易争端，多了一条可供选择的途径。对于中美经贸关系来说，和平解决其争端，建立良好的贸易关系非常重要。本案对中国而言，不仅具有保护具体贸易利益的作用，而且是具有很强的象征意义。[②]

2002 年 3 月 5 日，美国总统布什公布了“进口钢铁保障措施案”最终救济方案。根据该方案，美国将对板材、热轧棒材等 10 种进口钢铁产品实施提高关税，其中对进口板坯实施配额外提高关税。保障措施于 2002 年 3 月 20 日生效，为期三年。根据 WTO《关于解释 1994 年关税与贸易总协定第 24 条的谅解》，允许区域经济组织内部成员间可以做出比

① 李小年：《WTO 法律规则与争端解决机制》，上海财经大学出版社 2000 年版，第 163 页。

② 杨国华：《中国入世第一案——美国钢铁保障措施案研究》，中信出版社 2004 年版，第Ⅳ页。

最惠国待遇更为优惠的安排，区域外 WTO 成员无权享受。美国宣布，该措施将不适用于《北美自由贸易协定》（NAFTA）的成员——加拿大、墨西哥、约旦、以色列。根据 1979 年东京回合通过的“授权条款”——《关于有差别与更优惠待遇、对等与发展中国家充分参与的决定》，发达国家承诺给予发展中国家多方面的差别与更优惠待遇；根据《保障措施协定》第 9.1 条中规定：“对于来自发展中国家成员的产品，只要其有关产品的进口份额在进口成员中不超过 3%，即不得对该产品实施保障措施”，美国宣布阿根廷、泰国、土耳其等发展中国家在美国钢材市场上占有的份额不到 3%，因而不受此次保障措施的限制。尽管保障措施的实施是针对公平贸易的，也是针对产品而非针对国家的，但排除了以上国家，实际上上述产品主要涉及欧盟、日本、韩国、中国等主要钢铁出口国。

中国政府积极参与了本案的争端解决程序。首先，针对美国的措施做出迅速回应。3 月 6 日，中国外经贸部就公布了声明：“美国政府的这一决定不符合 WTO 规则，中国政府将保留向 WTO 争端解决机制提起申诉的权利”。其次，提出进行《保障措施协定》项下的磋商请求。3 月 14 日，中国政府根据 WTO《保障措施协定》第 12.1 条提出与美国进行磋商。美国接受了磋商请求。3 月 22 日，中国代表与美国代表在华盛顿进行了磋商。中国提出下列主张：要求美国对中国输往美国的全部钢铁产品适用发展中国家待遇，美国对中国提供贸易补偿。但磋商没有取得实质性进展。再次，提出加入美欧间的磋商。3 月 21 日，中国政府根据 DSU 第 4.11 条，提出加入美国和欧盟进行的 DSU 项下的磋商请求。最后，提出进行 DSU 项下的磋商。3 月 26 日中国政府根据 GATT 第 22.1 条、DSU 第 4 条提出与美国进行 DSU 项下的磋商请求。①

从 2002 年 3 月 7 日到 4 月 4 日，有欧盟、日本、韩国、中国、瑞士、挪威六方先后提出磋商请求。美国接受了上述 6 个请求，并决定在 4 月 11 日和 12 日在日内瓦与六国举行联合磋商。此外，墨西哥、加拿大、委内瑞拉加入了联合磋商。在联合磋商之后，六方发布了联合声明。联合声明表明，如果双方未能在提出磋商请求后 60 天内解决争端，那么六方将提出设立 WTO 专家组的要求。5 月 7 日，欧盟向 DSB 请求设立专家组，

① 陈梅、谭红玲：《DSB 对 WTO 协议解释规则及实践》，《WTO 经济导刊》2005 年第 12 期，第 80—81 页。

其他五方都纷纷要求设立专家组来审理美国钢铁保障措施案。中国于 5 月 27 日向 DSB 要求设立专家组。此外，巴西和新西兰也分别于 5 月 21 日和 23 日要求与美国进行磋商。①

本案涉及的法律问题：发展中国家问题　中国提出的磋商请求文件提出了 14 个法律问题，首要一点就是主张中国是发展中国家，美国应当根据 WTO《保障措施协定》第 9.1 条，将从中国进口的钢铁产品排除适用保障措施。《保障措施协定》第 9.1 条规定：对于来自发展中国家成员的产品，只要其有关产品的进口份额在进口成员中不超过 3%，即不得对该产品实施保障措施，但是进口份额不超过 3% 的发展中国家成员份额总计不得超过有关 3% 产品总进口的 9%。因此，中国需要证明的问题有两个，即中国钢铁产品的进口份额在进口成员中不超过 3%；中国是一个发展中国家。

本案涉及的法律问题：报复问题　保障措施是基于公平贸易实施的，因此允许 WTO 成员方在一定的条件下实施报复。《保障措施协定》第 8.2 条规定，如磋商未能在 30 天内达成协议，则受影响的出口成员有权在不迟于该保障措施实施后 90 天，并在货物贸易理事会收到此中止的书面通知之日起 30 天期满后，对实施保障措施成员的贸易中止实施 GATT1994 项下实质相等的减让或其他义务，只要货物贸易理事会对此中止不持异议。第 8.3 条规定，第 8.2 条所指的中止的权利不得在保障措施有效的前 3 年内行使，只要该保障措施是由于进口的绝对增长而采取的，且该措施符合本协定的规定。

从 GATT 和 DSU 的相关规定和原则来看，每个成员都无权认定其他成员的行为是否违反了 WTO 协定，只有 DSB 有权认定。因此，如果涉案成员在 3 年之后或者是在 DSB 的裁决作出之后进行报复，这是符合 WTO 协定规定的。如果立即实施报复，就必须澄清美国的保障措施是基于相对增长而非绝对增长。值得注意的是，无论是哪种报复，都必须在保障措施实施后的 2 个月内通知货物贸易理事会，即最后期限为 5 月 17 日。

《保障措施协定》规定的模糊无疑给报复行动的操作带来了难度。中国采取了稳妥的做法，即对从美国进口的部分废纸、豆油、压缩机等产品

---

① 陈梅、谭红玲：《DSB 对 WTO 协议解释规则及实践》，《WTO 经济导刊》2005 年第 12 期，第 81 页。

加征24%的附加关税，加征的关税额为9400万美元。而且该措施将于DSB最终裁决美国钢铁保障措施违反WTO有关协议后再实施。实际上，要挑战美国保障措施，最核心的问题还是要看实施保障措施是否符合了WTO《保障措施协定》规定的基本要素，即增加的进口；生产相同或直接竞争产品的国内产业；严重损害或严重损害威胁；增加进口与国内产业受到严重损害或严重损害威胁的因果关系。

本案表明，入世后的中国开始积极利用WTO的相关机制着手处理中美贸易争端，但通过对本案的分析和研究不难发现，WTO争端解决机制虽然可以被用来解决某些贸易争端，但它不一定能让其中的受害方得到及时、充分的补偿。有时，这一机制还可能成为WTO中的发达成员方操纵的工具，为其达到某种经济利益或政治利益提供了方便。这种现象的出现，除了有WTO争端解决机制本身固有的内在缺陷的原因，更主要的还是同目前国际贸易与错综复杂的国际政治大环境相关。2004年3月，美国认为中国集成电路增值税退税政策与WTO的国民待遇原则不符，将中国起诉到DSB，欧盟、日本和墨西哥作为第三方加入了磋商。经过几轮协商之后，中美于2004年7月14日签订谅解备忘录，妥善解决了此争端。对中国来说，目前参与WTO争端解决机制绝大部分是作为第三方参加的，如在多米尼加和洪都拉斯关于进口香烟的案子中，多米尼加共和国主张如果能证明进口是合理的，就应当获得进口批准，但要确保在进口香烟时支付了相应的关税。中国作为第三方参与案件审查，参与了所有的程序并发挥了重要作用。在目前中国还不具备对WTO争端解决机制充分熟悉并良好运作的条件下，选择扮演第三方是非常明智的，而且目前中国也非常熟悉操作这一程序的全过程。因此，一方面我们要充分利用WTO争端解决机制来解决中美之间的贸易争端，维护应有的权利，另一方面，需要尽快建立一套贸易争端的预警机制，尽可能将这些争端解决在萌芽状态。加入WTO表明中国已开始与其他WTO成员用同样的游戏规则在国际贸易舞台上同台竞技。我们只有熟悉这些规则，才能运用这些规则妥善处理中美贸易争端。①

① 胡加祥：《对中美钢铁案的几点理性思考——兼评WTO组织争端解决机制的执行制度》，《世界贸易组织动态与研究》2005年第5期，第43页。

第八章　中美在亚太多边机制中的互动

第一节　亚太经合组织与中美互动

成立于1989年11月的亚太经合组织，是“亚太地区级别最高、影响最大、机制最完善的经济合作组织”。其宗旨是“通过引领自由开放的贸易投资，深化区域经济一体化，加强经济技术合作，维护人类安全，改善商业环境，以建立一个充满活力、和谐的亚太大家庭”。[①] 亚太经合组织现有21个成员，中国和美国均为正式成员。不言而喻，作为亚太地区的主要大国，中美两国深刻地介入亚太事务的各个方面。亚太经合组织为中美提供了开展合作的平台，但也拉开“大国政治悲剧”的序幕。

一　区域合作的缘起

“亚太”是“亚洲及太平洋”的简称，是亚洲大陆与太平洋水域地缘政治经济关系的指称。自1500年新航路开辟以来，麦哲伦的船员命名了“太平洋”，由此被认为“欧洲人为亚洲大陆和太平洋水域发生关系做出了贡献”。此后很长时间内，以欧洲为中心的学术研究者和政策制定者使用“远东”“远东太平洋”概念。20世纪70年代，国际政治经济风云变化催生了“亚太”概念。1974年联合国经济社会理事会通过决议，把1947年成立的“亚洲和远东经济委员会”改名为“亚洲和太平洋经济社会委员会”（简称亚太经社会）。1985年，日本首相中曾根康弘在题为“亚太时代正在到来”的演说中，第一次使用“亚太”一词。不过，直到80年代末期，特别是APEC西雅图会议之后，亚太概念逐步取代“环太

---

① 中华人民共和国外交部，http://www.fmprc.gov.cn/chn/pds/gjhdq/gjhdqzz/lhg_58/。

平洋”“太平洋盆地”等用语，为各国普遍接受。①

早先，亚太各地以自给自足的自然经济为主。大陆国家多为农业文明，滨海国家则是东西方海上贸易的中继站。各国之间并没有固定的经济联系，朝贡体系将各国松散地联系在一起。朝贡体系发端于先秦，壮大于汉唐，成熟于明清，历经两千年之久，是中国古代对外交往的基本模式。通过朝贡，双方维持着一种政治上（大多是名义上）的宗属关系，经济上的交换关系或援助与被援助关系，以及安全上的边境睦邻友好关系。②但是，正如斯塔夫里阿诺斯所言，“中华帝国乃农业国，对海外事业可能获利这一点并不感兴趣，遂将海洋留给了阿拉伯人和欧洲人”。③

欧洲工业革命后，殖民主义扩张的触角伸向了世界各地。在亚洲，除中国、日本等少数国家外，其余各国都沦为欧洲列强的殖民地，特别是成为英法两国的原料来源地和商品目的地。19 世纪中叶，中国和日本也先后遭受欧美殖民者的入侵，被迫对外开放，成为炮舰政策的受害者。日本明治维新以后，逐渐实现了工业化，一跃成为亚洲强国，并开始奉行脱亚入欧政策。经过甲午战争和日俄战争的洗礼，日本最终具备了争夺东北亚主导权的实力。而此时，美国也以日俄战争的调停者出现在了亚洲事务当中。

作为一个资源匮乏的岛国，日本有控制资源生命线的强烈愿望。而且，在对外关系上日本并不认同亚洲，除了有战略利益的考虑之外，还有一个更深层的东西，即它始终认为日本在种族和文明上均优越于其亚洲邻国。这种思想观念可说长期存在，甚至早在日本遭受西方侵略之时所产生的亚洲主义思潮中，就已经包含这样的因子。所谓“亚洲责任论”和“文明输出论”，就表现出了这样一种优越感和对亚洲的蔑视。这种思潮发展的结果，并不是共同抵制西方，而是直接导致日本侵略亚洲理论的出台。

确实，作为一个先进的工业国家和一个奉行“脱亚入欧”路线的国

① 中国亚太研究网，http：//iaps. cass. cn/news/110909. htm。

② 进一步参阅李少军《中国的战略文化传统》，载其主编《国际战略报告：国际体系与中国选择》，中国社会科学出版社 2005 年版。

③ ［美］斯塔夫里阿诺斯：《全球通史：1500 年以后的世界》，吴象婴、梁赤民译，上海社会科学院出版社 1999 年版，第 75 页。

度，日本始终追求着一个由日本主导的亚洲秩序。按照进攻现实主义者的逻辑，国家寻求安全的最佳途径是成为体系的霸主。20 世纪二三十年代的扩军运动中，日本一跃成为太平洋地区的海权国家，继而试图以武力建立并推行它所设想的亚洲秩序。20 世纪初日本将侵略中国的大陆政策付诸实践。1938 年日本提出建立“东亚新秩序”，发起所谓“东亚联盟运动”。太平洋战争之后，日本提出“大东亚共荣圈”。这些东西既是日本的战略“亚洲主义”，又是其极端自傲的优越心态的产物。①

日本在第二次世界大战中的惨败及随之而来的无条件投降，让日本失去了军事扩张的基础。由于战败国的地位及和平宪法的限制，日本失去了寻求传统意义下霸权的资格。由于战败和美国的占领，战后日本被迫放弃了战前的殖民大国化战略，丧失了朝鲜、中国东北、中国台湾以及南库页岛等大量的殖民地。在这种情况下，如果战前的垂直贸易关系在战后继续存在，像日本这样已经失掉了一切殖民地的国家，将是无法生存下去的。这样，日本的现实主义外交从传统的军事政治领域，转移到了经济领域，它开始以经济手段寻求实现国家利益。而立足亚太地区，也成为日本商业现实主义的第一个目标。②

总之，早期的亚太区域合作有过三种基本模式。一是朝贡形式的“自发秩序”，二是西方强加的殖民关系，三是日本主导的东亚秩序。这三种模式虽然已经不复存在，但是它们的社会影响是广泛而又深远的。按照建构主义的观点，先前交往的历史记忆可以传递到后期的社会交往之中，进而对此后的交往产生影响。在亚太区域合作问题上，这种理论解释是令人信服的。

二　亚太经合组织的创设

第二次世界大战后，日本政府先后提出了“环太平洋联盟构想”与“综合安全保障战略”。“环太平洋联盟构想”是以解决日本的出口市场和原料、能源来源，抵制苏联在太平洋地区日益增长的威胁，确保日本国家

① 卢国学：《日本的大国外交战略》，载李少军主编《国际战略报告：国际体系与中国选择》，中国社会科学出版社 2005 年版。

② Eric Heginbotham, Richard J. Samuels, “Mercantile Realism and Japanese Foreign Policy,” *International Security*, Vol. 22, No. 4, (Spring, 1998), pp. 171 – 203.

的生存和发展为出发点，倡导把太平洋地区组成一个“松散的联盟”，以东南亚为重点，而日本则在其中发挥重要的作用。“综合安全保障战略”则是构想日本应当在亚洲太平洋地区掌握主动权，担负起这些地区稳定的使命。从这些考虑出发，日本将其国家发展战略调整为：除了军事力量以外，必须运用经济、政治、外交、文化、科学技术等综合手段，来确保日本的安全，并借以提高日本在国际政治中的地位。

但是，亚洲邻国的战争记忆构成了对日本的极大限制。这也成为今后地区合作需要面对的重要难题。20 世纪 60 年代，在美国深陷越战泥潭之际，日本在东南亚大举进行经济扩张。1967 年东盟成立之时，日本与东南亚各国的经济联系已经相当密切。成员五国中除菲律宾外，其余四国同日本的贸易额均超过同美国的贸易额，日本已经取代美国成为东盟的最大贸易伙伴。但是，亚洲国家对日本的侵略记忆犹新，对日本的经济合作构想充满了疑惧。

而且，尽管日本和东盟的经济联系已经非常密切，但是它们之间的经济关系依旧是低层次的。日本主要把东盟各国作为其商品市场、资源基地和投资对象加以对待。① 因此，当日本最初提出经济合作构想时，东盟对之疑虑重重：担心政治上受日美大国的控制，削弱东盟自身的团结；经济上加深对日美工业大国的依赖；在地区安全上成为大国对抗其他势力的工具。东盟的戒心反映了区域合作中的南北矛盾。②

1968 年，日本经济学家发起了太平洋地区贸易与发展研讨会（PAFTAD）。③ 这个至今仍在举办的大型研讨会，是亚太地区出现的第一个“认知共同体”，开始成为日本推广其经济合作思想的主要平台。④ 之后，日本学者赤松要也提出了所谓“雁阵经济”理论。按照这个理论，在当时的亚洲，日本为东亚地区产业发展的领头雁，亚洲“四小龙”新加坡、韩国、中国香港和中国台湾则处于中间，东盟和中国东南沿海地区尾随其后的产业分工发展模式。从当时的语境看，所谓亚太经济合作，就

---

① 方连庆等主编：《战后国际关系史（1945—1995）》，北京大学出版社 1999 年版，第 532 页。

② 同上书，第 671 页。

③ http://www.paftad.org/.

④ 2010 年 12 月，北京大学和澳大利亚国立大学联合主办了第 34 届太平洋地区贸易与发展研讨会。

是在日本这一领头雁的带动下共同发展。

在不断宣讲的过程中，日本学者提出的经济合作模式逐渐得到邻国政治精英的理解和话语上的支持。更重要的是，20 世纪 70 年代后期，日美两国开始找到合作主宰亚洲事务的办法。特别是在福田内阁时期，日本推行全方位和平外交。在其施政方针中，福田指出“当前日本外交应努力解决的紧急课题是加强同西欧、美国等发达资本主义国家的合作”。1977 年 3 月福田访问美国，与卡特总统举行会谈并发表联合声明，两国首脑约定“美国遵守其安全保障方面的义务，在西太平洋地区保持均衡，并维持柔软的军事存在”；“日本在包括经济开放的诸领域，为本地区的稳定和发展做出更大的贡献”。这就明确了两国将以美国负责提供军事保护、日本承担经济援助的战略分工合作关系来抵制苏联的扩张，维护亚太地区的和平与稳定。①

1978 年 12 月大平正芳组阁后明确指出，“如同美国对中南美各国、西德对欧洲共同体各国、欧洲共同体对非洲各国给予特殊关照那样，中国对太平洋地区各国也应给予特殊关照。中国已经拥有仅次于美国而与西德同等的经济力量，对太平洋地区国家给予特殊关照，是国际社会对中国的期待”。环太平洋合作就成为日本政府的政策纲要内容，确定为今后 20 年国家发展战略的一项基本国策。1980 年 9 月，太平洋经济合作委员会（PECC）在澳大利亚的堪培拉宣告成立。这是一个由太平洋区域的国家和地区的政府、工商界和学术界三方人士组成的非政府间国际组织。它是 PAFTAD 的升级版，不单单是一个“认知共同体”，更具有了“政策导向性”②。这标志着太平洋合作正式进入了政策运行阶段。

与此同时，美国领导人一再强调，亚太地区已经成为世界经济的发动机，美国的未来和命运系于太平洋。因此，美国力图推进“以美国为主导的亚太经济合作与一体化进程”。美国建立亚太经济一体化框架有以下几个出发点。第一，推动 PECC 成为促进市场经济发展和贸易自由化的重要机制，进而成为促进地区政治合作、培植共同体意识的主要论坛。第二，反对建立以日本为核心的亚洲经济圈以及任何把美国排斥在外的亚洲

① 方连庆等主编：《战后国际关系史（1945—1995）》，北京大学出版社 1999 年版，第 531 页。

② http：//www. pecc. org/about-us/about-us.

经济集团。第三，进一步拓展美国在亚太的市场，逐步让亚太区域合作与北美区域合作相挂钩，促进美国经济不断增长。[①]

总的来说，国际形势和区域环境发生的剧烈变革，使区域合作的机制化成为可能。第一，20 世纪 80 年代末期，在欧洲统一大市场以及北美自由贸易区等区域协作日益加强的形势下，亚太地区也有必要成立一种政府间的协作机制。第二，在日本的早期推动下，各国政府开始接受了经济合作的构想。实际上，PAFTAD 和 PECC 为 APEC 的成立做了很多先期的研究和舆论铺垫，尤其在鼓动各国政府机构积极参与方面，它们功不可没。第三，国际格局的整体转变。80 年代以后，所谓“共产主义威胁”大大降低。和平与发展成为世界的主题。亚洲“四小龙”的经济成功极大地鼓舞着其他国家。这种形势下，1989 年 11 月，首届亚太地区部长级会议在堪培拉举行，一个区域性经济论坛和磋商机构——APEC 正式成立。

总之，在日本等国的积极推进下，亚太经合组织从一种纯粹的书面构想，变成了客观的社会存在。不论其初始意图是为了建立“雁阵结构”，还是确实是为了促进亚洲的共同繁荣，日本积极推动 PAFTAD、PECC、APEC 的发展，确实为亚太经济合作奠定了制度基础，尽管亚太经合组织存在着先天性的致命局限。

三 制度承载力的局限

尽管从创立到现在只经历了短短 20 余年，但是亚太经合组织的运行轨迹已经偏离了创设之初的设想。日本不再是亚洲唯一的经济巨人，东盟国家不再是日本的小伙伴，美国不再只负责亚洲安全事务，中国也不再是改革开放初期迫切需要外资的贫穷国家。相反，日本陷入持续衰退，东盟一体化进展迅猛，美国深刻介入亚太经济事务，中国经济发展迅猛。这些因素结合在一起，改变着亚太地区的政治生态，这反映在亚太经合组织的运行当中。

众所周知，自 1950 年以后，日本经济就开始飞速发展。在很长时期内，日本是亚太经济合作的主要推手，但它一直试图建立以自己为中心的纵向的经济合作关系。这是日本作为一个商业国家的内在需要，因为它的

① 王玮主编：《美国对亚太政策的演变，1776—1995》，山东人民出版社 1995 年版，第 400—401 页。

主要外交成就来源于经济成功和对外援助。但是，到 20 世纪八九十年代之交，诸多支撑了日本经济增长的要素开始发生变化。日本面临着维多利亚时代英国的命运，即经济逐步被其他国家超过，失去世界车间的地位。[①] 从 90 年代开始，日本经济由增长奇迹转为持续低迷。日本经济低迷导致的一个直接结果是，日本无力为 20 年前提出的“亚太经济合作”提供额外的投入。在日本迷失的 20 年里，亚太经合组织也迷失了自我。成员国最初还希望日本能像欧共体中的西德，能为它们提供额外的经济回报。因此，当日本的热情逐渐消退之后，成员国失去了共同奋斗的目标。

与过去日本经济一枝独秀的情况不同，亚太经济版图和主要国家的经济实力发生了显著变化，中美两国越来越深度介入亚太经合组织事务。正如秦亚青所说，“基于历史的原因和美国独特的地位，东亚合作进程又不可能排除美国的影响，甚至需要美国建设性的参与。因此，东亚合作一方面是一个内部一体化的过程，另一方面也涉及一个对外部开放的问题”。[②] 实际上，由于美国明确反对任何排斥美国的亚洲经济集团，亚太地区的一体化根本绕不开美国。而且，在东亚格局中，也出现了前所未有的双雄并立态势，中日之间的复杂关系影响着地区关系和国际形势的未来走向。总之，由于美国作为唯一的超级大国触角布满全球，而中国和日本作为地区大国其主要的利益诉求集中在亚太地区，亚太地区也因而成为中美日三角关系的利益交汇点。

这样，在亚太经合组织内部，有四种相互竞争的制度主张。第一种观点是“雁型发展模式”。由于日本在冷战结束以后追求军事力量，这使得东亚国家对“雁型发展模式”的政治和安全意义予以关注，从而使得东亚国家对这种模式的认同大打折扣。第二种观点是“大中华圈论”以及“中国威胁论”。对于中国这个大国崛起的这种观念上截然不同的反应，不但使得中国很难在东亚地区给自己一个合适的定位，也使得东亚地区的认同愈来愈复杂。第三种观点是“势力均衡论”或“力量和谐论”。对于东亚地区的“势力均衡论”或“势力和谐论”，美国、日本以及中国等大国都表现出强烈的兴趣，但东亚地区的部分小国对此持谨慎态度，有些国

① ［英］保罗·肯尼迪：《未雨绸缪：为 21 世纪做准备》，新华出版社 1996 年版，第 137—138 页。

② 秦亚青：《东亚共同体建设进程和美国的作用》，《外交评论》2005 年第 6 期。

家反应则比较强烈，如马来西亚总理马哈蒂尔提出的“东亚经济论坛”就是其中反对大国主宰该地区的最为强烈的一种反映。第四种观点是“东盟方式”（ASEAN way）。一般认为，“东盟方式”主要有如下三个最为基本的特征：首先是成员国之间的协商一致，协商一致是进一步讨论问题的基础，没有表决，也不存在否决；其次是灵活性原则，所有成员国都力图避免僵硬的谈判过程；最后是政府间合作，东南亚国家联盟的所有决定都是在国家以及区域层次上的政治决定。“东盟方式”的这些最为基本的原则不仅体现在东南亚地区的合作中，而且被应用于东亚地区的合作中。①

这就是说，亚太经合组织作为一个社会行动集团，始终没有解决领导权问题。在集体行动中，一个动议的提出、一个决定的做出、一个行动的采取，无不需要核心行为体的领导与协调。舍此之外，集体行动的动议、决定和行动将很难甚至无法确定下来。在亚太经合组织中，日本、中国、美国、东盟是竞争领导者的四大权力中心。在亚太经合组织中，这四支主要力量相互竞争，彼此之间又相互提防。它们各自划定了亚太经合组织“不能做什么”的禁区，同时却又不能就“应该和可以做什么”达成一致。在这样一个相互扯皮的组织中，“维持存在就成了它过去最大的成就”。②

在“中国威胁论”“利益和谐论”和“东盟方式”的混合影响下，亚太经合组织的自身定位使其盛名在外，而实不相符。亚太经合组织所倡导的“开放多边主义”（open regionalism），试图给予成员和非成员同样的待遇。但是，这是一种不切实际的奢望，也使之未能取得任何实质成就。③ 很明显，成员和非成员有重大差异，不能对它们一视同仁。正如世界贸易组织对成员有显著贸易创造效应，给予成员优越待遇构成了该组织保持影响的关键所在。相反，作为一个国际经济组织，亚太经合组织并没

① 王正毅：《亚洲区域化：从理性主义走向社会建构主义？》，《世界经济与政治》2003年第5期，第3—5页。

② Mark Beeson, *Institutions of the Asia-Pacific: ASEAN, APEC and Beyond*, London and New York: Routledge, 2009, pp. 54—55.

③ John Toye, *Order and Justice in International Trade System*, in John-ren Chen ed., *The Role of International Institutions in Globalization: The Challenge of Reform*, Cheltenham: Edward Elgar, 2003, pp. 65—73.

有为成员带来特殊的经济利益，其经济绩效将注定是低效的。[①]

从制度建设看，亚太经合组织面临严重的能力欠缺。亚太经合组织虽然具有官方论坛的性质，但它要存在下去就需要符合亚太地区经济体社会政治经济体制多样性、文化传统多元性、利益关系复杂性的现实情况。这就要求亚太经合组织需要以“亚洲方式”来采取行动。具体来说，亚太经合组织体现了一种比较松散的合作架构，寻求在成员体之间汇聚共同点，并抛开利益分歧和内在矛盾，来培养和创造相互信任及缓解或消除紧张关系。而且，由于成员国之间政治经济上的巨大差异，在推动区域经济一体化和投资贸易自由化方面要想协商一致是非常困难的。组织成立之初就决定了它对成员国没有强制约束，因此是一种非正式的制度框架。这样，成员国就只能在自愿合作的前提下，根据各自经济发展水平、市场开放程度与承受能力对具体产业及部门的贸易和投资自由化进程自行进行灵活安排。

在这些“组织病症”的背后，有着深刻的经济社会根源。让我们对亚太经合组织现成员 1990 年的经济社会发展状况作简单的比较分析。在这里，我们选取了两个极为重要的发展指标：人均国民生产总值（GDP per capita）和人文发展指数（Human Development Index，HDI）。这两个指标都是综合性指标，对于衡量经济社会发展状况具有一定的说服力。我们用人均国民生产总值来衡量一国的经济发展状况，用人文发展指数来衡量一国的社会发展状况。其中，有关各国的人均国民生产总值，使用的是世界银行历史数据[②]，而人文发展指数则来自联合国开发计划署（UNDP）。[③] 利用统计分析工具，我们得到了如图 8－1 所示的分布图。[④]

以亚太地区人均国民生产总值的平均水平和全球中等人文发展水平为标准，不难发现，亚太经合组织成员在 1990 年的经济社会发展状况大致

① 关于低效的组织何以得到维持，可参见［美］道格拉斯·诺思《制度、制度变迁与经济绩效》，杭行译，上海人民出版社 2008 年版。

② http：//data. worldbank. org. cn/indicator.

③ http：//hdrstats. undp. org/en/indicators/103106. html.

④ 图 8－1 中国家或地区名为英文缩写，AUS 澳大利亚，BRN 文莱，CAN 加拿大，CHL 智利，CHN 中国，HKG 中国香港，IDN 印度尼西亚，JPN 日本，KOR 韩国，MYS 马来西亚，MEX 墨西哥，NZL 新西兰，PNG 巴布亚新几内亚，PER 秘鲁，PHL 菲律宾，RUS 俄罗斯，SGP 新加坡，THA 泰国，USA 美国，VNM 越南。中国台湾数据缺。

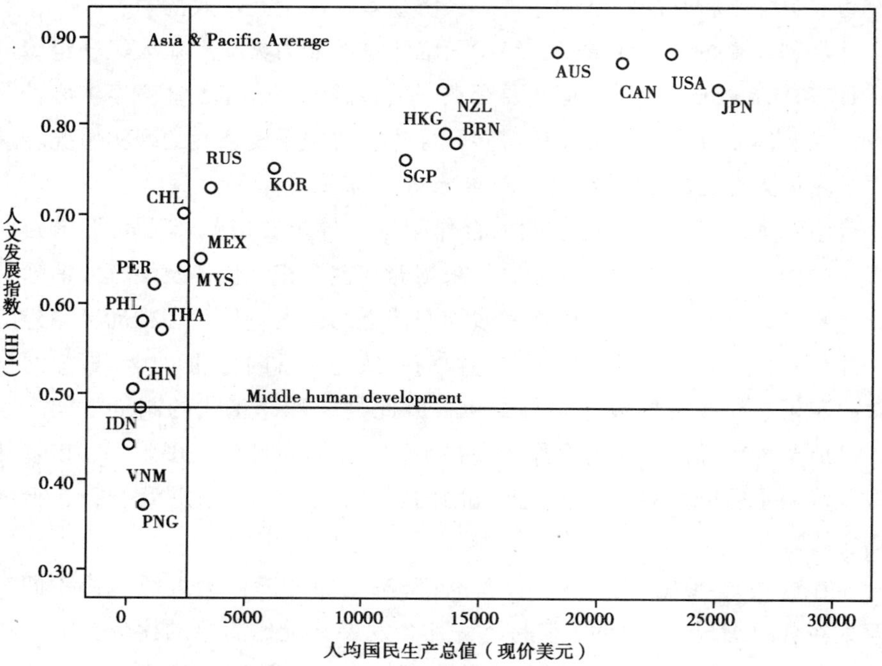

图 8－1　1990 年各国（地区）的经济社会发展状况

可以归为三类。第一类是经济、社会发展水平双低的国家，第二类是经济发展水平较低而社会发展水平稍高的国家，第三类则是经济社会发展水平双高的国家或地区。这些历史数据直观地反映出亚太地区的经济社会发展水平的巨大差异。亚太地区这种经济社会发展差距，决定了亚太经合组织的制度建设是在沙地上盖房子，不可能取得太大的成就。确实，亚太经合组织并未产生太大的社会效果，远远比不上同时期欧洲共同体、北美自由贸易区所创造的成就。

总之，亚太地区各国经济、社会发展水平参差不齐。各成员因为经济社会发展水平不一样，就会有截然不同的关注重点和政策取向。这些各有所图的国家聚集在一起组成了亚太经合组织，而这个单一的组织被寄予厚望去满足所有成员的需要，这显然超出了它的承载能力。任何一个组织，只有当它具有坚定的内部凝聚力，才能具有鲜活的外部开拓力。亚太经合组织显然不属于这种情况，过去不是，现在也不是。

四　中美互动关系的演化

通观亚太经合组织发展的全过程，可以发现，经济合作的主导权之争就是其中的核心议题。自诞生以来，亚太经合组织就面临着难以解决的主导权之争。最初的焦点主要集中在日、美分工上，在日本的大力推动下，亚太经合组织大体与欧共体、北美自由贸易区同步发展起来。在随后的20年中，日本经济持续低迷、中国经济则高速发展，亚洲出现了双头政治的格局。此外，东盟作为重要政治力量异军突起，也加入争取同大国平等地位的行列之中。这样，亚太经合组织就要面临日、美、中、东盟这四支力量的主导权之争。亚太经合组织的上述局限，反映了亚洲国家在区域一体化过程中面临的困境。亚太地区谁主沉浮，一直以来是决定亚太经合组织演进方向的核心要素。

就中美两国来说，它们在对待亚太经合组织的问题上有不同的价值追求。中国参与多边国际制度，倡导处理国际关系的基本原则。其内在逻辑是，不以规矩，不成方圆，行事要有原则。在国际制度场合，也包括在亚太经合组织中，中国争的是“义”，一再强调的是“非义不为”。反观美国，它对国际制度总是抱以实用主义的态度。亚太地区尽管很重要，却也不过是其全球利益的局部环节。美国的亚太战略服从于它的全球战略，而不是相反。因此，美国的亚太政策，也包括对亚太经合组织的态度，必然是工具性的（instrumental）。中美两国在亚太经合组织事务上就不可避免地存在分歧。

特别是鉴于两国经济社会发展阶段存在差异，中美两国在亚太经合组织的互动就会表现为两种制度主张的交锋与融合。美国作为发达资本主义国家的代表，它所提出的制度主张和国际规则是基于发达国家的经验，其落脚点则是推进发达国家的利益。中国作为发展中大国，它所提出的制度主张和国际规则纳入了发展中国家的现实情况，其落脚点无疑是为了争取和维护发展中国家的正当利益。这就使得两国主张的原则和立场存在差异，同时也容易形成利益纠纷乃至爆发不同烈度的利益冲突。因此，中美之间固有的“南北矛盾”依然存在。

进一步而言，中国经济奇迹成为带动全球经济增长的核动力，地区国家则是最便利的受益者。1997年东南亚金融危机中，东盟亟须外部力量的支持。不过，无论是日本还是美国，都没有承担起应有的责任。相反，在金融危机期间，中国坚持人民币不贬值，于危难之际挽救了亚洲经济。此次金融危机让亚洲国家明白了一个道理，时过境迁，在经济危机面前它们离不开中国。经济力量的变化导致经济秩序的变化，而经济秩序的变化也必然会反映到经济组织当中。中国—东盟自由贸易区（10+1）的出台，成为次区域合作的一个典范。同时，这也引起了美、日等贸易大国的警觉，它们纷纷采取行动来抢夺亚太市场。

2009年，奥巴马政府的《亚太战略报告》明确指出，"对美国经济来讲，亚太地区在十年前就很重要（important），但是，现在则变得至为关键（critical）。美国和亚太地区的商品贸易往来每年都超过1万亿美元，占到美国商品贸易总额的27%。美国制造业产品的15个最大消费国中，有7个在亚太地区；农业制成品的15个最大消费国中，有8个在亚太地区"。[①] 目前，亚太地区已经成为世界经济发展最快的地区，也是同美国贸易发展最快的地区。如何在亚太地区的贸易竞争中先声夺人，也就成了美国制定亚太经济政策的核心议题。亚太经合组织是不是一个得心应手的政策工具，于是也就成为美国政策评估的重中之重。

对比1990年和2010年两种情况，可以有如下几点发现（见图8-2、图8-3）。第一，中国的贸易依存度，从最初与美国相近，变得远高于美国。这意味着国际贸易环境的变化，会对中国经济产生更广泛、更深入的影响。这进一步意味着，中国有着维持国际经济秩序的内在激励，现有秩序一旦被打破就有可能承受比美国更大的风险。第二，在中、美、日大三角中，日本和美国同属贸易依存度较低的国家，同时，日本和中国又同属贸易顺差国家。鉴于这种左右逢源的角色，日本就成为美国和中国均欲拉拢的对象。也就是说，在中美的贸易往来中，日本的立场无疑是不容忽视的。第三，就贸易盈余而言，1990年时亚太地区的顺差国和逆差国大致相当，而到2010年时顺差国远多于逆差国。在制定贸易政策时，与中国立场相近的国家更多，与美国立场相近的国家则相对少一些。综上，由于在亚太经合组织框架下，中美两国各有基础，并不能成为美国推进其经贸利益的有效武器。这种情况下，美国推出了"跨太平洋伙伴关系"

---

① Ralph A. Cossa, et al., *The United States and the Asia-Pacific Region: Security Strategy for the Obama Administration*, Feb. 2009.

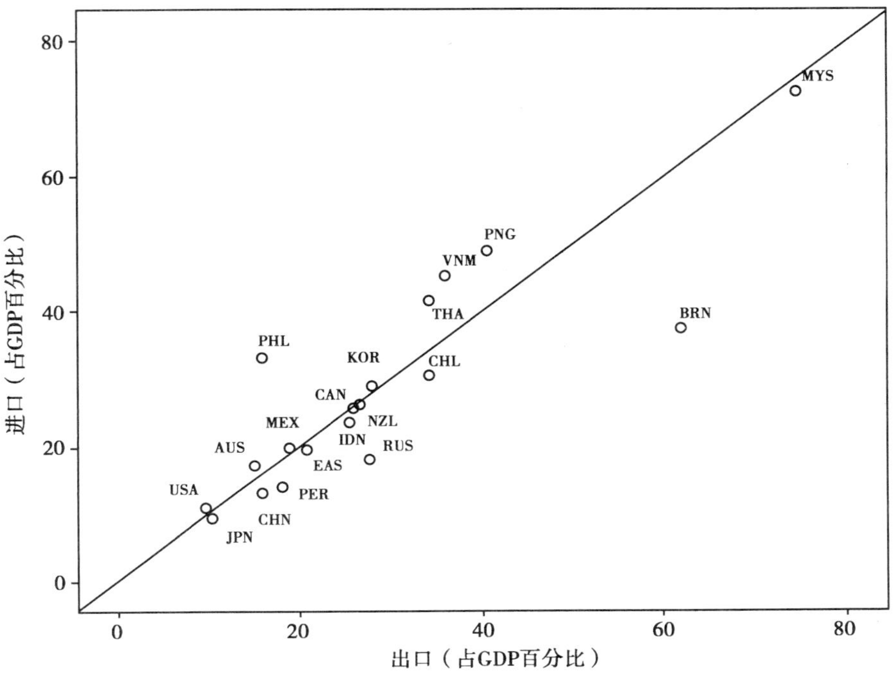

图 8－2　1990 年各国的进出口贸易情况

（TPP），意图为亚太地区贸易关系制定新的国际规则。①

总之，亚太经合组织成立二十多年来，亚太地区经济政治格局发生了剧烈的变革。在亚太经合组织框架下，国际政治经济版图发生着分化、重组。这样，亚太经合组织越来越偏离了促进经济合作的初始轨道，越来越明显地成为政治斗争的练兵场。其间，亚太经合组织在不断变化的权力格局下艰难前行。中国作为新兴经济体，在亚太经合组织下与美国开展互动，不仅关乎双边利益与福祉，也在为本地区更多国家、更广泛的社会交往创立先例和制定规则。美国对亚太经合组织的漠视由来已久，它乐得让亚太地区国家推进“开放的多边主义”，而美国则得以坐享其成。然而，美国的漠视又是以日本主导地区经济秩序为前提，当日本推进地区经济合作的动力变小而中国的作用日显时，美国开始怀疑亚太地区合作的开放

① 仇朝兵：《跨太平洋伙伴关系及其对中国的影响》，载黄平、倪峰主编《美国问题研究报告 2013》，社会科学文献出版社 2013 年版。

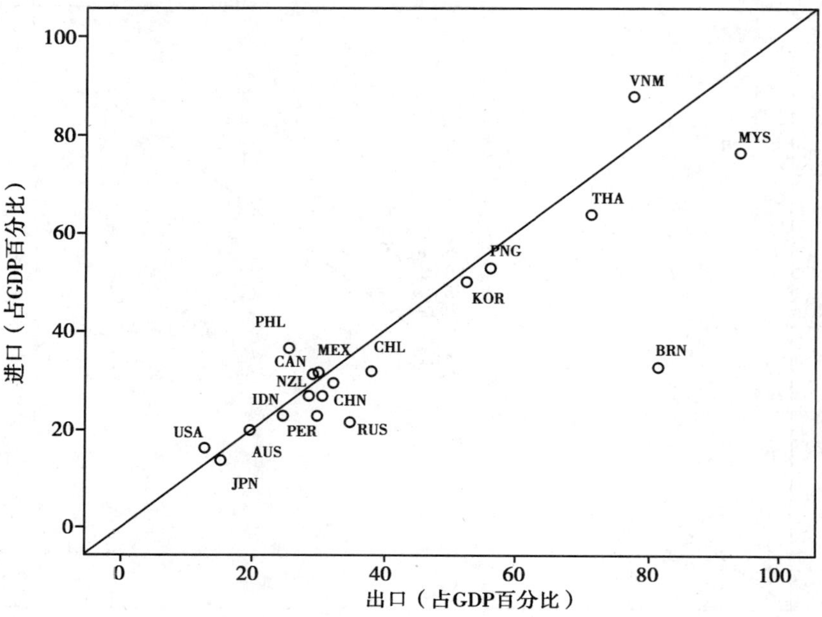

图 8-3 2010 年各国的进出口贸易情况

性，继而推出“跨太平洋伙伴关系”，以期为亚太地区的经济合作制定规则。

第二节 中美在东盟地区论坛中的互动

一 东盟地区论坛的概况

东盟地区论坛（ASEAN Regional Forum，ARF）是讨论亚太地区安全问题的多边安全合作机制。1994 年，该论坛在东盟积极倡导下建立，截至 2011 年，已召开 18 届论坛会议。东盟地区论坛是目前亚太地区唯一的政府间对话与多边安全合作机制，在亚太地区安全合作中发挥了重要作用。作为亚太地区的大国，中国和美国都是该论坛的成员，在利用该平台进行亚太多边安全对话方面发挥的作用越来越大。

东盟地区论坛的建立与冷战后东南亚地区安全形势的变化和东盟独立安全战略的形成密不可分。20 世纪 80 年代末到 90 年代初，随着东欧剧变、苏联解体，美国在东南亚也进行了战略收缩，这使得东南亚地区原被冷战掩盖的矛盾又重新出现。这些矛盾既有东南亚国家之间的矛盾，如民族纠纷和领土领海争端，也有东南亚国家与其他国家之间的矛盾，如中国与越南、印度尼西亚、菲律宾、马来西亚等国家关于南海岛屿的纠纷，例如，1988 年中越在南沙群岛曾发生短暂冲突。这使得东南亚各国政府普遍重视维护本地区安全和稳定，在对外政策上也注意寻求政治交流与安全对话。与此同时，东盟国家的安全战略也发生了变化。以前，东盟内一些国家通过与美国等大国签订双边军事条约来保证自己的安全，这使这些国家被绑在了别国的战车上，但并不一定符合本国的战略利益。作为由一些中小国家组成的联合体，东盟需要加强在亚太地区的影响力。这样，掌握本地区政治、安全事务的主导权就成为东盟努力追求的目标。东盟各国家开始倡议创建亚太地区多边安全合作机制，东盟地区论坛由此逐步建立起来。

20 世纪 90 年代初，东盟国家认识到军事联盟或集体安全等手段不符合东南亚地区的现实情况，而加强与亚太大国的安全对话与合作更有利于维护本地区的稳定。1991 年 6 月，东盟智库——东盟战略与国际关系研究所（ASEAN-ISIS）发表题为“创新的时代：致第四届东盟首脑会议的建议”（“A Time for Initiative：Proposals for Consideration at the Fourth Summit”）的研究报告，正式提出“创建致力于合作性和平的多边框架”①，这个报告被看成创建亚太地区多边安全合作机制的重要文件。1991 年 7 月东盟邀请中国、俄罗斯等国以观察员身份出席东盟外长会议，共同讨论地区安全问题。1992 年 1 月，东盟第 4 届首脑会议发表声明，决定积极有效地利用东盟外长会议、外长扩大会议、东盟与西方对话国会议等三条渠道来讨论地区安全问题，建立以东盟为基础的东南亚安全保障机制，并呼吁中、美、日、俄等大国保持合作，以维护地区局势的和平与稳定。1992 年 7 月召开的第 25 届东盟外长会议上，东南亚安全问题首次被列入会议重要议程。

美、日等国推进亚太安全合作的策略客观上也加速了东盟建立多边安全合作机制的步伐。20 世纪 80 年代末到 90 年代初，围绕朝核问题，美

① Leszek Buszynsk，“The Development of ASEAN，” *Asia Pacific Series* No. 8，International University of Japan，April 1999，http：//www. iu. j ac. jp/research/wpap008. cfm.

朝两国矛盾不断加剧，1993 年出现第一次朝核危机。为了在亚洲安全合作方面发挥更大的作用，1993 年美国克林顿政府提出建立“新太平洋共同体”的设想，得到日、韩、澳等国的支持。同时，包括中国在内的一些亚太国家也希望有一个合适的平台来讨论东亚以及东南亚各国的安全政策，使各国之间增信释疑。为了真正在亚太安全合作中起到主导作用，东盟积极准备东盟地区论坛的筹建工作。

1993 年 7 月，在新加坡举行的第 26 届东盟外长会议后续会议，东盟 6 个成员国特别邀请美国、日本、加拿大、澳大利亚、新西兰、韩国和欧共体等 7 个对话伙伴国家和国家集团以及越南、老挝、巴布亚新几内亚 3 个观察员国和中国、俄罗斯 2 个贵宾国参加，缅甸代表也应邀出席了会议并参加了一些双边会谈。在这期间，各方同意于 1994 年 7 月底召开的第 27 届东盟外长会议后召开首次东盟地区论坛会议，就地区政治与安全问题进行非正式磋商。① 1994 年 3 月，东盟六国外交和安全部门的官员在曼谷举行了特别会议，讨论了东盟政治和安全合作、军事和情报交流问题，并初步议定了首次东盟地区论坛议程安排。

1994 年 7 月 25 日，第一届东盟地区论坛会议在泰国首都曼谷举行，会议邀请美、日、韩、加、澳、新等原东盟对话国，以及中、俄、老、越和巴布亚新几内亚等 18 个成员国和地区代表参加。与会成员就地区安全形势交换了意见，肯定了安全对话与合作的重要性。会议还确定了论坛的性质是磋商性的，目的是就亚太地区政治安全问题开展建设性对话。

经过十几年的发展，东盟地区论坛的影响力日益扩大，议题也更加广泛。论坛成员国由最初的 18 个扩展到目前的 27 个，包括了亚太地区所有的主要国家，欧盟的加入使论坛的组成更加多元化。其中既有发达国家，又有发展中国家；既有社会主义国家，又有资本主义国家；既有新兴工业国家，又有传统工业强国。不同国家根据自己的国家利益，提出本国的安全关切，相互交流，就各种安全问题进行讨论。该论坛真正反映了广大亚太区域国家的心声，是亚太地区至今规模最大的进行安全对话与合作的平台。由于世界上所有有影响力的大国均在其中，东盟地区论坛的辐射范围可以说是世界性的。1994 年的第一届东盟地区论坛决定在建立信任措施、

① 王士录、王国平：《从东盟到大东盟：东盟 30 年发展研究》，世界知识出版社 1998 年版，第 268—270 页。

核不扩散、维和、交换非机密军事情报、海上安全和预防性外交六大领域展开对话与合作。近年来，随着国际和地区安全形势的发展变化，该论坛也与时俱进，不断增加讨论主题，尤其是非传统安全问题更加受到重视，如反恐、打击海盗、能源安全、灾难救援等都成为讨论的议题。

东盟地区论坛的机制建设日趋完善。论坛以《东南亚友好合作条约》精神为宗旨，本着“平等协商、求同存异、循序渐进、协商一致”的原则进行对话与合作，主要目的在于推动区域政治和安全问题的磋商，通过对话，消除可能存在的分歧，增加相互了解和信任，进而促进区域和平与稳定。东盟地区论坛的活动沿着两个轨道进行，即“第一轨道”的官方进程和“第二轨道”的非官方进程。第一轨道的活动是每年7月的成员国外长会议，也叫作东盟地区论坛会议，主席由东盟国家轮流担任。在这之前的每年5月，论坛成员国要先举行高官会议，讨论两个月后外长会议的主题和程序。1995年召开的第二届论坛会议明确规定，在两届论坛会议之间设立会期间工作小组和举行会期间会议，负责解决论坛会议中提出的具体问题。至2011年7月，论坛会议共召开了18届，渐趋成熟的会议机制保证了历次论坛的顺利举行。

东盟地区论坛的第二轨道活动主要通过东盟战略和国际研究所与“亚太安全合作理事会”展开。第二轨道主要有三方面的作用。首先，底线试探作用：谈论哪些过于敏感的话题，有助于哪些竞争性利益行为体在不失脸面的情况下非正式地相互交流观点。其次，整合作用：哪些希望更快推进东盟地区论坛进程的成员可以在第二轨道中提出自己的议程，它们也因此能够在整体上保持对东盟地区论坛的兴趣。最后，中立化作用：如果某项提议能够在第二轨道中获得通过，那么它就有可能进入第一轨道。① 目前，随着东盟地区论坛的发展、议题的增多，更多的论坛工作是在第二轨道进行的，在一定程度上，第二轨道的活动给第一轨道的进程指出了方向。

东盟地区论坛在建立信任措施方面取得较大成绩。1995年8月，第二届论坛会议确定论坛分三个发展阶段，即促进建立信任措施、发展预防性外交和建立冲突解决机制。建立信任措施是指在行为体之间建立信任和

---

① Dominik Heller, “The Relevance of the ASEAN Regional Forum for Regional Security in the Asia-Pacific”, *Contemporary Southeast Asia* 27, No. 1, 2005, p. 127.

增进透明度的正式和非正式措施。建立信任措施可以是狭义的，专指军事方面的措施；也可以是广义的，包括在各个领域建立的措施。有学者认为，建立信任措施是“单边、双边或多边的正式与非正式措施，旨在应对、防止或解决国家之间在军事和政治方面的不确定性问题”。[①] 就东盟地区论坛来说，其建立信任措施可以理解为“以可靠的方式改善合作精神和加强真诚意愿的措施”。[②] 1995 年的东盟地区论坛《概念报告》提出了建立信任措施的两个途径。第一个途径是通过“东盟方式”的决策原则来实现，如渐进主义、广泛磋商、达成共识、个人关系、自愿合作等均属此范畴；第二个途径是制定具体的措施来建立信任。《概念报告》把信任措施分为两类：一类是可以在近期实现的，主要在第一轨道完成；一类是要在中长期实现的，主要在第二轨道完成。2001 年 7 月，在越南首都河内召开的第八届论坛外长会议首次将预防性外交列入论坛正式议程并通过了《东盟地区论坛预防性外交的概念和原则》《加强东盟地区论坛主席作用》《东盟地区论坛专家名人职权范围》等三个文件，标志着论坛在由建立信任措施向预防性外交过渡方面取得了实质性进展。

东盟地区论坛的运作方式被称为“东盟方式”，它完全不同于西方国家的多边安全合作方式。东盟方式经常被认为是一个以高度的协商一致为特征的决策过程。[③] 有学者认为，东盟方式的决策过程有以下一些特点：在政治精英之间构建真诚的关系；重视包容性并避免排斥和孤立；重视国家主权及国家间平等；不干涉别国内政；通过不具约束力的自愿承诺而非正式的条约和谈判来促进松散的地区一体化；以渐进的方式而非宏大的规划来建立合作。[④] 由于东盟地区论坛的合作方式缺乏法制基础并且约束力不够，该论坛有时也被称为“清谈馆”。但由于论坛成员国在社会制度、经济水平、价值取向和外交风格等方面差异较大，东盟方式可以被看成一种折中的方式，在实践中有较强的实用性。它可以使有关各方暂时搁置争

---

① Ralph A. Cossa, ed., *Asia Pacific Confidence and security Building Measures*, Washington, DC: Center for Strategic and International Studies, 1995, p. 7.

② Dominik Heller, "The Relevance of the ASEAN Regional Forum for Regional Security in the Asia-Pacific", p. 129.

③ 阿米塔·阿查亚：《建构安全共同体：东盟与地区秩序》，第 88—89 页。

④ Paul M. Evans, "Assessing the 东盟地区论坛 and CSCAP", in Hung-mao Tien and Tunjen Cheng eds., *The Security Environment in the Asia-Pacific*, p. 158.

议，把精力集中在有共同利益的领域，从而有效地发展多边政治交流和安全合作。多年来，论坛的发展取得了一定的成绩。经验说明，国家之间的分歧甚至冲突都不应该妨碍它们追求互利，因为仅仅是坐在一起这样一种行为就已经意味着开始建立相互信任了。①

二　中美在东盟地区论坛的互动

美国对于东盟地区论坛的态度不是一成不变的，而是经历了一个从排斥到逐渐接受再到积极参与的过程。1990 年和 1991 年，澳大利亚、加拿大和日本先后提出在亚太地区建立多边安全合作的建议，但老布什政府反应冷淡，甚至对多边主义思想“做出了公开敌视的反应”。② 到 1991 年下半年，随着苏联、东欧地区局势的变化，老布什政府的态度也有所变化。1991 年 11 月，时任国务卿的詹姆斯·贝克在讨论美国与日本等亚洲国家盟友关系时，承认“多边行动是对这些双边联系的补充”。③ 美国政府真正重视和支持东盟地区论坛等多边安排是从克林顿政府开始的。1995 年 2 月，美国国防部发表的《东亚—太平洋地区安全战略报告》指出，东盟地区论坛在传达政府意志、缓解紧张局势、限制军备竞赛、促进形成以协商及合作方式解决安全问题的习惯等方面起着极为重要的作用。该论坛可以提供机会就民主化和地区安全之间的关联性进行非对抗性的讨论。④ 1998 年的《东亚战略报告》提出美国要支持并积极参加（东盟地区论坛）这种多边安全合作的模式。该报告还说，东盟地区论坛的持续发展是交换对南海之类地区问题的看法、增进相互了解和信任、进行预防性外交和解决冲突的重要渠道。⑤ 2001 年小布什政府上台后，美国对国际和地区多边制度的态度出现了后退，受新保守主义思想的影响，美国更注重实

---

① Jose T. Almonte, “Ensuring Security the ‘ASEAN Way’,” *Survival*, Vol. 39, No. 4, p. 81.

② Amitav Acharya, Constructing A Security Community in Southeast Asia: ASEAN and theProblem of Regional Order, London: Routledge, 2001, p. 182.

③ JamesA. Baker Ⅲ, “The US and Japan: Global Partners in a Pa-cific Community,” Tokyo, November 11, 1991.

④ U. S. Department of Defense, Office of International Security Affairs, *United States Security Strategy for the East Asia-Pacific Region*, February 1995, pp. 12 – 13.

⑤ U. S. Department of Defense, Office of International Security Affairs, *East Asia Strategy Report* 1998, pp. 36 – 44.

力（尤其是军事实力）的运用，在外交上奉行单边主义、“先发制人”的军事打击等政策。小布什的政策在一定程度上损害了国际社会中多边主义的原则和理念。在此期间，美国对东盟地区论坛的重视和支持程度明显下降。2001 年 6 月 12 日，负责东亚和太平洋事务的助理国务卿詹姆斯·凯利在美国众议院国际关系委员会东亚及太平洋事务小组委员会听证会上做证时说，“东盟地区论坛是一个有限的论坛。……在深化安全问题的辩论和明确其焦点方面，进展都很缓慢”。① “9·11” 事件爆发后，出于全球反恐战略的需要，美国对东盟地区论坛的态度有些转变，希望利用这一多边安全合作模式为其反恐战略服务，同时也表达一些它的政治关切。2009 年奥巴马上台后，由于美国“重返亚洲”战略的出台，美国政府对东盟地区论坛的重视比上届政府大为提高，美国在东盟地区论坛中的活动也比以往更加活跃。

东盟地区论坛为中美两国提供了安全对话与合作的平台。两国在一些问题上既有共同的利益，又存在矛盾分歧，这其中最主要的就是防扩散问题。

在防止大规模杀伤性武器扩散问题上，中国和美国都希望东盟地区论坛参加国批准、监督或支持实施诸如《核不扩散条约》《全面禁止核试验条约》等国际公约。1998 年上半年，印度、巴基斯坦相继进行核爆炸，引发南亚地区局势紧张。1998 年 7 月召开的第五届东盟地区论坛部长会议上，中美两国代表共同劝告印度，要求其停止核试验，尽快签署《全面禁止核试验条约》。会议发表的主席声明指出，各国部长对南亚最近的核试验表示严重关切和强烈遗憾，因为这将加剧地区紧张局势，引起军备竞赛。②

在建立东南亚无核区问题上，中美的态度有些微妙的差别。中国希望在该地区实现无核化，但美国一直持一种模糊的态度。美国希望其携带核武器的舰船能够自由通行于南海海域，从而维持其对太平洋西岸到印度洋的控制。在论坛上反对美国的核武器舰艇通过东南亚海域，尽管会得到东

① ［美］詹姆斯·A. 凯利：《美国对东亚与太平洋地区的政策挑战及重点》，2001 年 6 月 12 日，http：//usinfo. state. gov/regional/ea/mgck/archive01 /0619kellytx. htm。

② Chairman's Statement：*The Fifth Meeting of the ASEAN Regional Forum*，Manila，27 July，1998.

盟国家的支持，但这容易引起中美两国矛盾，中国并没有对美国提出指责。1995 年的论坛会议《主席声明》说，它们满意地注意到建立东南亚无核区所取得的进展，并鼓励就此问题同那些由于建立这个无核区而将大受影响的国家进一步磋商。[①] 1997 年 3 月《东南亚无核区条约》生效，在当年 7 月举行的东盟地区论坛会议上，东盟国家希望包括美国在内的核国家能够签署该条约。美国希望不受到该条约的制约，即它的军用舰艇在经过东南亚海域时，不必申明其是否携带了核武器。出于美国全球战略的考虑，美国希望自己载有核武器的军舰能够自由来往于太平洋和印度洋之间。对于该无核区条约，美国的态度有些消极。1999 年 7 月 26 日，第六届东盟地区论坛会议期间，唐家璇外长宣布一旦《东南亚无核区条约》开放签署，中国将作为第一个核大国签署该条约议定书。

在是否建立导弹防御系统的问题上，中美两国观点不同。由于 1999 年克林顿政府计划发展导弹防御系统，2000 年第七届东盟地区论坛会议上中美两国围绕战区导弹防御系统和国家导弹防御系统展开辩论。中国明确反对美国开发和部署战区导弹防御系统和国家导弹防御系统，认为一个国家采取单方面的绝对安全对策将损害地区的和平与稳定。美国为自己的行为辩解，称开发导弹防御系统是无奈之举，因为在制止大规模杀伤性武器扩散方面有潜在的弊病。在导弹防御问题上，俄罗斯站在了中国一边。俄罗斯外长伊万诺夫在论坛上说，美国计划发展国家导弹防御体系令人深感忧虑，将阻碍进一步削减战略武器，并引发新一轮军备竞赛，而且情况会因美国在亚太地区部署战区导弹防御系统而恶化。[②] 在这次论坛会议上，除了日本等少数国家支持美国的导弹防御计划，多数会员国都反对该计划。

由于中美两国的社会制度、发展阶段、外交理念、社会文化等方面差异较大，两国在一些问题上容易出现矛盾和分歧。中美两国在东盟地区论坛上争论较多的问题包括：东盟的主导权问题、东盟的发展阶段问题、对待缅甸政府的态度以及南海岛礁及海洋的主权争端问题。

美国一直希望对东盟地区论坛起到主导作用，并为其发展设置一定的

---

① “Chairman's Statement of the Second ASEAN Regional Forum”, 1 August 1995, Bandar Sery Begawan.

② 《东盟地区论坛抨击美导弹计划》，http：//www. hkexposition. com/HYDT/HYDT13. htm。

议题，有意把该对话机制建成机制化程度较高的地区安全组织。在1994年5月，第一届东盟地区论坛“高官会议”上，美方提出要把缓和亚洲紧张局势、培养信任关系作为7月外长会议的主题，为达到此目的，美国提出几项具体措施，包括军事状况透明化、公开军事预算、事先通告将要举行的军演以及探索解决纠纷的途径。考虑到亚太地区各国的实际情况，美国的这些建议不但不能缓解紧张局势，而且有可能导致东盟国家之间，以及中国、美国、日本等大国的矛盾。为此，中国不赞同美方的意见，明确反对实施任何安全合作的具体措施的时间表。[①] 中国希望论坛的步子放慢些，而且议题不要太具体。[②] 由于论坛处于成立初期，许多情况还在摸索之中，中国主张多边安全合作的形式应该是讨论式的。严谨的机制将对成员国有相当的约束力。如果台湾问题和南沙群岛争端被纳入国际多边机制中处理，将使其他大国可以名正言顺地干涉中国内政，这些问题的解决将更加复杂。为此，中国不主张把东盟地区论坛建成有强制性措施的安全组织。当时东盟各国也强调论坛应促进成员国按照合作安全的理念，就地区安全问题进行对话和协商，而不应急于做出机制性的安排。最后，以中国和东盟等国为一方的意见占了上风，会议没有提出建立信任措施的具体步骤。如果东盟不能在东盟地区论坛中发挥主导作用，美国等西方国家就会引导论坛的发展方向，这不符合中国及多数东盟国家的意愿。而以松散的“东盟方式”推进论坛讨论一旦被严谨的机制性代替，论坛成员国中相当一部分都会感到不舒服，这并不利于亚太各国建立安全对话合作。

2001年第八届东盟地区论坛会议期间，在美国的授意下，澳大利亚提出了美日澳三边安全合作的新框架。时任澳大利亚外长的唐纳向日本外相田中真纪子建议成立一个讨论亚洲安全问题的新框架，成员包括美日澳三国。这一框架是想以非正式对话的形式来作为东盟地区论坛补充。美国副国务卿阿米蒂奇明确支持该提案。在这个三边框架中，三国将协商处理新发生的冲突以及原有冲突的扩大，并采取一定的维和行动。这反映出美国为首的西方国家希望在论坛内发挥更大的作用。中国一直坚持论坛应由东盟国家主导，反对其他国家主导论坛方向。后来这个提议没有实现。

---

① Michael Leifer, The ASEAN Regional Forum: Extending ASEAN' Model of Regional Security, ASELPHI Paper, 302, IISS/Oxford University Press, 1996, p. 32.

② （香港）《亚洲周刊》，1994年7月6日。

在论坛是否应迅速从建立信任措施阶段转向预防性外交阶段的问题上，中美两国的观点差距较大。1994 年东盟地区论坛成立以后，中国与菲律宾、马来西亚等一些东盟国家的南海主权争端一直未能解决，同时柬埔寨、缅甸等国局势不稳，东南亚地区的和平稳定受到一定程度的影响。1997 年，第四届东盟地区论坛外长会议上，美国提出论坛应向预防性外交方向发展，主张论坛应在地区安全事务中发挥实际作用。美国希望论坛绕过关于预防性外交定义、范围、对象等一些理论性问题的探讨，直接着手建立地区冲突预防机制。这反映了美国等西方国家急于插手亚太地区安全事务的思想。但中国反对东盟地区论坛在条件不成熟的情况下就过渡到预防性外交阶段。中国认为论坛的重点仍应放在深化建立信任措施方面，同时积极对涉及预防性外交的定义、范围、实施对象等理论问题进行探讨，使论坛循序渐进地向前发展。由于亚太地区形势的多样性和敏感性，如果在条件不成熟的情况下，轻易进入预防性外交阶段，可能会造成存在领土问题的国家关系的紧张，损害好不容易建立起来的相互了解与信任。[①] 中国的主张得到了缅甸、越南和印度等国的支持。随着亚太地区安全形势的发展，论坛成员国间的交流和对话增多，增强了相互间的了解和信任，东盟地区论坛讨论的问题更加深入，其向预防性外交阶段过渡才会更加顺利。

在 1999 年的第七届东盟地区论坛会议上，美国提出这个论坛要执行具体的计划，就必须实现更大程度的制度化。而解决冲突和制度化意味着对成员国的内政进行更大程度的干预。当年的东盟地区论坛宣布正式讨论进入预防性外交的问题。2001 年 7 月，第八届论坛外长会议通过了《东盟地区论坛预防性外交的概念和原则》，标志着论坛在由建立信任措施向预防性外交过渡方面取得了实质性进展。这一进程基本符合中国的意愿，避免了过早转入预防性外交所带来的不确定性。

在吸收缅甸为东盟地区论坛成员国以及如何看待缅甸政府的问题上，中美两国的态度大相径庭。中国与缅甸一直保持睦邻友好关系，两国在经贸领域的合作始终稳步发展。中国从地区多边合作考虑，认为缅甸是东南亚地区的重要组成部分，希望缅甸能加入论坛。美国坚决反对缅甸加入论

① Synon SC Tay, “Preventive Diplomacy and the ASEAN Regional Forum: Principles and Possibilities”, Track Two Conference on Preventive Diplomacy, Singapore, Sept. 1997, pp. 14 – 16.

坛。自从1988年爆发学生运动之后，美缅关系跌入低谷。因昂山素季被软禁和其他人权问题，美国对缅甸实行政治、经济制裁和武器禁运。美国还要求东盟国家向缅甸军政府施加压力，释放昂山素季。1996年第三届东盟地区论坛举行前，东盟决定吸收缅甸为东盟地区论坛的成员国。为了阻止缅甸的加入，美国派出前驻泰国大使理查德·布朗和美国和平研究所的斯坦利·罗斯两名特使出使东盟国家和日本，试图让东盟重新考虑缅甸加入东盟和东盟地区论坛的问题。然而，东盟国家认为，缅甸的政治发展纯粹是内部事务，东盟所奉行的让缅甸不断与它靠近的政策是正确的。① 在1996年7月举行的第三届东盟地区论坛会议上，美国代表克里斯托弗谴责了缅甸军政府的所谓压制民主、违反人权的行为。中国代表则表示"欢迎中国的友好邻国印度和缅甸加入论坛"。由于中国支持缅甸加入论坛，并且东盟也一直没有动摇，缅甸顺利加入了东盟和东盟地区论坛。缅甸加入东盟地区论坛，实际上是对美国等西方国家的一次打击，表明借人权问题干涉他国内政是不得民心的。尽管缅甸加入了东盟地区论坛，但美国的态度一直不太友好。2000年美国发表的《新世纪国家安全战略》中称，"我们的政策是双管齐下。第一，我们必须保持与东盟国家越来越富有成果的关系，加强我们在东盟地区论坛中的安全对话。第二，我们必须寻求与东南亚各国采取双边行动，促进民主、人权和政治稳定；加强面向市场的经济改革；减少有组织的犯罪活动的影响，特别是海洛因从缅甸向该地区其他国家的贩运"。② 2009年第十六届东盟地区论坛召开前，法新社报道说，希拉里建议东盟可以考虑驱逐缅甸出盟，除非缅甸释放反对派领导人——缅甸全国民主联盟总书记昂山素季。7月22日，希拉里接受泰国民族电视台专访时，谴责"缅甸军政府"，强调"是否将缅甸逐出东盟取决于东盟"，"这样的举措（将缅甸逐出东盟）也许是东盟可以考虑的一个正确的政策转变"。③ 中国一直为缅甸国家稳定与发展提供帮助，并支持东盟在缅甸问题上发挥建设性作用。正如2011年，杨洁篪外长在东盟地区论坛上所说，"缅甸是东盟大家庭一员，缅甸的繁荣和稳定，符

① ［德］《商报》，《东盟坚持让缅甸参加一体化》，1996年7月6日。

② *A National Security Strategy for a New Century*, the White House, December 1999.

③ 凌朔：《美国重返东南亚，真实意图耐人寻味》，《新华每日电讯》2009年7月24日第005版。

合缅甸人民的根本利益，也有利于促进本地区共同发展和东盟一体化进程。国际社会应该尊重缅甸根据自身国情所选择的道路”。[①]

关于南海争端，美国的政策可以以2009年第十六届东盟地区论坛为分水岭。在此前的论坛会议上，美国对此问题尽管关注，但基本保持中立；而随着2009年奥巴马上台，美国制定的重返东亚战略，美国插手这个问题的趋势越来越明显。

其实从第一届东盟地区论坛起，美国就比较关心中国南海问题，但鉴于中国曾多次表示反对在多边会议上讨论该问题，所以1994年的论坛会议并没有直接讨论南海问题。

1995年的美济礁事件是当年亚太安全事务中一个焦点问题。1995年2月，中国在南沙群岛的美济礁上为渔民修建永久性避风设施。由于菲律宾认为该岛在菲200海里专属经济区内，主权属于菲方，所以对中国的行动做出了强烈的反应。当时美国的一些议员提交议案，要求美国政府保护其盟国菲律宾在南海地区的权益并告诫中国政府不得使用武力相威胁。1995年5月，美国国务院公布了《南海声明》，阐述了美国政府的立场。声明的主要内容为，反对用武力方式解决争端；对于各方领土诉求的法律依据不表态，根据1982年的《联合国海洋法公约》来处理岛礁争端；美国在该地区的根本利益是维护航行自由。[②] 这个声明表明克林顿政府对南海争端比往届政府更加关注。1995年7月第二次东盟地区论坛会议上，成员国首次讨论了南海问题，随后发表的主席声明表达了对该问题的关注，要求相关各方遵守国际法和国际公约中的相关规定。[③]

1998年，中国和菲律宾再次在南海发生摩擦。由于菲律宾在南海的军舰撞毁了中国的渔船，此后又扣留了中国渔民，南中国海的主权之争又成为焦点。时任菲律宾外长西阿松说，由于菲律宾与美国有双边军事合作协定，一旦中国与菲律宾在南中国海发生冲突，相信美国会出面助菲律宾

---

① 《杨洁篪外长在第18届东盟地区论坛外长会上的发言》，中华人民共和国驻帕斯总领事馆网站，2011年7月24日，http://perth.chineseconsulate.org/chn/xw/t842181.htm，2011年10月10日登录。

② “Statement of U.S. Policy on Spratys and the South China Sea”，http://dosfan.lib.uic.edu/ERC/briefing/daily_briefings/1995/9505/950510db.html.

③ Chairman's Statement：The Second Meeting of the ASEAN Regional Forum，Brunei Darussalam，1 August 1995. http://www.aseansec.org/3617.htm.

一臂之力。但随后他又表示，他不希望美国卷入南中国海领土之争，因为那会引起区域安全出现紧张局面。① 当时美国对南沙群岛主权争执比较谨慎，没有显露出支持某一方的态度。

2009 年的第十六届东盟地区论坛尽管美国没有在南海问题上发表太多的言论，但美国高调重返东南亚的举动引人注目。当年 7 月，希拉里率领高规格的代表团出席在泰国曼谷召开的“东盟地区论坛”。她在新闻发布会上说，“我希望传达的一个明确信息是：美国回来了，我们将全面与东盟接触，全力推动双方关系，我们希望恢复和加强美国与东盟强大的同盟关系和友谊”。她代表美国政府与东盟国家外长正式签署了《东南亚友好合作条约》。此外，希拉里还在“东盟地区论坛”期间与泰国、柬埔寨、老挝和越南的外长碰头，商谈美国与 4 个湄公河下游国家建立新合作框架的设想。中国对美国积极介入论坛持欢迎的态度，杨洁篪在会见希拉里时说，中国愿与美方一道，就国际和地区热点问题和气候变化等全球性问题保持密切沟通协调，妥善处理分歧和敏感问题，共同推进 21 世纪积极全面合作的中美关系②。

2010 年 7 月召开的第十七届东盟地区论坛会议上，中美两国就南海问题展开了针锋相对的斗争。美国国务卿希拉里在讲话中说美国对斯普拉特利群岛（即中国南沙群岛）和帕拉塞尔群岛（即中国西沙群岛）的争端表示关切，认为南海争端的解决涉及美国的国家利益，是美国的外交重点，维护南海航行自由意义重大。她认为在南海问题上要反对胁迫、反对使用武力或以武力相威胁。希拉里说美国愿意与南海争端的当事国——包括中国、越南、菲律宾和马来西亚等合作，以便通过协商解决争端，美国还打算制定一项国际机制，通过国际仲裁来解决该问题。

中国政府对美国的表态进行了反驳，明确提出解决南海争端的最佳办法是通过双边谈判，并反对无关国家的介入。中国外长杨洁篪在论坛发言中指出，南海地区国际航行自由和安全没有出现问题，南海的形势是和平

① 《菲泰外长：集体行动解决南中国海紧张局势》，1998 年 11 月 14 日，联合早报网站，http://www.zaobao.com/zaobao/special/china/relations/islands/meiji141198.html，2011 年 11 月 13 日登录。

② 《杨洁篪会见美俄韩巴 4 国外长》，2009 年 7 月 23 日，新华网，http://news.xinhuanet.com/world/2009-07/23/content_11755872.htm，2011 年 10 月 10 日登录。

的，没有出现任何威胁地区和平与稳定的态势。中国与邻国存在一些领土和海洋权益争议，但不是与整个东盟有争端，中国反对把南海问题国际化。由于南海问题涉及中国的主权，这是一个核心问题，中国高度重视这一问题。把南海问题国际化，使无关国家插入这一争端只能使问题更加复杂。中国一直认为，2002 年签署的《南海各方行为宣言》是指导当事国行为的重要文件，有关国家要认真遵守该宣言，出现争端要通过友好协商的方式来解决，这样才有利于维护南海的和平。

2011 年第十八届东盟地区论坛期间，在南海问题上尽管美国的态度出现了较大的缓和，但其介入南海争端的立场没有改变。在论坛召开前，菲律宾和越南等国认为 2002 年签署的《南海各方行为宣言》不具备法律约束力，有必要制定更有约束力的《南海行为准则》。这些国家希望利用《南海行为准则》来向中国施压。印度尼西亚总统苏西洛在论坛开幕式上表示，东盟首个南海宣言在 1992 年发表，花了十年时间，东盟与中国才就南海行为宣言达成协议①。但九年之后，双方仍未就南海行为宣言的准则最后定案，进度不应该这样慢。

中国在解决南海问题上表现了非常务实的态度。2011 年 7 月 20 日，中国外交部长助理刘振民阐述了中国积极支持开展南海合作的立场，建议各方开展宣言框架下的务实合作，并且提出一系列合作倡议。包括举办关于南海航行自由的研讨会，整理海洋科研和环保、航行安全与搜救，打击海上跨国犯罪等三个专门技术委员会，并承诺继续承办已确定的三个合作项目②。以前中国一直表示不愿在多边场合讨论南海问题，更希望通过与当事国的双边协商来解决争端。在这次会议上，中国表现出一定的灵活态度，同意与有关国家共同磋商南海争端。在论坛会议期间，中国与南海主权争端的当事国签署了《南海各方行为宣言》行动指针。杨洁篪表示，该行动指针为推进南海务实合作铺平了道路，也证明中国和东盟国家有能力、有智慧解决争议。杨洁篪指出，南海航行自由和安全并未受到威胁，

---

① 2002 年签署的《南海各方行为宣言》的签署各方，承诺根据国际法，包括 1982 年《联合国海洋法公约》，由直接有关的主权国家，通过友好磋商和谈判以和平方式解决它们的领土和管辖权争议，而不诉诸武力或以武力相威胁。

② 《希拉里：对南海主权争议不持立场，无意卷入其中》，2011 年 7 月 26 日，凤凰网，http://phtv.ifeng.com/program/xlksj/detail_2011_07/26/7949413_0.shtml，2011 年 11 月 10 日登录。

中方一贯致力于维护南海航行自由和安全。希拉里积极评价中国与东盟国家就落实《南海各方行为宣言》行动指针达成一致。希拉里表示，美了解南海问题高度复杂，对南海主权争议不持立场，无意卷入其中，无意使之成为中美之间的问题。美支持有助于缓和局势的措施。[①] 这表明，北京和华盛顿能够避免在该地区（一些问题上）的误解。[②] 路透社用“一个小的进展信号”来形容，报道称，这张一页纸的文件是为了启动进程，将2002年签署的《南海各方行为宣言》更具体化，结束近十年的僵局。[③]

为了表示美国对南海问题的关注，在此次东盟外长会议上，美国国务卿希拉里说，“我们呼吁各方用符合国际法的表述方式来明确自己对南中国海提出的主张”。她说，一些国家对该地区提出的许多领土诉求都是夸大的，许多国家更喜欢依据历史先例而不是地貌来证明自己诉求的合理性。希拉里说美国是一个海洋国家，南海争端的和平解决的确关乎美国的国家利益。她还要求各国以符合国际法的形式明确对南海的主权主张。希拉里说，近期在南海就各国主权争议发生的一些事件也对自由通航和商贸发展构成了威胁，她表示美国对此十分关注，美国也有权利维护南海地区的自由通航和贸易发展的安全。[④] 希拉里的讲话体现了美国政府的复杂心理。一方面，美国不想在南海问题上与中国搞得太僵，毕竟后者是东南亚地区的大国；另一方面，美国也不想完全退出南海争端，通过关注南海航行自由与贸易安全，可以更多地插手东南亚事务，为反对中国的一些东盟中小国家撑腰。

2012年7月9日至13日，东盟地区论坛外长会在柬埔寨首都金边举行。美国在这次会议期间表现相对低调，但在会议外积极介入东亚的行动丝毫没有减弱。美国负责东亚和太平洋事务的助理国务卿库尔特·坎贝尔在此次外长会召开前来中国，协调双方立场，预防出现不必要的麻烦。坎贝尔表示，美国将在论坛上强调与中国的“接触与合作”。7月13日，杨

---

① 《杨洁篪会见美国国务卿希拉里·克林顿》，2011年7月22日，新华网，http：//news. xinhuanet. com/world/2011 -07/22/c_ 121709013. htm，2011年11月10日登录。

② Window on Regional Future，Chinadaily，Wednesday，July 27，2011，URL：http：//Chinadaily. com. cn 2011.

③ 暨佩娟等：《南海突获成果能管用吗》，《环球时报》2011年7月22日第01版。

④ 冯善智：《希拉里耐不住寂寞，对南海再发强硬声音》，中华网，2011年7月26日，http：//military. china. com/critical3/27/20110726/16669144. html。

洁篪在同希拉里会见时表示，亚太是中美利益交织最密集、互动最频繁的地区。中美在亚太应构建合作共赢的良性互动模式。希望美国尊重包括中方在内的本地区国家的利益和关切。希拉里则说，美中关系非常重要，良好的双边关系不仅符合美中两国的利益，而且还有利于整个地区。两国之间建有包括战略与经济对话在内的多种互动机制，双方在亚太地区加强合作将会对外发出积极信号。[①] 双方的表态表明了两国对维护亚太地区稳定和经济发展的共识。

在到金边之前，希拉里对中国周边国家进行了一连串的访问。2012年7月8日到日本东京出席阿富汗问题国际会议，9日访蒙古，10日访越南，11日访老挝。在访问蒙古时，希拉里宣称蒙古国是“亚洲民主典范，与某些国家形成鲜明对比”[②]。在访问越南时，希拉里赞扬越南民主取得“进步”，表示“支持越南为解决南海争端所做的努力”，并就制定具有法律约束力的南海行为准则的重要性与越南达成一致。希拉里在东盟地区论坛之前和论坛期间的活动表明了美国正在利用周边国家对中国施加压力。美国主要运用政治和军事手段，一方面通过支持越南和蒙古的所谓“民主”，给中国施加“政治压力”；另一方面又通过东海、南海争端给中国施加军事压力。尽管美国希望借助东盟国家的力量来牵制中国，但顾及中国的反应，美国的做法相比起2010年更加缓和。美国不希望过分刺激中国而导致亚太地区的不稳定。

美国国务卿希拉里在金边与日本、韩国签署的《三方联合声明》中表示，希望中国和东盟能就《南海行为准则》（COC）取得进展[③]。7月10日在越南河内访问期间，希拉里称南海地区的争端是一个“关键问题”。在菲律宾的推动下，东盟各国外长就《南海行为准则》的要点在金边达成共识，并形成了草案。东盟国家希望以《联合国海洋法公约》作为解决南海争端的基础。这份准则草案呼吁各方遵守包括《联合国海洋

① Chinese Foreign Minister Yang Jiechi Meets with US Secretary of State Hillary Clinton, July 13, 2013, http://www.chinaembassy.org.sg/eng/xwdt/t952112.htm. 2013 - 5 - 10.

② Hillary Rodham Clinton, Remarks to the International Women's Leadership Forum, Ulaanbaatar, Mongolia, July 9, 2012, http://www.state.gov/secretary/rm/2012/07/194696.htm. 2013 - 5 - 10.

③ Office of the Spokesperson, Trilateral Joint Statement, Washington, DC, July 12, 2012, http://www.state.gov/r/pa/prs/ps/2012/07/194894.htm. 2013 - 5 - 10.

法公约》在内的国际法，以和平手段解决在南海的领土争端。中方和东盟国家高官于7月8日在金边就制定《南海行为准则》举行了非正式讨论。事实上，《联合国海洋法公约》只能解决在既定主权划分下的专属经济区和大陆架问题，并不能解决主权归属问题。而中国和菲律宾、越南等国的岛礁争端本质上属于领土主权的纠纷。此外，如何实现准则的约束力是中国与东盟各国关注的要点，中国对某些东盟成员国希望借行为准则实现南海问题国际化的企图表示反对。

三 对中美两国在东盟地区论坛中互动的评估

纵观东盟地区论坛发展的十几年历程，可以看到，论坛在协调中美两国关系方面起到了一定的积极作用。尤其是当中美两国关系受到一些事件的影响，处于低迷状态的时候，两国外长在东盟地区论坛上的交流对缓解紧张的关系意义重大。例如，1995年至1996年上半年，美日加强安全保障同盟关系，将中国列为潜在对手；美国国会批准李登辉访美，并在东南沿海举行军事演习，使得台海局势紧张，一系列事件使得中美关系陷入僵局。在1996年的第三届东盟地区论坛上，中国指出，美日联盟扩大范围，就会成为问题。为缓和中美两国的紧张局面，在这届论坛会议期间，美国国务卿和钱其琛外长进行会谈，交换了意见，双方确定了一系列高层互访。这次见面意义重大，它使得一度紧张的中美关系趋向缓和。在一定程度上，东盟地区论坛成为协调中美关系的平台。1999年3月，由于美国为首的北约部队以导弹袭击了中国驻南斯拉夫联盟大使馆，中美关系走入低谷。为了打破僵局，同年7月召开的第六届东盟地区论坛上，中国外长唐家璇会见了美国国务卿奥尔布赖特。美国再次对“炸馆事件”表示深切的抱歉，同时强调美国重视中国在处理地区安全问题上的作用。双方表明了继续发展两国正常国家关系的愿望。从20世纪90年代起，中美关系经历了起起伏伏，东盟地区论坛作为两国对话与交流的平台，为双方增加信任、减少猜疑做出了有益的贡献。这也可以看作东盟国家“大国协调”战略的成功。

为了使东盟地区论坛在促进地区安全合作方面发挥更大的作用，中国在支持东盟国家主导权、宣传新安全观等方面还要做出更大的努力。

中国要继续坚持东盟国家主导东盟地区论坛。1995年第二届东盟地区论坛会议规定，以后论坛会议的主席由东盟国家轮流担任。由于论坛主席负责论坛的全面协调工作，包括讨论主题的选择、议程的安排、如何发表最后的主席宣言，其影响力之大可见一斑。美国等西方国家一直希望能由它们担当论坛主席，在论坛上更多地讨论西方所关心的话题，从而引导论坛走一条它们希望的路线。尽管东盟国家都是一些中小国家，但从东盟地区论坛成立十几年的历程来看，这些国家在主导论坛发展的方向上，基本还是符合论坛中多数成员国利益的。东盟地区论坛是在东盟的倡导下发展起来的，其政治主张更多反映了是亚洲各国（尤其是东亚各国）对国际及地区局势的判断。尽管美国等区域外大国期望更多地插手亚洲事务，但由于东盟各国的团结合作，美国等国的行为受到了限制。中国作为亚洲国家，与东盟各国同属发展中国家，在政治、经济、社会、文化发展等方面与东盟各国有相似之处，东盟的一些主张也反映了中国的意愿。可以说，坚持东盟国家对论坛的主动权符合中国的国家利益。2011 年 7 月，杨洁篪外长在第十八届东盟地区论坛后的记者招待会上说，“东亚合作应继续坚持东盟主导。我们相信，东盟能把握好区域合作的前进方向，维护东亚国家的共同利益，维护东亚国家通过多年努力赢得的良好合作局面”。①

中国要以论坛为平台广泛宣传新安全观，反对建立军事同盟。由于美国在东亚地区与日本、韩国、菲律宾等国结成了军事同盟。它认为这些双边同盟会在维护东亚地区安全与稳定方面发挥作用。这反映了美国的冷战思维。和平与发展是当今时代的主题，为了维护亚太地区的安全环境，安全合作更符合这一地区的现状。1996 年第三届东盟地区论坛上，中国提出了“新安全观”的政策主张，其核心是互信、互利、平等、合作。时任外交部长的钱其琛提议东盟地区论坛应开展军转民方面的对话，并适时开始探讨综合安全方面的合作。② 建立新型的地区安全观有利于培育论坛成员国之间的政治对话与军事交流，从而维护亚太地区持久的和平。2011 年 7 月，杨洁篪外长在第十八届东盟地区论坛上发言指出，“我们必须始终把维护地区和平稳定作为出发点，实践新安全观，相互信任而不是彼此猜疑，相互合作而不是彼此对抗，尊重和照顾彼此安全关切，以和平方式

① 《杨洁篪出席东盟地区论坛系列外长会后受访全文》，2011 年 7 月 23 日，新华网，http：//news. xinhuanet. com/world/2011 -07/23/c_ 121711220_ 2. htm。

② 《中国外交（1997）》，世界知识出版社 1997 年版，第 750 页。

解决国家间争端，共同维护亚太地区的和平稳定”。[①] 近年来，东盟地区论坛在裁军、不扩散、反恐、打击海盗、海上安全、能源安全、灾难救援等领域进行了广泛的交流与探索，增进了各国间相互了解和信任，减少误解，为维护亚太地区的和平与稳定方面做出了贡献。今后，随着更多的成员国融入平等、合作的进程，亚太各国将在更多的安全问题上达成共识，地区安全局势的长期稳定将有更加牢固的基础。

在南海主权争端问题上，由于近几年美国的介入，问题更加复杂。美国重返东南亚，是在当前国际局势的背景下其全球战略调整的表现。这种战略调整的意图主要表现在以下几个方面。

首先，美国重返东南亚体现了奥巴马政府全球战略向东亚地区倾斜。小布什政府时期，美国由于专注于“反恐战争”无暇顾及东南亚。前国务卿赖斯两度缺席东盟地区论坛，而布什又没能出席东盟—美国纪念峰会，这导致东盟国家对美国不满情绪上升，使美国在东盟地区的影响力明显下降。而同一时期中国在该地区的影响力却不断上升。美国内普遍认为，相对于美国的东南亚政策只关注反恐，中国对东南亚的战略是比较全面的，包括政治交流、经济合作、文化交流和人员往来等。奥巴马上台后，美国政府认识到东盟地区的战略重要性，东盟是实现其“两洋战略”的一个重要平台，为此积极扩大与东盟的接触，全方位参与东盟事务，通过政治、经济、文化、军事等全面的合作来提升美国在该地区的影响力。2009 年，美国国务卿希拉里高调参加东盟地区论坛拉开了美国重返东南亚的序幕。第十六届东盟地区论坛期间，美国与东盟签署《东南亚友好合作条约》以及美国与老挝、泰国、越南、柬埔寨等 4 国搞美湄合作，正是其重返东南亚的重要步骤。

其次，美国重返东南亚有制衡崛起中的中国的考虑。近年来随着中国政府睦邻外交的扎实开展，中国与东盟的往来日益增多，涉及政治、经济、文化、军事等各个方面。中国在东盟的地位和影响力迅速上升。1997 年东南亚金融危机以及 2008 年的国际金融危机期间，作为地区大国的中国都发挥了积极的作用，有力地稳定了东南亚地区的经济局面。2010 年，

---

① 《杨洁篪外长在第 18 届东盟地区论坛外长会上的发言》，中华人民共和国驻帕斯总领事馆网站，2011 年 7 月 24 日，http：//perth. chineseconsulate. org/chn/xw/t842181. htm，2011 年 10 月 10 日登录。

中国—东盟自由贸易区已建成，双方设立总规模 100 亿美元的“中国—东盟投资合作基金”，促进双方基础设施的互联互通；2010 年后 3—5 年中国将向东盟国家提供 150 亿美元的信贷，推动中国—东盟互利合作项目；中国还向柬埔寨、老挝和缅甸提供总额 2.7 亿元人民币的特别援助。截至 2011 年，中国成为东盟第一大贸易伙伴，东盟也成为中国的第三大贸易伙伴。[①] 中国用实际行动获得了东盟的信任，更多的东盟国家对中国增加了好感和尊敬。反观美国，由于长期陷入伊拉克战争和阿富汗战争，对东盟各国无暇顾及，双方的贸易额在 2008 年以前下降较大。美国有人担心中国有可能取代美国主导东盟地区事务。为了防止美国在东南亚地区被边缘化，并对中国的崛起势头进行一定的遏制，美国要更多地介入东南亚地区。

最后，美国重返东南亚希望能够介入东亚一体化进程。奥巴马上台后，美国开始重视东盟一体化进程对亚太地区的影响。目前，东亚地区存在着两个层级专属亚洲的一体化架构，即东盟 +3（10 +3）架构和东盟 +6（东亚峰会）架构，二者有一个共同点，那就是都以东盟为核心。[②] 2007 年 11 月，东盟通过《东盟宪章》，致力于到 2015 年建立东盟安全、经济与社会文化共同体。2008 年 12 月，《东盟宪章》正式进入实施进程。从目前看，东亚峰会在国际社会的影响逐步扩大，东亚地区正逐步建立一个以东亚峰会为基础、以东盟为中心的东亚共同体。美国加入《东南亚友好合作条约》后，很快成为东亚峰会的一员。美国融入东亚地区的一体化进程将增强其在该地区的影响力。

面对美国在东南亚咄咄逼人的态势，中国要认清其行为的本质。在南海问题上，中国要采取更加灵活的态度，避免矛盾激化。

关于南海的岛礁主权之争以及海洋管辖权的划分，中国要充分利用东盟地区论坛宣传自己的主张，避免与相关的东盟国家矛盾激化。由于南海问题由来已久，想在短时间内解决可能性不大。为了维护南海地区

---

① 余湛奕：《温家宝：办好五件大事推动中国——东盟经贸合作》，2011 年 10 月 21 日，新民网，http：//news. xinmin. cn/domestic/gnkb/2011/10/21/12449009. html，2011 年 11 月 13 日登录。

② Ellen L. Fros，t “America’s Role in Engaging with Asta’s New Regionalism”，in the Asia Foundation，ed，America’s Role in Asia：Asian and American Views，2008，http：// www，asiafoundation，org/resources/pdfs/Americas RoleinAsia2008，pdf.

的和平与稳定，中国一直强调用和平手段，通过对话和协商来解决该问题。2002 年通过的《南海各方行动宣言》体现了南海争端各当事国的基本观念。2011 年，中国又与有关东盟国家签署了《南海各方行动宣言》的行动指针，为落实宣言迈出了坚实的一步。尽管该“行动方针”距离解决主权问题仍有距离，却对缓解 2011 年年初南海的紧张局势、避免美国干预南中国海问题意义重大。为此，中国和东盟都做出了一定的妥协。

对于近年来美国积极插手南海争端，中国要保持冷静的态度，了解其行动的本质，并采取适当的措施予以化解。美国介入南海问题是与东盟内部一些国家的支持有关的。一方面，菲律宾、越南、马来西亚等国与中国在南海岛屿主权归属以及海洋权益的划分上存在争端，以其自身力量与中国抗衡，它们觉得没有优势。这些国家希望借用美国的力量对中国施压，以期在主权争端中处于有利的地位；另一方面，美国希望利用南海问题扩大化，挑起中国与某些东盟国家的矛盾，对中国在东南亚地区迅速扩大的影响力进行一定的遏制，避免中国主导东盟地区事务，使美国将来在这一地区发挥更大的作用。

南海的岛礁主权之争与南海航行自由是两个问题，不能混淆。在 2010 年的东盟地区论坛上，美国代表曾提出南海航行自由和航行安全问题，矛头直指中国与东盟等国存在的南海争端。实际上，南海的航行自由和航行安全是没有问题的，在这方面，中国做出了积极的贡献。中国参与和制定了马六甲海峡合作机制，是《亚洲地区反海盗协定》的创始成员国，中国同东盟国家建立了海事磋商机制。中国与东盟国家在海上搜救、打击海盗、海上安全等方面进行了广泛的合作。今后，中国将继续深化与东盟的海上互联互通建设，增强在海运、海事和港口等领域的合作。美国提出南海航行自由问题，是为了介入南海争端，使岛礁纠纷更加复杂化，从而制衡中国在南海地区的影响力。关于岛礁和领海的主权划分，中国应坚持直接与有关的主权国家通过双边磋商和谈判，以和平方式解决争议。由于东盟国家并不都与中国存在南海领土及领海争端，可以通过这些国家在东盟内部施加影响，避免南海争端矛盾激化，从而有利于合作开发南海以至于最后解决争端。南海航行自由给东南亚地区及世界各国提供便利，今后，中国和广大亚太国家要充分利用这种便利，加强互联互通和贸易往来，为促进本地区的进步与繁荣做出贡献。

第三节　上合组织、美日韩同盟体系与中美博弈

中美两国在其共同参与的全球性和地区性国际多边机制中既有不少共同利益，也存在一些矛盾和分歧，围绕这些共同利益和矛盾分歧所展开的两国互动是中美两国实现各自的国家利益、塑造国际秩序与国际环境的重要行为方式。但需要注意的是，除了两国共同参与的全球性和地区性国际多边机制外，中美两国还各自参与了一些对方所没有参与的全球性和地区性国际多边机制，中美两国在这类国际多边机制内的活动与行为，对两国在参与全球性和地区性国际多边机制的选择以及在这类国际多边机制内的活动均有重要影响。因此，分析中美两国单独参与的全球性和地区性国际多边机制以及两国在这些国际多边机制内的活动，也是理解中美两国在其共同参与的全球性和地区性国际多边机制内行为的一个重要维度。中国参与的上海合作组织（Shanghai Cooperation Organization）与美国的东北亚同盟体系是两个比较典型的中美两国各自参与但又能对双方在其他地区性国际多边机制内的活动产生重要影响的国际多边机制。

一　上海合作组织对美国所构成的挑战

上海合作组织是在“上海五国”会晤机制的基础上产生和发展起来的。1996 年 4 月 26 日，中国、俄罗斯、哈萨克斯坦、吉尔吉斯斯坦和塔吉克斯坦五国的元首在上海举行会晤，协商加强各国在边境地区的信任与合作。此后这一会晤形式被固定下来，轮流在五国举行，会晤磋商的内容也由加强边境地区的信任逐渐扩大到五国在政治、安全、外交和经贸等各个领域内的互利与合作。由于这种会晤首先是在中国的上海举行的，因此这一机制被称为“上海五国”会晤机制。2001 年 6 月 14 日，“上海五国”的元首在上海举行第六次会晤，乌兹别克斯坦在这次会晤上以平等身份加入，6 月 15 日六国共同签署了《上海合作组织成立宣言》，宣告上海合作组织正式成立。上海合作组织的 6 个成员国领土总面积超过 3018 万平方公里，占欧亚大陆的 3/5，成员国人口的总和为 15.25 亿，占世界人口的

1/4。[①] 自成立至今，上海合作组织不断发展完善，在过去的 10 年内在政治、安全、经济、人文、组织建设和对外交往等各个领域都取得了不凡的成就。[②] 今天，上海合作组织的参与主体不仅包括 6 个正式成员国，还包括蒙古、巴基斯坦、伊朗和印度这四个观察员国，以及白俄罗斯和斯里兰卡这两个对话伙伴国。

上海合作组织的活动起初主要是围绕加强成员国之间的互信、反恐以及维护地区和平与稳定展开的，后来，经贸合作与人文交流等也逐渐成为该组织的重要活动内容。因此，上海合作组织已经从一个安全领域中的地区多边机制发展成为一个综合性的地区多边机制，其在国际上的影响力也越来越大，尤其是在围绕中亚地区的国际事务上，由于中亚五国中除了土库曼斯坦外其他四国都已经加入了上海合作组织，与中亚毗邻的两个大国中国和俄罗斯也都是上海合作组织的成员，因此，上海合作组织在中亚事务上发挥着举足轻重的影响。

美国对上海合作组织的态度和立场经历了一个发展变化的过程。很多学者认为，在 2005 年之前，美国对上海合作组织不够重视，并不看好这一组织的发展潜力，而在 2005 年，由于美国申请成为上合组织观察员国遭到拒绝，同时伊朗等国却被接纳为上合组织的观察员国，加上上合组织在 2005 年 7 月的阿斯塔纳峰会上发表的《元首宣言》要求美国制定从中亚撤军的时间表，等等，美国对上海合作组织的重视程度遽然增强，同时对上海合作组织的警惕和防范之心也开始加强。[③] 上海合作组织的首任秘书长、中国外交部前副部长张德广在 2009 年 6 月接受一次采访时认为，“美国人对上合组织的情绪、心情非常复杂。最初应该说是情绪化多一点，处在不了解的过程当中。随着上合组织的发展，对上合组织的情况掌握多了一些后，他们也有了一个变化。现在美国的主流意识认为这个组织

① 中华人民共和国外交部：《上海合作组织》，http：//www. fmprc. gov. cn/chn/pds/gjhdq/gjhdqzz/lhg_ 59/，2011 年 7 月。

② 程国平：《上海合作组织前景无限广阔：外交部部长助理程国平在第三届“蓝厅论坛”上的主旨演讲》，http：//osaka. china-consulate. org/chn/zgxw/t828792. htm，2011 年 6 月 8 日。

③ 郑羽：《美国对上海合作组织的看法及政策》，《和平与发展》2007 年第 1 期；邵育群：《美国与上海合作组织：认知、关系和未来》，《美国研究》2007 年第 3 期。

的存在不利于美国，但不见得是一个敌对的组织，还需要进一步了解和观察”。[①] 张德广对美国主流意识对上合组织看法的这种解读，可以说基本上比较准确地概括出了当前美国政界和学界对上海合作组织的主流认知。

美国与中国和俄罗斯都有着重要且复杂的双边关系，同时，鉴于中亚地区战略位置的重要性以及中亚地区在能源和反恐等领域所能扮演的重要角色，由中俄两国与中亚大部分国家共同成立的上海合作组织这一地区性国际多边机制理应从一开始就得到美国的重视。然而，美国政府直到2005年才发现上海合作组织会对自己的重要利益构成某种挑战，这可以说是一种政策失误。

作为一个地区性国际多边机制，上海合作组织并不是一个反美组织或反美联盟。上海合作组织在其成立宣言中明确宣称，“上海合作组织的宗旨是：加强各成员国之间的相互信任与睦邻友好；鼓励各成员国在政治、经贸、科技、文化、教育、能源、交通、环保及其他领域的有效合作；共同致力于维护和保障地区的和平、安全与稳定；建立民主、公正、合理的国际政治经济新秩序”。“上海合作组织奉行不结盟、不针对其他国家和地区及对外开放的原则。”[②] 此外，随着上海合作组织成立后不断发展并取得一系列成就，近年来，美欧等西方国家中的大多数学者都开始承认上海合作组织在中亚地区所发挥的重要作用，并看好上海合作组织在未来发挥更大影响的潜力。[③]

然而，美国对于上海合作组织的担忧并没有完全消除。美国对上海合作组织的疑虑主要包括以下几个方面。

首先，美国担心上海合作组织会成为中俄两国主导中亚国家共同对抗和制衡美国的工具，或发展成一个反美联盟。有的美国学者认为上海合作

---

① 章文：《美国对上海合作组织感觉复杂》，http：//blog. ifeng. com/article/2829442. html，2009年6月20日。

② 《上海合作组织成立宣言》，http：//news. xinhuanet. com/ziliao/2002 - 06/04/content_423358. htm，2001年6月15日。

③ ［俄］娜·扎杰列：《西方对上海合作组织认识的演进》，原载俄罗斯《远东问题研究》2008年第1期，王玉明、劳灵珊编译，http：//icwar. bfsu. edu. cn/2009/03/640，2009年3月23日。

组织就是“莫斯科和北京用来反对华盛顿，维护地区平衡的政治工具”。① 而对于2005年7月上海合作组织拒绝了美国，同时却接纳伊朗为观察员国，美国更是怀疑上海合作组织的这种做法是否具有反美的动机。美国前国防部长东亚问题特别助理米德伟在参加一次媒体对话时就曾公开承认，美国对上海合作组织拒绝美国的观察员国申请，而却接纳伊朗为观察员国始终耿耿于怀，并对上海合作组织这一“一拒一纳”背后的战略意图表示猜疑。②

其次，美国担心上海合作组织会阻碍美国实现自己在该地区的利益目标。美国陆军战争学院的斯蒂芬·J. 布兰科（Stephen J. Blank）就认为，除了战略安全事务以外，美国在中亚地区的国家利益还包括对该地区能源的获取，以及支持该地区国家的自由化和民主化改革等，而上海合作组织在该地区的主导地位不断上升，使人担心这是否会影响美国实现上述目标的能力。③

2005年7月，上海合作组织在阿斯塔纳峰会上发表的《元首宣言》要求美国制定从中亚撤军的时间表，随后不久，乌兹别克斯坦政府在7月29日要求美国在6个月内从该国撤出驻军。这更是让美国遽感紧张并做出了非常强烈的反应。因为美国在中亚的基地和驻军对美国向在阿富汗的北约部队提供物资支持至关重要，因此，上海合作组织的上述举措让美国切切实实地感受到了上海合作组织在中亚影响美国利益实现的能力。

最后，上海合作组织所倡导的一些新型国际关系理念可能也会对美国构成一定的挑战。有的学者认为，除了现实的地缘政治考虑之外，美国还“担心上合组织的新型理念会‘侵蚀’美在亚太地区以及全球的‘软实力’”，因为上海合作组织所倡导的“‘上海精神’不仅将使中亚国家彻底‘折服’，而且会最终发展成为一种全球流行的国家间关系模式，挑战美

---

① Roy Allison, Regionalism, Regional Structures and Security Management in Central Asia, *International Affairs*, Volume 80, Issue 3, May 2004.

② 邱震海：《上海合作组织与美国的微妙关系》，《联合早报网》2007年8月10日，http://www.zaobao.com/special/forum/pages5/forum_zp070810a.html。

③ Andrew Scheineson, Backgrounder: The Shanghai Cooperation Organization, http://www.cfr.org/international-peace-and-security/shanghai-cooperation-organization/p10883, March 24, 2009.

国在‘变革外交’中倡导的‘主权过时论’和‘民主至上论’”。①

上海合作组织对美国所构成的各种现实和潜在挑战，使得美国很难支持上海合作组织的行动。不仅如此，美国还采取了不少反制上海合作组织的做法，这些做法包括：启动和推行“中亚南亚经济一体化计划”，与上合组织争夺中亚区域经济合作的主导权；继续强化其与上合组织中部分中亚国家的双边关系，拉拢上合组织中的亲美国家以分化上合组织；继续推动北约、欧洲安全与合作组织与中亚国家发展传统关系，与上合组织进行竞争；等等。② 但是，美国也很难公开反对上海合作组织。因为上海合作组织旨在加强成员国之间的各项合作，维护地区和平与稳定，它奉行不结盟、不针对任何第三方的政策，倡导以“互信、互利、平等、协商、尊重多种文明、谋求共同发展”为内容的“上海精神”，因此具有明显的“政治正确性”，所以，如果美国公开反对上海合作组织，那么它就会将自己置于一个非正义的立场上，同时它还会在现实中得罪上海合作组织的成员国和参与者。因此，公开反对上海合作组织自始至终都不是美国的一个政策选项。

事实上，对于由中国和俄罗斯主导的这一地区性国际多边机制，美国也曾想过加入进来。这是因为，加入上海合作组织不仅能使美国可以防止这一组织发展成为一个反美联盟，而且能为美国继续在中亚地区发挥自己的影响提供便利，以防止中俄两国主导中亚事务后排挤美国在该地区的影响力。除此之外，美国与上海合作组织在许多领域也有不少共同利益，例如在反恐、打击毒品走私和有组织犯罪、防止大规模杀伤性武器在中亚扩散等问题上，美国与上海合作组织有重要的共同利益。特别是在阿富汗问题上，中俄等上海合作组织成员与美国都不希望阿富汗会继续成为恐怖主义滋生的温床，它们都希望阿富汗能够实现和平与稳定。

然而，这些共同利益并不能够保证美国可以进入上海合作组织这一地区性多边机制。美国成为上海合作组织观察员国的申请在 2005 年遭到了

---

① 王鸿刚：《美国为何担心上合组织崛起?》，《广州日报》2006 年 5 月 30 日，http://opinion.people.com.cn/GB/51866/4416285.html。

② 齐云鸿：《社评：美国对上海合作组织心态复杂》，http://mgb.chinareviewnews.com/crn-webapp/doc/docDetailCreate.jsp?coluid=93&kindid=4910&docid=101220719&mdate=0206002445，2010 年 2 月 6 日。

拒绝，而上海合作组织拒绝美国的理由看上去也是无可挑剔的：上海合作组织是一个欧亚地区的地区性国际组织，而美国不属于这一地区，因此它无法被接纳。但无论如何，对于美国来说，进入这一地区性国际多边机制的大门已经关上，美国只能在大门之外与这一国际多边机制进行互动。

地理位置的限制是否是一道不可逾越的障碍，对于这个问题不同的人可能会有不同的解读。有的美国学者认为，上海合作组织成立的首要目的就是要在地缘政治上平衡美国，因此要让这一组织接纳美国是不可能的。① 不论这位美国学者的说法是否完全准确，中俄两国所主导的上海合作组织与美国的关系表明，世界大国在建立和运作地区性国际多边机制上有时是有选择性的，与某一地区性国际多边机制有重要的共同利益并不能保证一个国家可以加入这一地区性国际多边机制，因此，对于世界各国通过在国际多边机制内互动解决各国间问题的局限性，我们必须要有清醒的认识。

二 美国的东北亚同盟体系与中美两国在东北亚地区的互动

美国在东北亚地区的同盟体系及其对中美两国在该地区国际多边机制内互动的影响，是我们在考察中美两国在地区性国际多边机制内互动时的另一个重要参照案例。

美国的东北亚同盟体系是指美国分别通过与日本和韩国签订《共同防御条约》所构成的以美国为核心的美日韩三国同盟体系。美国的这一东北亚同盟体系是冷战的产物，它是冷战期间美国为防范苏联、中国和朝鲜等社会主义国家对日韩等美国的盟国发动进攻而建立起来的。1953 年 10 月，美国与韩国在华盛顿签订了《美韩共同防御条约》。这一条约规定，在太平洋地区对缔约双方任何一方的进攻都将威胁本国的和平与安全，因此双方将采取共同行动以制止侵略，此外条约还规定，韩国给予美国在韩国领土上及周边部署陆、海空军的权力。② 同样是在 20 世纪 50 年代，美国通过与日本签订与《美韩共同防御条约》类似的条约，与日本也建立起了同盟关系。韩国与日本虽然没有签订安全互助条约，但由于这

① 郑羽：《美国对上海合作组织的看法及政策》，《和平与发展》2007 年第 1 期。

② Mutual Defense Treaty Between the Republic of Korea and the United States of America, http: //www. koreaembassy. org/bilateral/military/eng_ military4. asp, October 1, 1953.

两个国家都与美国签订了安全互助条约，而它们的主要防御对象也都是以苏联为首的社会主义国家，因此可以说韩国与日本之间也存在一种准联盟关系。这样一来，用来在东北亚地区对抗当时的社会主义国家阵营的美日韩同盟体系便建立了起来，这一同盟体系是冷战期间美国在全球建立的反共防卫体系上的重要一环。

美国的这一东北亚同盟体系在冷战期间发挥了巨大的影响，它为美国在朝鲜战争后维持东北亚地区的和平与稳定发挥了重要作用。冷战结束以后，美国的东北亚同盟体系并没有解体，虽然美国与韩国和日本之间的共同防御条约已经经过了多次的修订，但美国与韩日两国间的共同防御的基本原则始终得到了保持，这一共同防御的基本原则也是今天美国的东北亚同盟体系仍然具有活力的基础。

由于韩国与日本并没有签署安全互助条约，因此美日韩同盟体系并不是一个严格意义上的地区性国际多边机制。然而，美国的这一东北亚同盟体系对于美国参与东亚地区的地区性国际多边机制以及在这些国际多边机制内的行为都有非常重要的影响。这是因为，尽管冷战早已经结束，但美国在维持东北亚地区的和平与稳定问题上，仍然主要依赖其在冷战期间建立起来的美日韩同盟体系。这就严重局限了美国的战略选择，削弱了美国通过在其他地区性国际多边机制内通过与其他国家进行互动来解决地区安全问题的动力，同时，由于美日韩同盟体系本身也严重影响了东亚地区的力量均衡，引起了某些国家的不安和警惕，因此它自身也构成了一个影响东亚地区稳定的重要因素。

多年以来，美国政府在依赖同盟体系维护和解决地区安全问题上是从不讳言的。2010 年 5 月 27 日，奥巴马政府在向国会提交的《国家安全战略报告》中就曾明确指出，“美国、地区和全球的安全的基础将仍然是美国与其盟友的关系，仍然是我们对盟友做出的不可动摇的安全承诺”。“我们与日本、韩国、澳大利亚、菲律宾以及泰国的盟友关系是亚洲安全的基础，也是亚洲太平洋地区繁荣的基础。我们将继续深化和发展这些同盟关系以反映地区的活力和 21 世纪的战略趋势。”① 由此可见，相对于与盟友间的关系，在盟友体系之外的国际多边机制内通过与其他国家展开互

① The White House, National Security Strategy, www.whitehouse.gov/sites/default/files/rss.../national_ security_ strategy.pdf, May 27, 2010.

动来解决美国的安全关切，对美国来说始终只是一个次要选择。

对中国来说，美国的东北亚同盟体系显然是具有严格的排他性的，中国不仅无法加入这一机制，甚至其本身就是这一机制的一个重要防范对象。因此，虽然近年来，中美两国在亚太经合组织、亚太安全合作理事会、六方会谈、香格里拉论坛等众多亚太地区的国际多边机制内展开过很多的互动，在这些地区性国际多边机制内进行的互动对于中美两国增进相互了解，增强双方间的相互信任应该说也起了一定的作用，但由于美国在解决地区安全问题上过分依赖其同盟体系，而中国又被排除在这种体系之外，所以在这些国际多边机制内展开的中美互动，在大多数情况下并不能真正解决中美两国在该地区的安全关切。这是我们在研究中美两国在地区性国际多边机制内互动时必须要注意的一个问题。

三 几点启示

上海合作组织对美国的挑战，以及美国的东北亚同盟体系对中美在亚太地区国际多边机制中互动的影响，为我们认识中美在全球性和地区性国际多边机制中的互动提出了一些启示。这些启示包括：

1. 世界大国在建立和参与全球性和地区性国际多边机制上往往是有选择性的，国际多边机制说到底仍是某个或某些国家在国际舞台上实现自己国家利益的工具，因此对国际多边机制不能抱不切实际的幻想。

2. 尽管近年来美国不断强调要加强与联合国等国际多边机制的合作，但在解决安全问题上，美国最倚重的仍然是其传统盟友。如果美国不能从根本上改变这一战略思路，那么美国对国际多边机制的看法和认识就很难会发生实质性的改变。

3. 世界大国间的战略互信是其通过在全球性和地区性国际多边机制内互动解决问题的良好基础。如果这种战略互信缺失，那么即使存在众多的全球性和地区性国际多边机制，也很难真正解决大国间的矛盾和分歧。当然，在国际多边机制内的互动有时能增强大国间的相互了解与信任，从而有助于大国间战略互信的建立。

结语　塑造未来——中美互动与国际制度变迁

自改革开放以来，中国日益融入以美国为首的西方国家所主导的国际体系中去。美国则试图利用国际制度和规则来约束和规范中国的行为。随着中国国力的不断提升和国际影响力的日益提高，中美两国在国际多边机制下的互动日趋频繁。这种互动将会对中美两国以及国际制度的变迁都会产生深远的影响。

一　中美互动的时代背景：相互依赖日益加深

全球性国际体系是16世纪以后随着资本主义世界市场的形成而出现的。商品经济发展和世界市场的形成，国际分工及世界货币的出现，特别是殖民体系的建立，19世纪中期世界性的国际体系开始形成。进入20世纪，随着通信交通科技的发达，全球资本的流动和贸易的往来，全球化的浪潮改变了世界，地球变“小”了。

随着经济全球化浪潮的快速发展，世界越来越联结成一个整体，各国、各地区之间的相互依赖日趋加深。当然，随着全球化浪潮席卷地球上的每一个角落，国际社会也面临着前所未有的挑战。除了固有的传统安全问题之外，非传统安全问题日益突出，如恐怖主义、气候变暖、跨国犯罪、金融安全等。诸多挑战具有跨国性和全球性的特点，没有哪一个国家能够独立有效应对，而需要整个国际社会的共同努力与合作。随着国家间经济和金融往来日益紧密，如何建立起有效的安全防范体系和机制，已成为经济全球化时代各国都面临的严峻挑战。[①]

2008年开始的席卷全球的金融危机就是典型的例子。2007年发萌于

---

① 崔立如：《全球化时代与多极化世界》，中国现代国际关系研究院：《世界大变局》，时事出版社2010年版。

美国的次贷危机爆发后，金融风暴席卷全球，不仅引发多国债务危机，而且引发西亚、北非一些国家的政治动荡。美国的金融政策本来是国内事务，但是由于美国在全球经济中举足轻重的地位，已不能仅仅以国内政策来处置。国际社会纷纷要求美国以负责任的态度制定出负责任的金融财政政策。中国对于国际市场和资金的高度依赖，也决定了中国不可能置身事外。全球相互合作，协调各国经济政策，以便增强抗击金融风暴的能力，并促进全球经济复兴，就成为包括中美两国在内的国际社会必须面对的现实。尽管贸易争端不断，但双方依旧需要合作，甚至有美方人士希望中国等新兴市场经济体的经济增长能够拉动市场与消费，从而促进美国经济的复苏。① 从中美双边密切沟通，到 20 国集团、亚太经合组织等多边机制下中美两国的磋商，都充分说明了这一点。

30 余年的改革开放使得中国综合国力大幅提升，国际影响力不断拓展，在地区乃至全球事务上有了更大的发言权。中美关系已不限于双边关系，而是越来越朝着多边方向发展。双边与多边之间其实也有一种互动。如果双边的关系比较和谐，那么多边机制下的合作与良性互动可能就会比较顺畅；反之，如果双边的关系出现了起伏，那么多边合作的愿望和最终成果都有可能打折扣，两国之间的良性互动就会下降，甚至出现相互较劲博弈的现象。反过来，如果多边机制下的合作比较顺畅，就有助于建立战略互信，那么对于双边关系的发展无疑是有益的。不仅如此，多边机制下一方或双方合作的需求，同样会使得一方或双方寻求某种程度的和解。比如，1990 年海湾危机爆发后，美国方面寻求联合国安理会通过一项决议，授权使用一切必要手段来解决海湾危机。这时，常任理事国中国的重要性就凸显出来。布什政府为了争取中国在安理会投赞成票，或至少不投否决票，不仅邀请钱其琛外长访美，而且布什总统还亲自给中国领导人江泽民、杨尚昆和李鹏写信，希望中国支持美方提出的决议草案。而随后钱其琛外长对于华盛顿的正式访问，等于是两国恢复高级互访的开始，打破了美方停止高层往来的制裁。② 尽管中方最终投了弃权票，但多边机制下的互动推动了双边关系的缓和，对打开中美关系的僵局有着积极的作用。

正如同美国国会研究局的一份报告所指出的，中美双边关系是至关重

---

① 2011 年 10 月华盛顿，资中筠先生访谈重要智库人士。

② 参见钱其琛《外交十记》，世界知识出版社 2003 年版，第 96—105 页。

要的，涉及广泛的领域，特别是经济、安全、对外关系和人权。与以前相比，中美利益更为紧密地“捆绑在一起”。这种“广泛的相互关联使得中美两国政府采取单边行动而不带来影响广泛、无意识的后果越来越困难”。[①] 在相互依赖日益加深，地区和全球一体化进程日益加速的大背景下，如果一方遵循“零和博弈”战略，那么双方都会成为失败者。相反，只有双方进行协调与合作，才可能出现互赢的局面。这是中美必须面对的现实。

二 中美战略抉择为两国互动提供空间

20 世纪 70 年代末，中国决定实行改革开放，集中精力搞经济建设。中国的经济发展需要有一个稳定和平的国际环境，还需要大量的技术、资金和人才。这种需要推动着中国融入国际体系，积极地参与国际事务和经济合作。

中国这种战略抉择，是基于对于国际形势的准确判断。早在 1978 年，中国就确立了“实现四化，永不称霸”的方针，“要利用世界上一切先进技术、先进成果”，“要把世界一切先进技术、先进成果作为我们发展的起点”。邓小平指出，“作为一个社会主义国家，中国永远属于第三世界，永远不能称霸”。[②]在 1982 年会见联合国秘书长德奎利亚尔时，邓小平表示希望有一个好的国际环境，“中国希望至少二十年不打仗。我们面临发展和摆脱落后的任务”。[③]在 20 世纪 80 年代中期，中国就得出结论，和平与发展成为时代的主题。随着中国改革开放的深入，中国对外交往的日益频繁，中国的切身利益也和现有国际制度紧密地关联在一起。进入 21 世纪，面对外界的猜测，中国一直致力于和平外交政策，坚持在和平共处五项原则的基础上同所有国家发展友好合作。和平发展不只是中国追求的目标，更是中国具体实践的路径。2005 年 9 月，胡锦涛主席郑重地提出了建设持久和平、共同繁荣的和谐世界的理念。党的十七大报告进一步明确指出，“不管国际风云如何变幻，中国政府和人民都将高举和平、发展、

① Kerry Dumbaugh, China-U. S. Relations: Current Issues and Implications for U. S. Policy, April 2, 2009, CRS Report for Congress, Congressional Research Service, R40457.

② 邓小平：《实现四化，永不称霸》，1978 年 5 月 7 日，《邓小平文选》，第 111—112 页。

③ 邓小平：《中国的对外政策》，1982 年 8 月 21 日，《邓小平文选》，第 415—417 页。

合作旗帜，奉行独立自主的和平外交政策，维护国家主权、安全、发展利益，恪守维护世界和平、促进共同发展的外交政策宗旨。中国将始终不渝走和平发展道路。这是中国政府和人民根据时代发展潮流和自身根本利益作出的战略抉择”。[①] 中国领导人在不同场合郑重承诺，中国反对各种形式的霸权主义和强权政治，永远不称霸，永远不搞扩张。中国领导人清醒地意识到，当代中国同世界的关系发生了历史性的变化，“随着改革开放的不断深入和经济社会的不断发展，中国日益融入国际社会，与世界的联系越来越紧密，中国的前途命运日益同世界的前途命运联系在一起。中国的发展离不开世界，世界的繁荣稳定也离不开中国。如果我们不能很好地处理同外部世界的关系，新世纪头 20 年由国际形势总体和平、大国关系相对平稳和新科技革命迅猛发展提供的发展机遇就可能丧失”。[②]

中国主要出于自身改革开放、经济建设的需要而决定融入国际机制，广泛参与“全球治理”，抓住战略发展机遇期。而在当今的国际体系中，美国是霸权国家，是“守成大国”。美国首要的目标就是维持美国在现有国际体系中的霸权地位，防止任何可能对其发起挑战的新兴国家出现。用美国的话来说，就是要维护美国的“领导权”。面对中国的崛起，如何加以应对，在美国国内是有争议的。

自冷战结束以来，美国国内在如何对待中国崛起的问题上有不同的看法，至今并没有完全达成共识。美国国内至少有三种代表性的看法：第一种是主张对华实施接触战略的温和派。在这一阵营中，一些人主张对华采取温和政策，担心美国对华强硬会导致中国的四分五裂，而那可能会“潜在地给美国利益带来灾难性的后果”。这种观点在冷战刚刚结束前后一度颇有市场。另外一些人则为中国快速发展的经济和日益增强的国力所震撼，强调中国崛起可能给美国带来的利益。这些人主张，更为密切地与中国接触，可以将中国融入国际社会，引导中国这个新兴大国进入国际体系中，以使其行为符合美国的利益。在这一群体看来，通过这种方法，中国将越来越与邻国和西方发达国家在经济上相互依赖，以至于中国不太可能采取过激行动，否则会损害中国从中受益的国际经济联系。这些人还相

---

① 胡锦涛：《高举中国特色社会主义伟大旗帜　为夺取全面建设小康社会新胜利而奋斗——在中国共产党第十七次全国代表大会上的报告》，2007 年 10 月 15 日。

② 戴秉国：《坚持走和平发展道路》，《当代世界》2010 年第 12 期。

信，中国变得更为富裕将有助于中国社会出现一批物质生活殷实、受教育程度高和具有世界眼光的群体，这些人将会推动政府进行更大的政治多元主义和民主化。第二种认为中国日益增长的全球力量和影响力对于美国而言是一种威胁，应当对华实行围堵与遏制政策。他们主张美国应当用军队来平衡中国在亚洲日益增强的力量；在处理经济、军备控制和其他与中国的争端时采取强硬立场，和美国的传统盟友一起来防范中国。在他们看来，中国只是在努力赢得时间，一旦经济实现了现代化，北京就不会约束民族主义情绪，在对外政策上采取咄咄逼人的姿态。第三种则是主张在美中能够建立一种建设性关系之前，就应当推动改变中国的政治体制。他们认为，中国共产党领导人难以同美国达成长期积极的关系。相反，北京寻求侵蚀美国在地区内的力量和武装美国的敌人。①

冷战结束后，美国国内在对华政策上也是辩论不断。各种版本的“中国崩溃论”“中国威胁论”层出不穷，最终还是主张对华接触政策的看法占据了上风，成为对华政策中的主流意见。美国的主流派意见认为，中国的经济和政治力量的崛起是不可避免的，需要进行适应和调控。随着中国经济上与国际社会相互依赖的加深，中国对发展稳定的国际经济关系有更大的利害关系。中国日益增长的财富也可能鼓励中国社会朝着能够有助于孕育物质富裕、受到良好教育程度和富有国际观念的群体出现。美国为首的西方国家试图用现有的国际规范来约束中国的国际行为，防止中国“出轨”，要求中国承担更多的国际义务。在中国加入世界贸易组织上，除了寻求中国遵循国际贸易规则之外，美国还有一个重要的目的就是借助世贸组织的各种规范，强化中国的法制概念，推动中国法治社会的发展，进而推动中国的变化。应当说，接触派关于促使中国融入国际机制可“中和”其行为的看法从属于主流的制度主义学派，认为一国参与国际机制可增加新的多项成本和收益，而采取合作则可支付这些成本。而其他接触派的看法则和建构主义理论相吻合，即融入机制的过程就是主权国家实现“社会化”的过程，在这一过程中人们的认识、观念也会发生变化。②

中美的战略抉择为两国互动提供了必要的空间。中方希望融入国际社

① Kerry Dumbaugh, China-U. S. Relations: Current Issues and Implications for U. S. Policy, November 20, 2009, Congressional Research Service, R40457.

② 杨文静：《中国融入国际机制与美国因素》，《现代国际关系》2004 年第 10 期。

会，参与多边机制，主要目的是争取和平稳定的国际环境，抓住国家发展的战略机遇期，无意也无力挑战美国为首的霸权体系。而美国则是希望将中国吸纳到其所主导的国际体系中来，用一套规则来规范中国的行为模式，并让中国成为一个“利益攸关方”，发挥建设性的作用，防止中国挑战美国霸权。不难看出，中美两国出发点未必相同，但在中国参与国际多边机制、发挥更大作用方面却有着一致性。其结果自然就是中国自身融入国际社会的需要和美国对华接触战略有了交汇点，从而加速了中国参与国际多边机制的进程。换句话说，中国融入国际机制是内因和外因共同作用的结果。在这一过程中，美国因素是相当重要的。

三　中美多边互动的现状：合作与竞争并存

如同前面章节所论述的，无论是在全球还是地区的国际多边机制下，中美之间的合作与竞争并存。无论是在联合国框架下，还是在全球经济机制（如世贸组织）中，双方所处地位不同，视角也不尽相同，自然就会有博弈，有合作，也有斗争。不过，双方的竞争乃至斗争也是有一定的限度，即双方都不愿摊牌，根本性的原因很简单，就是代价太高。

改革开放是过去30多年中国的战略选择。中国推行的改革开放、融入国际社会的战略是中国和平发展的必由之路。中方需要有稳定的国际环境，需要为自身的经济发展赢得时间和空间；同时，中国需要外部资金和技术，需要广阔的国际市场。一个相对稳定的国际环境是中国所祈求的目标。30多年改革开放所取得的成就则印证了中国发展战略的正确性，即对外交往为国内经济建设服务，集中精力搞建设。中国不断融入国际社会，已成为国际社会中富有影响力的一员。反过来，在中国日益融入国际社会之后，自身的政治、经济和安全利益越来越和稳定的国际大环境息息相关。作为现有国际体系中的受益者，中国更加致力于维护国际和平，积极参与全球治理，主张通过和平手段解决国际争端，通过全球合作来解决人类社会所面临的问题与挑战。

自第二次世界大战之后，美国建立起一套国际机制，并依托这些机制建立起自己的霸权地位。作为国际体系中的霸权国家，美国自然希望能够掌控局面，防止出现“革命性的新兴大国”，以免它们对现有国际体系构成重大冲击，进而损害到美国的霸主地位。于是，尽管中美双方所处地位不同，看待世界的视角也有差异，但在维护国际体系的稳定上，中美逐渐达成了相对共识，那就是维护国际体系的相对稳定，防止国际动荡局面的发生，防止两国间的恶性竞争乃至发生大规模的军事冲突。这是中美两国在双边和多边机制中得以合作的基础条件。

随着中国国力的不断增强，两国关系愈发重要，已经远远超越了两国关系的范畴，有着越来越多的地区和全球性的内涵。美方越来越意识到，在很多地区和全球性的重大问题上，没有中国的合作就难以应对。除了传统的安全威胁之外，中美两国还面对许多非传统的挑战，中美两国利益的交汇点在增多，合作日益加深。中美关系基础的扩大增强了两国关系抵御风浪的能力，有利于两国关系的长期稳定。

不仅如此，在经济全球化的大背景下，中美相互依赖日益加深，互利共赢局面日益凸显。中美经济发展阶段的差异性和经济结构的互补性，促进了两国经贸关系的日益发展。目前两国互为第二大贸易伙伴。美国是中国最大外资来源地之一，中国对美投资增长迅速。中国是美国国债最大的境外持有者之一。面对美国经济低迷的状态，中国市场对于美国经济复苏至关重要，奥巴马政府甚为重视两国间的协调与合作，一再强调“同舟共济”。应当说，发展互利共赢的中美经贸关系，符合两国的根本利益，并将继续成为双边关系发展的重要基石和推动力。

此外，推进中美关系发展、实现互利共赢已有了更为广泛的社会基础。中美两国的关系已经由最初主要限于两个政府之间的关系日益演变成了两个社会间往来的局面。在经贸、教育、科技、文化、体育以及人员往来等各个方面，两国间都有密切的接触与交往。最新统计显示，中国首度超过印度而成为美国的最大留学生来源国。同时，美国成为接纳中国留学生最多的国家。民间关系的不断发展是两国关系深化的一个具体表现，它是两国关系的压舱石，是有利于两国关系长期稳定的因素。纵向而言，两国已经在中央/联邦、省/州、地方及至社区层面上都建立了机制性的联系。横向而言，中美在政治、经济、文化、教育、体育等领域的交往也日益频繁和深入。

最后，中美关系趋于理性而成熟，双边关系越来越机制化。两国高层频频会晤，沟通渠道顺畅。两国还逐步建立起不下 60 多个不同层面的对话与合作机制。布什执政期间，中美先后于 2005 年和 2006 年发起了战略对话和战略经济对话。到奥巴马上台后，二者又合二为一，建立了战略与经济对话。2008 年年初，双方签署协议，建立了军事热线。在敏感的战略和安全问题上，中美双方开始注意到对方的关切所在，更多地将其置于两国的整体战略利益框架下来考虑。

然而，中美之间存在着结构性的矛盾，这也是客观存在的事实。一个是当今世界唯一的霸权国家，一个是不断崛起的新兴大国；一个是西方资本主义世界的“领头羊”，一个是社会主义大国；一个是发达国家，另外一个是最大的发展中国家。这些明显的差异注定了中美两国之间看待世界的视角会有所不同，出发点也有差异。

美国的霸权心态决定了其难以容忍和接纳新兴大国的崛起。美国在建国后短短的100多年间成为世界第一强国，其独特的成长历程和所信奉的价值观念特别是自认为是“上帝选民”的意识使得美利坚民族充满了自我优越感。作为当今世界上唯一的超级大国，美国扮演着“世界警察”的角色，防范任何新兴大国可能对美国所主导的国际体系发起挑战。

不难看出，中国的崛起与美国单极霸权之间存在着结构性的矛盾。随着中国实力的上升，美国担心中国有意在西太平洋地区建立一个排他性的地区机制，竭力将美国排斥在外，以便在该地区确立主导地位。冷战结束以来，美国战略重点向亚太地区倾斜。美国增强了其在西太平洋的军事存在，增进同地区内盟友及中国周边国家的关系，力图对中国构成牵制。而美国的所作所为，则被中国解读为美国不愿看到中国的崛起，有意建立起防护链，竭力压缩中国发展的战略空间。奥巴马政府高调“重返亚洲”，大力推进“再平衡战略”，在西太地区加大政治、经济、军事和外交资源投入，并利用中国和周边国家的海洋争端作为抓手来扮演“离岸平衡手”的角色，使得中国周边环境趋于复杂，中美之间的战略博弈趋于加剧。

两国在意识形态上也有巨大分歧。中美两国政治制度、价值观念和历史文化都有着很大的差异。反共是美国意识形态中的重要组成部分，而多年的冷战经历更强化了美国人仇视共产主义的思维定式。中国有句古话，“非我族类，其心必异”，以此来形容美国对中国的看法可能再恰当不过了。在许多美国人的眼中，中国是属于“异类”的“极权国家”。尽管近年来中美的合作不断深化，但它远未化解两国在意识形态领域里的隔阂。而冷战后“民主和平论”的流行更是将意识形态和美国的安全利益完美地结合起来，推进民主成为美国对外战略的重要支柱之一。美国官方的安全报告包含这样一个逻辑：中国正在变得越来越强大，而中国“不是一个民主国家，因此它将会给这个世界带来许多的不确定性因素”。可以说，根深蒂固的反共意识形态和“民主和平论”是各色各样“中国威胁论”的出发点。无论美国具体的对华政策如何变化，推进中国“民主化”是其政策的重要目标。而中方则高度警惕，担心以美国为首的西方国家会“和平演变”中国，推翻共产党的领导。

基于历史经验的认知，以美国为首的西方国家对于中国的崛起抱有很大的戒心。作为一个新兴大国，中国的崛起无疑会改变现有的国际格局。出于意识形态的偏见，不少西方人将中国和当年的德意志帝国、日本帝国和苏联相类比，认为中国将成为一个“不满现状的大国”，很可能成为现有世界秩序的挑战者，甚至是国际规则的破坏者。而中国主张建立一个公正、合理的国际新秩序，这在美国看来则是中国有意挑战美国所主导的国际体系。

美国对华政策的两面性和摇摆不定更是增加了中方对于美国战略意图的担忧。美国将对华关系定位为一种非敌非友的关系，采取接触加防范的对华战略：通过接触和交往，力图影响中国的发展方向，推动中国实现政治多元化和西式民主；采取防范和围堵，则是应对中国发展的“不确定性”，防止中国“脱轨”来挑战美国的霸权。不仅如此，美国还不断干预中国内政，在涉及中国主权和领土完整的问题上动作频频，这就使得中方不得不怀疑美国的战略意图，怀疑其合作的诚意。

应当说，中美缺乏战略互信是客观现实。如果处理不当，双方会不断强化猜忌与不信任，加大解决一些问题的困难。相反，如果双方有更大程度的战略互信，尽管不能从根本上消除相互的利益冲突，但有助于管控甚至弥合分歧。

至少在可预见的时期内，中美合作与竞争并存的局面不会得到改变。由于风险性太大，中美双方都无意去挑战对方的底线。相反，双方的合作会取得双赢的结果。一方面，在中国国力日益上升、国际影响力不断扩大的背景下，防范之余，美国还想让中国承担更多的国际责任和义务，以便帮助分担一下其维护霸权所需要付出的代价。但是，另一方面，结构性的矛盾并未因为双方的互动与合作而得到彻底解决。其结果就是中美双方在国际多边机制中既合作，又竞争，甚至是斗争。

四　中美互动的意义：塑造与被塑造

作为两个大国，中美在国际体系中的地位举足轻重。国际体系是一个复杂庞大的有机整体，既相对稳定，又是活跃而发展的一个动态体系。国际体系内部往往会孕育着自我否定的因素，当这种因素居于主导地位时，体系就会发生变革。国际体系的演化，既有渐进的量化过程，也有革命性的突变过程。

国际体系结构变革的根本动因主要来自三个因素的综合作用：第一，主要大国经济发展的不平衡是造成体系结构变革的根本性动因。保罗·肯尼迪在分析大国兴衰的原因时指出，经济和技术的发展是世界变化的主要原动力，进而会影响社会结构、政治制度、军事力量以及各个国家的地位。① 经济实力的变化会带来国家实力、国家利益判断以及对外战略的一系列变化。一方面，实力对比的变化使得各个行为主体的利益追求和对外战略目标发生变化，从而产生了改变体系结构的主观需求。另一方面，主要大国的力量对比发生变化到一定程度必然会冲击传统的结构平衡，系统重心的偏移客观上就会引发体系结构变革。第二，系统结构内部的关键要素的重组和裂变是国际体系结构变革的直接诱因。第三，科技革命、经济一体化、产业革命、能源危机、民族主义浪潮、环境恶化等因素的集合构成了国际体系所处的自然环境和社会环境，通过各种方式，或者影响国际关系行为主体的实力对比关系，或者迫使结构元素改变运行方向和组合方式，来推动和加速国际体系的结构变革。

20 世纪 80 年代末 90 年代初，随着东欧发生剧变和苏联的解体，“两极体系”以和平方式终结。国际体系原有的权力结构发生变化：原先和美国争夺霸权的苏联不复存在，承继的俄罗斯降入了德、日、中、法等大国的权力等级中，美国成为唯一的超级大国，由此形成了“一超多强”的单极国际体系。全球力量中心之间的力量对比并不均衡，呈现出“一二三五”的力量分布状态。就综合国力而言，美国是唯一的超级大国；就军事力量而言，无疑是美俄；经济上，则是美、日、欧三足鼎立；政治上，则是美、欧、中、俄、日五支力量。

依据国际法，各国一律平等。不过，这只是一个原则性的规定，并不意味着现实中实力不等的国家拥有同样的发言权或实际支配力。事实上，实力更强的大国在国际多边机制中具有更大的影响力和话语权。不管是通

① ［美］保罗·肯尼迪：《大国的兴衰》，梁于华等译，世界知识出版社 1990 年版，第 492 页。

过什么方式，大国与大国之间的互动是推动国际机制变革的决定性因素。生产力发展的不平衡导致国家力量的不平衡，于是就有了新兴国家和守成大国的分野。

冷战结束后，国际体系中的力量对比正在发生深刻的变化。中国为首的新兴经济体（如“金砖国家”）的崛起就是一支能够推动国际制度变革的力量。就中国来说，经过近30年的改革开放，中国的经济高速增长，综合国力不断上升，影响力上升是不争的事实。改革开放激发了中国的经济活力，使其进入了高速腾飞时代，保持年均9%以上的高速增长。1990年，中国国内生产总值列世界第11位；2000年列第6位；2007年列第4位，已超越英国；2008年赶超德国，列第3位；2010年赶超日本，成为仅次于美国的第二大经济体。[①] 1952年，新中国的GDP仅为679亿元，1978年为3624.1亿元，而2010年中国国内生产总值达到了40万亿元。[②]

再看美国，依照2005年美元的比价计算，1952年美国的GDP是2.242万亿美元，1978年的GDP是5.673亿美元，1990年达到了8万亿美元，2000年超过11万亿美元。美国2010年的GDP已超过13万亿美元。[③]

如果以2005年1美元兑换8.1元人民币的比价计算，2010年中国的GDP总量大约是4.94万亿美元。不难看出，从绝对数量来看，中国和美国之间还有明显的差距。不过，这种差距在明显缩小。另外，次贷危机爆发并演绎成全球性的金融危机之后，以美国为首的西方国家受到很大冲击。与美国经济持续低迷、欧洲深陷债务危机相比，以中国为首的新兴市场经济体总体表现还是相当不错的。尤其是中国经济保持了9%以上的增长率，更是引人注目。根据盖洛普公司2011年1月的民调，居然有52%的美国人认为中国是当今世界的头号经济强国，还有47%的受访者认为20年后中国将是世界头号经济强国；而与此相对应的，分别只有32%和

---

① 数据源自国家统计局网站，http：//www.stats.gov.cn/tjsj/qtsj/gjsj/2010/t20110629_402735431.htm。

② 参见http：//www.stats.gov.cn/tjdt/zygg/sjxdtzgg/t20110907_402752625.htm。

③ Bureau of Economic Analysis，U.S. Department of Commerce. National Economic Accounts. http：//www.bea.gov/national/index.htm#gdp.

35%的人认为美国是头号经济强国。[①]

不管我们愿意与否，中国的崛起已经是世界各国处理对华关系的基点。尽管中美力量依旧有较大差距，中国要和美国平起平坐，还有待时日。但我们也不必妄自菲薄，中国正在缩小与美国的差距，中美力量对比正在发生量的变化。而这种量的积累迟早会孕育质的突破。

就目前而言，美国明显在对华问题上处于攻势，不时出现咄咄逼人的态势，通过各种手段不断向中国施压。如果仅仅从表象上来看，这是一种客观现实，毕竟未来一段时间内美国的力量还处在强势阶段。然而，如果换一个角度，却看到美国强大军事力量支撑霸权的背后，却是一种不自信。从国际体系的角度而言，美国处在战略守势。作为一个“守成大国”，美国竭力维护现有的国际制度，防止国际体系出现革命性的变革。毕竟，在这个国际体系的制度设计中，美国是处于霸权地位。就中短期的表象而言，中国一直处在守势。但从长远来看，随着中国的不断崛起，客观上中国处在攻势，被国际社会视为“新兴大国”的“领头羊”。也有学者称之为“得势集团”的一员。[②] 随着金融危机来袭，美国陷入经济衰退，欧洲出现债务危机，欧元区危机不断，中国的国际地位显著提升。毫无疑问，国际力量的对比正在发生深刻变化，美国对中国角色的重视程度大幅提升。

在参与多边国际机制、与包括美国在内的各国互动更趋频繁，中国方面的规则、制度也会相应地作出调整，以便“和国际接轨”。这种意识的强化，同样会影响到中国对外决策的思维定式，也会影响到中国社会的发展方向。如果从这个角度而言，中国对于国际多边机制的参与不仅有助于改变了世界力量的对比，更是影响了自身的发展和行为模式。这种变革是意义深远的。

实际上，在中国参与全球治理的进程中，中国看待自身、看待世界的

① Lydia Saad, “China Surges in Americans' Views of Top World Economy,” Gallup, http: //www. gallup. com/poll/146099/China-Surges-Americans-Views-Top-World-Economy. aspx.

② 如杨洁勉认为，当前世界力量变化导致了“四势群体”的出现，即由美国、联合国、国际货币基金组织、世界银行等组成的“守势群体”，由中国、印度、巴西、南非等金砖国家组成的“得势群体”，由一些欧洲国家和日本组成的“失势群体”，还有处于劣势和边缘化的发展中国家，即“弱势群体”。参见杨洁勉《论“四势群体”和国际力量重组的时代特点》，《世界经济与政治》2010年第3期，第4—13页。

意识和观念都会在与其他国家（包括美国）的交往中发生着潜移默化的变化。这种变化往往不为人们所注意，但往往是更为深刻，影响也颇为深远。比如，在人权问题上，自新中国成立至今的60多年中，中国在人权问题认识上及在外交中的实践都发生了很大的变化。在相当长的一个历史时期内，由于受到“左倾”思想的影响，中国一直把人权看作资产阶级的专利。人们教条地理解马克思和恩格斯对于资产阶级人权观的分析批判，以至于到了20世纪80年代谈论人权还是一种忌讳。在这种大背景下，国内的人权理论研究基本上就是空白，这也使得中国在国际人权斗争中长期处于十分被动的地位。中国对人权问题进行重大外交战略调整是在20世纪80年代末90年代初。从90年代开始，中国积极参与国际人权领域的活动，并为丰富人权思想、促进国际人权事业做出了自己的贡献。[①]之所以出现这样的重大调整，是多种国内因素和国际因素交互作用的结果。除了思想意识上的变化、国内改革的发展和需要之外，外部因素诸如1989年北京政治风波的发生、苏东剧变，还有就是国际人权斗争的形势也发生了很大的变化，由冷战时期的意识形态对抗逐渐转为以南北矛盾为主要特征。如本书第四章所论述的，美国对华推行人权外交，不仅通过双边渠道施压，还在多边国际机制中对华发起攻势。20世纪90年代中美两国在联合国人权委员会中展开了激烈的争夺。这种你来我往的激烈争夺中，中方对于国际社会关于人权的观念有了进一步的认识，同时这种斗争也推动了国内的人权研究。最终，中国对于人权问题有了更为深刻的认识和理解，认识上发生了重大变化。

随着中国日益融入现有的国际体系中，中国的对外政策所追求的宏大目标也从革命性变革逐渐过渡到要求渐变性改革。中国从最初高喊反对霸权主义、要求建立一个新的更为平等的国际政治经济新秩序的主张，逐渐演变为参与国际社会的合作、参与国际多边机制，并在其中发挥作用，逐步推动国际政治经济制度的改良，朝着更为公平合理的方向发展。

应当说，在中国对外交往日益扩大，不断参与多边机制，和其他国家特别是美国的互动过程中，中国看待自身、看待外部世界的认识也在发生

① 罗艳华：《中国外交战略调整中的“人权问题”》，周琪主编：《人权与外交》，时事出版社2002年版，第257—275页。

变化。无论是从行动上，还是从理念上，中国都已经成为国际社会中重要的参与者。而这正是美国对华战略所追求的重要战略目标。美国有意将中国纳入其主导的国际体系中，利用国际规则来规范中国的行为，希望中国朝着美国所希望的方向发展，防止中国“脱轨”。

中美在国际多边机制下的互动有着特殊的意义。作为当今世界上的霸权国家，美国自然对于任何可能会挑战其霸主地位的国家都会高度警惕，甚至采取打压的态度；而中国作为新兴大国，则会寻求在国际事务中行使更大的发言权。两强相遇，在双边层面上更容易产生摩擦和冲突，甚至是对抗。冷战后中美关系起伏不定的状态就已经充分印证了这一点。不过，在双边交往的同时，多边的协调与合作则会有助于为大国之间的正面碰撞建立起一种缓冲效应。尽管霸权国家往往是制定规则的主导者，但在多边机制下，制定规则的权力也会产生分流，强者的霸权行为会受到各方更多的牵制。

实际上，中国也不是毫无作为，承担国际义务、遵守相关规则的同时，反过来中国可以在国际多边机制中发挥作用，参与决策和规则制定，甚至用规则来约束包括美国在内的所有成员国。这样，在中国融入国际多边机制之后，美国就得面临一个问题：如何应对随之而来的牵制，并与中国分享权力？现有的主要国际多边机制，诸如联合国、世界银行、国际货币基金组织、世界贸易组织等，当初都是美国一手所缔造出来的。时至今日，美国在这些国际多边机制中的影响力举足轻重，可以一票否决。但是随着中国的参与或加入，则有助于打破美国为首的西方国家一手遮天的状况，给这些国际多边机制带来新的气息。中国与国际机制之间，中美之间都形成一种塑造与被塑造的互动关系。在中国与国际机制的互动中，国际机制具有规范中国、束缚中国的功能，但中国也不是无条件接受，而是会根据自身的情况和国家利益，在接受普遍规范的同时，会对相关规则进行修改、补充和完善，甚至是创新。[①] 参与国际多边机制的中国同样可以利用规则来约束和牵制美国及其他相关国家，美国用来规范中国的制度不可能自己带头不遵守，否则中国也会有理由拒绝执行相关规范。同时，中国参与到国际多边机制的决策圈，能够提升发展中国家或新兴国家的话语

① 杨文静：《中国融入国际机制与美国因素》，《现代国际关系》2004 年第 10 期。

权，有助于国际多边机制的民主化和透明化，也会对美国构成牵制。面对中国影响力的上升，美国不能不做出适当调整以便来接纳中国的影响力。

总体来说，在国际政治和安全多边机制下，中美之间的博弈更为明显，合作的深度也相对有限；而在全球和地区多边经济机制中，中美之间的合作要多于相互间的分歧。中国越来越重视对国际多边机制的参与，一个重要动力就是参与多边机制的决策，增加自身和所代表的发展中国家的声音，以便国际多边机制朝着更为公平合理的方向发展。而美国需要处理的则是如何应对中国这样的新兴大国，在其主导的国际多边机制中容纳中国的崛起，将中国纳入国际体系中来，既要想用规则来规范中国的行为，甚至让中国担负更大的国际责任，发挥更大的作用，当然就必须相应地给予中国在这些多边机制中的适当地位。国际货币基金组织近年来的决策权份额调整就是一个典型的例子。中国是国际货币基金组织的创始国之一。1980 年，中国在国际货币基金组织的代表权恢复，中国的特别提款权份额占到总份额的 2. 34%，投票权占 2. 28%。随着中国等新兴国家经济力量的不断增强，要求改革的呼声日益高涨。中国一贯主张国际货币基金组织增加新兴市场和发展中国家的发言权和代表性，以适应当前国际经济形势的发展。为了充分体现国际经济格局的现实，也是为了增强国际货币基金组织运转的有效性，国际货币基金组织连续进行了两次改革。2008 年，国际货币基金组织提出了新的改革方案，中国在该组织的特别提款权份额占到 3. 72%，投票权占到 3. 65%，均升至第 6 位。2010 年，国际货币基金组织再次通过方案，对于份额进行了改革。根据尚未生效的 2010 年改革方案，中国的特别提款权份额升至 6. 39%，而投票权也从现有的 3. 65% 升至 6. 07%，从而超越德国、法国和英国，位列美国和日本之后，列第 3 位，得到了在这一国际组织中的更大话语权。① 我们有理由相信，随着中国经济总量超越日本而成为世界第二大经济体后，中国的份额将会继续增加。

这种变化带来的必然结果是中美之间更多更为频繁的互动。美国依旧是“领头羊”，美国为首的西方国家依旧是国际体系中占据主导地位的力量，但是随着中国等新兴经济体力量的不断上升，那么无论是在国际多边

① 新华网资料，参见 http：//news. xinhuanet. com/ziliao/2003 -01/27/content_ 709580. htm。

政治还是经济机制中，这些国家的发言权也会随之上升。无论是从议事规则，还是人事安排上，都或多或少地反映了这一点。1980 年，在中国恢复国际货币基金组织席位后，它单独组成一个选区并派一名执行董事。2010 年，该组织将中国纳入全球五大具有系统稳定重要性经济体。2011 年中国人民银行副行长朱民正式出任国际货币基金组织副总裁。面对全球化带来的各种挑战，美国一家已独木难支，需要同更多其他国家协商与合作。

在世界银行内也出现了同样的情况。根据 20 国集团匹兹堡峰会有关世行改革的共识，2010 年，世界银行发展委员会通过了发达国家向发展中国家转移投票权的改革方案。通过这次改革，中国在世行的投票权从此前的 2.77% 提高到 4.42%，成为世界银行第三大股东国，仅次于美国和日本。[①] 中国投票权的增加，反映了各国对于中国经济实力的认可和重视，也和中国日渐崛起的经济地位相匹配，同时意味着中国可以更踊跃地参与国际事务。

当然，国际政治经济秩序的变革并非一蹴而就的，而是一个缓慢的过程。就国际货币基金组织和世界银行的改革来说，美国依旧是能够保留了独家否决权的国家。在国际货币基金组织内，改革后拥有 17.67% 份额的美国依旧拥有“否决权”；在世界银行内，美国的表决权超过了 16%，同样具有一票否决的能力。不过，随着发展中国家经济的不断崛起，它们在国际多边机制中的话语权会得到提升。因此，世界银行和国际货币基金组织的改革目前很多都仍处在量变阶段，但终究有一天会产生质变的结果。

这里需要指出的是，国际机制制约并约束中美两国的行为，但又不能解决所有的问题。中美利益的交汇点决定了双方合作的意愿和行为；而双方出发点的差异，又必然会产生一些矛盾和摩擦，甚至是冲突。无论是合作，还是摩擦，在这种互动过程中，中美两个大国的言行举止又关系到国际多边机制的发展和完善。和平条件的国际体系转型更是凸显了国际机制建设的重要性。未来中美两国应当寻找新的利益交汇点和突破点，在全球和地区机制的建设上加大合作力度，以便进一步推进国际制度朝着公平合理的方向变革。

① 《中国成为世界银行第三大股东国》，新华网华盛顿 2010 年 4 月 25 日电，参见 http://news.xinhuanet.com/2010-04/26/c_1255712.htm。

主要参考文献

英文参考文献

Acharya, Amitav, *Constructing A Security Community in Southeast Asia: ASEAN and the Problem of Regional Order*, London: Routledge, 2001.

Almonte, Jose T., "Ensuring Security the 'ASEAN Way'", *Survival*, Vol. 39, No. 4, p. 81.

Axelrod, Robert and Robert O. Keohane, "Achieving Cooperation under Anarchy: Strategies and Institutions," *World Politics*, Vol. 38, No. 1, Oct. 1985, p. 227.

Bangsberg, P. T., "China Amends Proposal, Expects on GATT Entry," *Journal of Commerce*, July 27, 1993, A3.

Baylis, John & Steve Smith eds., *The Globalization of World Politics: An Introduction to International Relations*, 2nd Edition, Oxford University Press, 2001.

Beeson, Mark, *Institutions of the Asia-Pacific: ASEAN, APEC and Beyond*, London and New York: Routledge, 2009.

Berdal, Mats., "The UN Security Council: Ineffective but indispensable," *Survival*. Vol. 45, No. 2, 2003, pp. 7 – 30.

Box, J. "Extending Product Lifetime: Prospects and Opportunities," *European Journal of Marketing*, Vol. 17, 1983, pp. 34 – 49.

Brooks, Stephen G. and William C. Wohlforth, "Hard Times for Soft Balancing," *International Security*, Vol. 30, No. 1, Summer 2005, pp. 72 – 108.

Chayes, Abram and Antonia Handler Chayes, "On Compliance," *International Organization*, Vol. 47, No. 2, Spring 1993, p. 178.

Checkel, Jeffrey T., "Why Comply? Social Learning and European Identity Change," *International Organization*, Vol. 55, No. 3, Summer 2001, p. 554.

Chen, John-ren ed., *The Role of International Institutions in Globalization: the Challenge of Reform*, Cheltenham: Edward Elgar, 2003.

Cossa, Ralph A. ed., *Asia Pacific Confidence and security Building Measures*, Washington, D. C.: Center for Strategic and International Studies, 1995.

Cupitt, Rechard and Igor Khripunov, "New Strategies for the Nuclear Supplier Group (NSG)," *Comparative Strategy*, Vol. 16, No 3, July-September 1997, pp. 305 – 315.

Diamond, Howard, "U. S. Renews Effort to Bring China into Missile Control Regime," *Arms Control Today*, March 1998, p. 22.

Dominik Heller, "The Relevance of the ASEAN Regional Forum for Regional Security in the Asia-Pacific", *Contemporary Southeast Asia*, Vol. 27, No. 1, 2005, p. 127.

Downs, George Davis Rocke, and Peter Barsoom, "Managing the Evolution of Multilateralism," *International Organization*, Vol. 52, No. 2, Spring 1998, pp. 397 – 419.

Duffield, John, "What Are International Institutions?" *International Studies Review*, (2007) 9, pp. 1 – 22.

Dumbaugh, Kerry, "China-U. S. Relations: Current Issues and Implications for U. S. Policy," *CRS Report For Congress*, Updated June 14, 2007.

Economy, Elizabeth and Michel Oksenberg (ed.), *China Joins the World: Progress and Prospects*, New York: Council on Foreign Relations Press, 1999, p. 113.

Elsea, Jennifer K., "U. S. Policy Regarding the International Criminal Court," *CRS Report* RL31495, Updated August 29, 2006.

Feinstein, Lee, "Big Five Accomplish Little During Washington Talks," *Arms Control Today*, March 1992, p. 23.

Frieman, Wendy, *China, Arms Control, and Nonproliferation*, New York and London: Routledge, 2004.

Gallik, Daniel eds., *World Military Expenditures and Arms Transfers 1987*, Arms Control and Disarmament Agency, Washington D. C.: U. S. Government Printing Office, 1988.

Gertz, Bill, "China Nuclear Transfer Exposed," *Washington Times*, February 5, 1996, p. 1.

"Beijing Arms Pakistan," *The Washington Times*, 6 August 2001.

Gheciu, Alexandra, "Security Institution as Agents of Socialization? NATO and the New Europe," *International Organization* 59, Fall 2005, pp. 973 - 1012.

Giddens, Anthony, *New Rules of Sociological Method.* 2nd ed, London: Polity Press, 1993.

Greenhouse, Steven, "$ 1 Billion in Sales of High-Tech Items to China Blocked," *New York Times*, August 26, 1993, pp. A1, A4.

Grigorian, Ellen, "The International Criminal Court Treaty: Description, Policy Issues, and Congressional Concerns," *CRS Report*, RL30020, January 6, 1999.

Grossman, S. J. and O. Hart, "Takeover Bids, The Free-Rider Problem, and The Theory of The Corporation," *Bell Journal of Economics* 11, 1980, pp. 42 - 64.

Heginbotham, Eric and Richard J. Samuels, "Mercantile Realism and Japanese Foreign Policy, "*International Security*, Vol. 22, No. 4. Spring, 1998.

Hodgson, Geoffrey M., "What are Institutions?" *Journal of Economic Issues*, Vol. XL, No. 1, March 2006.

Islam, Shada, "It's not That Easy", *Far Eastern Economic Review*, December 21, 1995, 58.

Johnston, Alastair Iain, "Treating International Institutions as Social Environments," *International Studies Quarterly*, Vol. 45, No. 3, Dec. 2001, pp. 487 - 515.

Kan, Shirley A., "China and Proliferation of Weapons of Mass Destruction and Missiles: Policy Issues", Congressional Research Service, RL31555, Updated on March 6th, 2008.

Kaye, Lincoln, "Slow Boat for China, Peking's Application to Join GATT

Appears Stalled." *Far Eastern Economic Review*, March11, 1993, pp. 56 – 57.

Keohane, Robert O., "International Institutions: Two Approaches," *International Studies Quarterly*, Vol. 32, No. 4, (Dec. 1988), p. 384.

Krasner, Stephen D. ed., *International Regime*, BJ: Beijing University Press, 2005.

Lampton, David M. eds., *The Making of China's Foreign and Security Policy in the Era of Reform*, 1978 – 2000, California: Stanford University Press, 2002.

Levitt, T., "Exploit the Product Life Cycle," *Harvard Business Review*, Vol. 43, Nov. -Dec., 1965, pp. 81 – 94.

Lieber, Keir A. and Gerard Alexander, "Waiting for Balancing: Why the World Is Not Pushing Back," *International Security*, Vol. 30, No. 1, Summer 2005, pp. 121 – 122.

Mearsheimer, John J., "The False Promise of International Institutions," *International Security*, Vol. 19, No. 3, Winter 1994/1995, pp. 5 – 49.

Medeiros, Evan S., *China's International Behavior, Activism, Opportunism, and Diversification*, RAND Cooperation, 2009.

Michael Leifer, *The ASEAN Regional Forum: Extending ASEAN' Model of Regional Security, ASELPHI Paper*, 302, IISS/Oxford University Press, 1996, p. 32.

Montgomery, James M., "China' Entry to the WTO and the Jackson-Vanek Amendment", *Journal of Northeast Studies*, Vol. XV, No. 3, Fall 1996, p. 67.

Pape, Robert A., "Soft Balancing against the United States," *International Security*, Vol. 30, No. 1, Summer 2005, pp. 7 – 45.

Paul, T. V., "Soft Balancing in the Age of U. S. Primacy," *International Security*, Vol. 30, No. 1, Summer 2005, pp. 46 – 71.

Schmidt, Rachel., *U. S. Export Control Policy and the Missile Technology Control Regime*, Rand: 1990.

Schweller, Randall L., "Bandwagoning for Profit: Bringing the Revisionist State Back In," *International Security*, Vol. 19, No. 1, Summer,

1994, pp. 72 – 107.

Simon, Herbert A., "Human Nature in Politics: The Dialogue of Psychology with Political Science," *The American Political Science Review*, Vol. 79, No. 2, Jun. 1985, p. 297.

Sipress, Alan., "U. S. Lists Conditions for Lifting Sanctions," *The Washington Post*, September 2, 2001.

Sokolski, Henry, "U. S. Satellites to China-Unseen Proliferation Concerns," *International Defense Review*, Vol. 27, No. 4, April 1, 1994, p. 23.

The United Nations Department of Public Information, *The United Nations Today*, 2008.

U. S. Department of Defense, Office of International Security Affairs, *United States Security Strategy for the East Asia-Pacific Region*, February 1995, pp. 12 – 13.

U. S. Department of Defense, *East Asia Strategy Report* 1998.

Woolf, Amy F., "Arms Control and Nonproliferation: A Catalog of Treaties and Agreements," *CRS Report*, RL33865, Updated April 9, 2008.

Wright, Thomas, "Toward Effective Multilateralism: Why Bigger May Not Be Better," *The Washington Quarterly*, Vol. 32, No. 3, 2009, pp. 163 – 180.

中文参考文献

[美] 阿拉斯泰尔·伊恩·约翰斯顿、罗伯特·罗斯：《与中国接触——应对一个崛起的大国》，黎晓蕾、袁征译，新华出版社 2001 年版。

[美] 安德鲁·肖特：《社会制度的经济理论》，陆铭、陈钊译，上海财经大学出版社 2003 年版。

[美] 奥兰·扬：《世界事务中的治理》，陈玉刚、薄燕译，上海人民出版社 2007 年版。

[美] 保罗·肯尼迪：《大国的兴衰》，梁于华等译，世界知识出版社 1990 年版。

[美] 保罗·肯尼迪：《联合国过去与未来——联合国与建立世界住房的构想》，卿劼译，海南出版社 2008 年版。

[美] 保罗·肯尼迪：《未雨绸缪：为 21 世纪做准备》，新华出版社

1996 年版。

［美］保罗·魏里希：《均衡与理性》，黄涛译，经济科学出版社 2000 年版。

［美］道格拉斯·诺思：《制度、制度变迁与经济绩效》，杭行译，上海人民出版社 2008 年版。

［美］罗杰·A. 麦凯恩：《博弈论：战略分析入门》，原毅军等译，机械工业出版社 2006 年版。

［美］曼特扎维·诺斯：《个人、制度与市场》，梁海音、陈雄华、帅中明译，长春出版社 2009 年版。

［美］佩里·卡特：《预防性防御：一项美国新安全战略》，胡利平、杨韵琴译，上海人民出版社 2000 年版，第 11、120 页。

［美］罗伯特·吉尔平：《世界政治中的战争与变革》，武军等译，中国人民大学出版社 1994 年版。

［美］罗伯特·吉尔平：《国际关系政治经济学》，杨宇光等译，经济科学出版社 1994 年版。

［美］罗伯特·基欧汉：《霸权之后：世界政治中的合作与纷争》，苏长河等译，上海人民出版社 2001 年版。

［美］罗伯特·基欧汉：《局部全球化世界中的自由主义、权力与治理》，门洪华译，北京大学出版社 2004 年版。

［美］罗伯特·基欧汉、海伦·米尔纳主编：《国际化与国内政治》，姜鹏、董素华译，北京大学出版社 2003 年版。

［美］迈克尔·巴尼特、玛莎·芬尼莫尔：《为世界制定规则：世界政治中的国际组织》，薄燕译，上海人民出版社 2009 年版。

［美］斯塔夫里阿诺斯：《全球通史：1500 年以后的世界》，吴象婴、梁赤民译，上海社会科学院出版社 1999 年版。

［美］詹姆斯·马奇、马丁·舒尔茨、周雪光：《规则的动态演变：成文组织规则的变化》，童根兴译，上海人民出版社 2005 年版。

［英］戴维·赫尔德、安东尼·麦克格鲁主编：《治理全球化：权力、权威与全球治理》，曹荣湘、龙虎等译，社会科学文献出版社 2004 年版。

［英］亚当·斯密：《国民财富的性质和原因的研究》，郭大力、王亚南译，商务印书馆 1974 年版。

程红星：《WTO 司法哲学的能动主义之维》，北京大学出版社 2006

年版。

陈梅、谭红玲：《DSB 对 WTO 协议解释规则及实践》，《WTO 经济导刊》，2005 年第 12 期。

楚树龙：《冷战后中美关系的走向》，中国社会科学出版社 2001 年版。

戴秉国：《坚持走和平发展道路》，《当代世界》2010 年第 12 期。

邓小平：《邓小平文选》第二卷，人民出版社 1994 年版。

樊吉社：《美军控：合作与分歧，动因及走势》，《国际经济评论》2001 年第 9—10 期。

方杰：《中美钢铁贸易争端解析——WTO 规则研读札记》，《安徽警官职业学院学报》2002 年第 3 期。

方连庆等主编：《战后国际关系史（1945—1995）》，北京大学出版社 1999 年版。

顾国良：《中国的军控应对策略：兼论小布什政府军控思想与政策的调整及变化》，《战略与管理》2002 年第 4 期。

郭树勇：《建构主义与国际政治》，长征出版社 2001 年版。

韩立余：《美国外贸法》，法律出版社 1999 年版。

胡加祥：《对中美钢铁案的几点理性思考——兼评 WTO 组织争端解决机制的执行制度》，《世界贸易组织动态与研究》2005 年第 5 期。

胡箐箐：《赫尔姆斯与美国的联合国政策》，《美国研究》2009 年第 2 期。

巩小华、宋连生：《中国入世全景写真》，中国言实出版社 2001 年版。

金奇男：《DSB——一个使 WTO 更具法律效力的机构》，《人民司法》2002 年第 2 期。

军事科学院世界军事研究部主编：《中国军事百科全书》第二版，国际军事安全（学科分册Ⅲ）。

李莉莎：《美国的制度霸权与国际经济机制：以国际货币基金组织为例》，《国际经贸探索》第 24 卷第 1 期（2008 年 1 月）。

李明德：《“特别 301 条款”与中美知识产权争端》，社会科学文献出版社 2000 年版。

李少军：《评美国与联合国关系的历史进程》，《美国研究》1995 年第 2 期。

李少军主编：《国际战略报告：国际体系与中国选择》，中国社会科学出版社 2005 年版。

李慎明、王逸舟主编：《2005 年：全球政治与安全报告》，社会科学文献出版社 2004 年版。

李铁成、钱文荣主编：《联合国框架下的中美关系》，人民出版社 2006 年版。

李铁成主编：《走近联合国》，人民出版社 2008 年版。

李小年：《WTO 法律规则与争端解决机制》，上海财经大学出版社 2000 年版。

梁西：《国际组织法（总论）》修订第五版，武汉大学出版社 2001 年版。

刘军、李自杰、屠新泉主编：《世界贸易组织概论》，首都经济贸易大学出版社 2002 年版。

刘建飞：《试析美“民主国家联盟”战略构想的走向》，《现代国际关系》2009 年第 11 期。

刘连第编著：《中美关系的轨迹：1993—2000 年大事纵览》，时事出版社 2001 年版。

刘连第、汪大为编著：《中美关系的轨迹——建交以来大事纵览》，时事出版社 1995 年版。

刘伟、凌江怀：《人民币汇率升值与中美贸易失衡问题探讨》，《国际金融研究》2006 年第 9 期。

卢晨阳：《中国对多边外交的参与及对策思考》，《学习与探索》2008 年第 2 期。

卢新波：《论学习型体制转型：后发国家市场化进程的逻辑》，社会科学文献出版社 2007 年版。

马昌乐：《冷战后美国多边主义刍议》，《国际政治研究》2007 年第 1 期。

马勒：《难产的安理会改革》，《看世界》2011 年第 6 期。

门洪华：《构建中国大战略的框架：国家实力、战略观念与国际制度》，北京大学出版社 2005 年版。

门洪华：《霸权之翼：美国国际制度战略》，北京大学出版社 2005

年版。

门洪华：《国际机制与美国霸权》，《美国研究》2001 年第 1 期。

潘悦：《反倾销摩擦》，社会科学文献出版社 2005 年版。

庞中英：《中国的亚洲战略：灵活的多边主义》，《世界经济与政治》2001 年第 10 期。

钱其琛：《外交十记》，世界知识出版社 2003 年第 1 版。

秦亚青：《东亚共同体建设进程和美国的作用》，《外交评论》2005 年第 6 期。

渠梁、韩德主编：《国际组织与集团研究》，中国社会科学出版社 1989 年版。

饶戈平主编：《全球化进程中的国际组织》，北京大学出版社 2005 年版。

上海国际问题研究所编：《国际形势年鉴 1985》，中国大百科全书出版社 1985 年、1988 年版。

上海社会科学院世界经济与政治研究院：《国际环境与中国的和平发展》，《国际关系研究》第三辑，时事出版社 2006 年版。

上海社会科学院世界经济与政治研究院：《多边机制与中国的定位》，《国际关系研究》第四辑，时事出版社 2007 年版。

沈丹阳：《冷静观察　主动出击——当前中国对外贸易争端多发的原因、面临的形势与对策》，《今日中国论坛》2005 年第 12 期。

沈国放：《新形势下看中国的多边外交》，《世界知识》2006 年第 17 期。

沈四宝主编：《世界贸易组织法教程》，对外经济贸易大学出版社 2005 年版。

司德坤：《关于多边主义的几点理论思考》，《太原师范学院学报》第 5 卷第 3 期。

斯德哥尔摩国际和平研究所：《SIPRI 年鉴 2008》，中国军控与裁军协会译，时事出版社 2009 年版。

唐贤兴主编：《近现代国际关系史》，复旦大学出版社 2002 年版。

陶文钊：《坎坷途中求共识——影响中美经贸关系的非经济因素》，《国际贸易》1999 年第 3 期。

陶文钊主编：《冷战后的美国对华政策》，重庆出版社 2006 年版。

陶文钊主编：《中美关系史（1949—1972）》，上海人民出版社1999年。

陶文钊：《中美关系史·下卷（1972—2000）》，上海人民出版社2004年。

外交部政策研究室编：《中国外交2003》，世界知识出版社2003年版。

翁曼莉：《农产品国际贸易争端解决的特点及对中国的启示》，《闽江学院学报》2005年第6期。

王勇：《1972—2007年中美之间的条约法问题研究：以构建和谐中美关系为视角》，法律出版社2009年版。

王缉思：《浅论中美关系的大环境和发展趋势》，《美国研究》2006年第1期。

王联合：《美国国际组织外交：以国际刑事法院为例》，《国际观察》2010年第2期。

王士录、王国平：《从东盟到大东盟：东盟30年发展研究》，世界知识出版社1998年版。

王泰平主编：《邓小平外交思想研究论文集》，世界知识出版社1996年版。

王耀东、刘华秋主编：《军备控制与裁军手册》，国防工业出版社2000年版。

王杏芳主编：《联合国重大决策》，当代世界出版社2001年版。

王逸舟：《全球政治和中国外交》，世界知识出版社2003年版。

王正毅：《理解中国转型：战略目标、制度调整与国际力量》，《世界经济与政治》2005年第6期。

王正毅：《亚洲区域化：从理性主义走向社会建构主义?》，《世界经济与政治》2003年第5期。

王玮主编：《美国对亚太政策的演变1776—1995》，山东人民出版社1995年版。

吴心伯：《太平洋上不太平——后冷战时代的美国亚太安全战略》，复旦大学出版社2006年版。

夏明国：《合理看待中美贸易摩擦》，《理论与现代化》2005年第7期。

肖欢容：《地区主义：理论的史演进》，北京广播学院出版社 2003 年版。

解俊贤、张瑛编著：《世界贸易组织概论》，中国经济出版社 2006 年版。

徐军华：《WTO 争端解决机制价值刍议》，《理论月刊》2005 年第 3 期。

杨国华：《中国入世第一案——美国钢铁保障措施案研究》，中信出版社 2004 年版。

杨文静：《中国融入国际机制与美国因素》，《现代国际关系》2004 年第 10 期。

赵磊：《建构和平——中国对联合国外交行为的演进》，九州出版社 2007 年版。

张宏毅主编：《美国人权与人权外交》，人民出版社 1993 年版。

张旭东：《中国多边外交的发展与思考》，《党政论坛》2011 年第 9 期。

张旭昆：《制度演化分析导论》，浙江大学出版社 2007 年版。

张宇燕：《美国宪法的经济学含义》，《社会科学战线》1996 年第 4 期。

中国现代国际关系研究院：《世界大变局》，时事出版社 2010 年版。

中华人民共和国外交部政策研究室编：《中国外交 1997》，世界知识出版社 1997 年版。

中华人民共和国外交部、中共中央文献研究室编：《周恩来外交文选》，中央文献出版社 1990 年版。

周琪主编：《人权与外交》，时事出版社 2002 年版。

周琪主编：《意识形态与美国外交》，上海人民出版社 2006 年版。

朱锋：《美国“核态势评估报告”：恐吓还是政策?》，《现代国际关系》2002 年第 4 期。

朱文奇、李强：《国际条约法》，中国人民大学出版社 2008 年版。

庄贵阳：《气候变化与可持续发展》，《世界经济与政治》2004 年第 4 期。

后　记

自改革开放以来，随着对于国际多边组织的参与和自身实力的不断提升，中国的国际影响力与日俱增。与此相对应，中美在国际多边机制下的互动也日趋频繁。一个是最大的发展中国家，一个是发达国家的领头羊；一个是新兴崛起的大国，一个是守成的霸权国家。中美两国在国际体系中所处的位置不同，因而主张也有差异。美国如何应对中国的崛起？中国应当如何处理对美关系？两国在国际多边机制下如何协调与合作、竞争与博弈？中美互动所带来的影响如何？这些都是备受关注的问题。时至今日，国内学界对国际多边机制下中美互动关系及相互塑造行为进行系统梳理和探讨的成果并不多见，本书有意在这方面有所建树。依据中美两国在主要多边国际机制下的互动，本书理论分析和实证研究相结合，力图揭示出双方合作的动力、分歧的根源，以及合作与竞争乃至斗争给两国自身及国际体系带来的深远影响。全书依据相关资料，比较翔实地论述了在联合国、国际军控和不扩散机制、世界贸易组织以及亚太地区多边机制下中美两国之间相互博弈的情况，展示了两国错综复杂的关系，并对这种互动关系对于国际多边机制的影响进行了客观的评估。

本书是中国社会科学院重点课题成果，集体合作完成。作为主持人，袁征负责起草写作大纲、协调进度和统稿工作，并撰写结语部分。王玮撰写了第一章及第八章第一节；何维保负责撰写第二章及第八章第三节；刘得手负责撰写第三章、第四章；李恒阳撰写了第五章、第六章及第八章第二节；第七章由张帆撰写。

美国研究所的领导和同事对本书的写作与出版给予了关心和支持。在课题结项时，中国人民大学国际关系学院金灿荣副院长、美国研究所倪峰副所长、中国传媒大学国际关系研究所肖欢荣所长提出了宝贵的意见。中国社会科学院创新工程提供了出版资助，使得本书得以面世。在出版过程中，中国社会科学出版社的任明主任花费了大量精力，在此一并表示衷心的感谢。

袁征

2015年6月15日于北京